U0908138

魏史述评

拓跋魏的历史划痕

WEISHISHUPING
TUOBAWEIDE
LISHIHUAHEN

大同古城保护和修复研究会 编
力高才 撰

山西出版传媒集团
山西人民出版社

图书在版编目（CIP）数据

魏史述评：拓跋魏的历史划痕 / 大同古城保护和修复研究会编，力高才撰 .—太原：山西人民出版社，2017. 7（2022.4 重印）
ISBN 978-7-203-09886-7

Ⅰ. ①魏… Ⅱ. ①大… Ⅲ. ①中国历史－研究－北魏 ②中国历史－研究－东魏 ③中国历史－研究－西魏
Ⅳ. ① K239.207

中国版本图书馆 CIP 数据核字（2017）第 029152 号

魏史述评：拓跋魏的历史划痕

著　　者：大同古城保护和修复研究会编　力高才撰
责任编辑：樊　中
复　　审：魏美荣
终　　审：张文颖
装帧设计：陈　婷

出 版 者：山西出版传媒集团 · 山西人民出版社
地　　址：太原市建设南路 21 号
邮　　编：030012
发行营销：0351－4922220　4955996　4956039　4922127（传真）
天猫官网：https://sxrmcbs.tmall.com　电话：0351－4922159
E－mail：sxskcb@163.com　发行部
sxskcb@126.com　总编室
网　　址：www.sxskcb.com

经 销 者：山西出版传媒集团 · 山西人民出版社
承 印 厂：三河市明华印务有限公司

开　　本：720mm × 1010mm　1/16
印　　张：16.25
字　　数：202 千字
版　　次：2017 年 7 月　第 1 版
印　　次：2022 年 4 月　第 2 次印刷
书　　号：ISBN 978-7-203-09886-7
定　　价：45.00 元

北魏平城遗址出土“大代万岁”瓦当

文成帝“皇帝南巡之颂”碑(亦称“御射碑”)正面

北魏沙门统昙曜雕塑

云冈石窟第二十窟露天大佛

宋绍祖夫妇墓出土彩绘陶骑马仪卫俑

司马金龙墓出土的木板漆画屏风

北魏冯太后之方山永固陵

北魏石雕力士

孝文帝雕像

大同智家堡北魏墓棺板画之牛车

北魏平城明堂遗址公园

云冈石窟窟顶顶部北魏皇家寺庙遗址

序

安大钧

我之学友、大学同年力高才，著述甚多，隽才博学；稽古研今，俱有根柢；文章诗赋，灿然可观。其人自少好学不倦，文史两途，涉足甚多。干公务期间，虽公事鞅掌，而不废学问。由于我从领导岗位退下后，又被选任为大同古城保护和修复研究会长，他亦屈尊在研究会中列名，曾与我共同编撰了《古都大同》一书，我为主编，他为副主编，我提供观点，列出大纲，写得不多，由他负责各章导语、各节前言、编务和几近一半的文章撰写。此书作为杭州出版社古都系列丛书之一，受到著名史地大家、郦学泰斗陈桥驿先生的高度赞扬，陈先生认为此书是当今史地描述中古今结合推陈出新的杰作，是他所见今人此类著作中最好的一部。这个信息是由他晚年弟子、一位博士生、此书责编以手写稿图片版传达给我们的。高才兄的其他著述，我读得不多。2016年7月间，他忽然拿来《魏史述评》的打印稿和电子版，希望我读后能提出批评意见，并为其作序，准备出版。我一展卷，首先惊诧于他对十六国和拓跋鲜卑史料的娴熟驾驭。其次前后读过，有以下几点感受，结合他平日与我的交谈，一并写在下面。

一是本书历史断代的特点。此书书名是《魏史述评》，副题是《拓跋魏的历史划痕》，表明作者只述评拓跋鲜卑在盛乐和平城的历史，而不涉及迁洛之后。拓跋魏这个词现在已很少人用了，用得最多的是北魏和元魏，以北魏和元魏的名称，概括拓跋鲜卑皇室的平城时

代和洛阳时代。其实拓跋珪在登国元年（386）正月即代王位，四月就改称魏王，拓跋魏从公元386年就开始了。此后，太和十九年（495）迁洛，太和二十年（496）孝文帝诏改皇室之姓为元，孝静帝天平元年（534）魏国正式分裂为东西魏。可以看出，拓跋魏存在了109年，迁洛以后的元魏不过存在了40年。40年对长达五千年的中国历史，只不过是非常短暂的一瞬。应当说明，真正的元魏其实就是这40年。有的人以后统前，以短统长，不但把这40年称为元魏，连109年的拓跋魏也合并进去，统称元魏，这是一种典型的以偏概全。东西魏由于皇室都姓元，但因都缺乏唯一性，谁都不能称元魏，只好加“东、西”二字分别呼之。

二是此书突出了拓跋珪和文明冯太后。作为拓跋魏皇朝的开国皇帝，道武帝拓跋珪确实是个大英雄，他凭着自己的睿谋哲识和金戈铁马，不但征服了匈奴故地的数十个少数民族部落（匈奴曾自称为百蛮大国，匈奴西迁之后，这些部落仍散居草原沙漠阴山内外），而且驱铁弗，灭独孤，败慕容，胜姚秦，在今内蒙古、山西、河北间打出了一片广阔的天地，建立了自己的江山社稷，共历六帝七世，并成为统一黄河流域的强大皇朝，结束了西晋以来中国北方一百数十年的战乱，其功岂不伟哉！而伟人不断改革、又创造了崭新的历史局面，推动了历史车轮的前进。如果说拓跋珪打天下主要靠的是“武功”，那么文明冯太后推动历史前进，则主要靠的是“文治”。她是汉族人，对于农耕文明对封建经济的依赖性有深刻的体会，对拓跋鲜卑由原始部落联盟进入奴隶社会表现出来的野蛮和暴力有切肤之痛。她两度临朝称制，第一次消除以乙浑为首企图篡夺国家政权的阴谋集团，第二次是她领导实施了对拓跋魏皇朝有重大意义的三项改革，即推行班禄制、三长制、均田制，使国家的经济基础、上层建筑、社会管理，都发生了重大变革。特别是均田制，影响极其深远，此后这个制度历经数个朝代推行了两百多年，直到唐朝前期、中期，事实上它是唐朝繁荣强大的根源。这个制度被破坏，唐也就走向式微了。道武帝拓跋珪和文明冯太后，两人在道德上都有瑕疵，是伟人而不是完人，但正如作者所说，伟人之中完人其实是不多的，评价历史人物是评说他们的是非功过，而不是寻找完人。

三是此书在全面评述了云冈石窟的文化价值，分为历史文化、宗教文化、艺术文化三个层次，条分缕析，娓娓道来，启人心智。我曾感慨云冈研究缺乏全面性、综合性，从历史考古方面研究得多，从宗教、美学方面研究得少，此书的这一部分多少能弥补一点这方面的缺憾，但因为它不是这方面的专著，尚有很大不足，比如说云冈石窟所体现的“各美其美、美人之美、美美与共”的开放包容的精神。我期待大同学术界有朝一日能产生一两部完美论述云冈石窟的更深刻揭示其历史文化价值的作品，让人耳目一新，也无愧于祖先为我们留下的这份宝贵文化遗产。

四是此书述评结合，大部分述得通俗易懂、评得客观公正，这是难能可贵的。因为今人评古人实在太难，客观环境、思想认识都不同，评价也就不一样。其中一些评价我不敢苟同。比如对崔浩的评价。崔浩奉诏修史，“务求实录”是对的；但在大庭广众之下采用不当方式“播扬国恶”就不对。作者还认为这是拓跋鲜卑贵族从反汉化、反汉文化心理出发制造的历史悲剧。我也认为这是一场悲剧，但造成这场悲剧的，不光是太武帝为首的拓跋鲜卑贵族，还有崔浩本人。从道武帝、明元帝到太武帝对汉文化（包括儒文化和道文化）还是尊崇的，对佛教文化也是吸纳的。从而促进了中华文化“三大支柱”的形成。崔浩蛊惑太武帝兴道灭佛则是缺乏开放包容精神的表现。其次，本朝人修本朝史，即使是汉族王朝汉史官，也有因触怒龙颜而史官被诛被害的事，司马迁写《今上本纪》，据说武帝要求他拿来一观，他不敢不拿，武帝看了大怒，“削而投之”，司马迁后来被宫刑，是与此有关的，再后来又发怨言，被处死。崔浩博古通今，对这

样的事例当然熟知，为何不汲取历史教训？连将国史刻于通衢这样重大的事也敢自作主张。洎皇帝拷问，在淫威之下又不坚持实事求是，反而说是因为“受赇”才诽谤皇室。再次，参与“国史之狱”的另一重要人物高允，作者没有着墨，而我认为此人正是崔浩的绝好对照。本来太子晃的意思，是要替高允在父皇面前脱罪，要高允把错误都推给崔浩，但高允不肯。他说自己参编国史，自己动手写的内容多于崔浩，因为崔浩是掌握纲要的人，动手就少了。太武帝大吃一惊，没想到还有这种为已揽罪的人。高允又说：崔浩所犯错误，其他臣所不知，但单单修史一项，错误再大，罪不至死。正是高允这番话，太武帝听进去了，不再株连更多的人。因此当时人和史家对高允评价都很高。我这样评价崔浩，不知老学友同意否？不同意无关紧要，就算做我们之间的一次学术交流吧。是为序。

2016 年 11 月

目　录

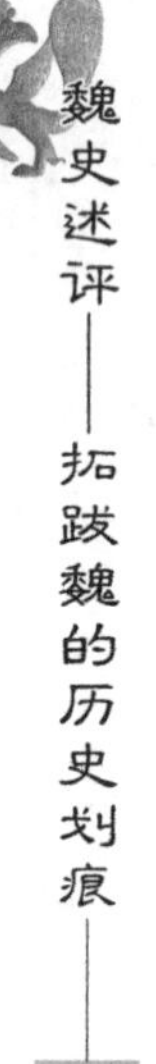

一　开基定都正当时

拓跋鲜卑的兴魏开国之战，从登国元年（386）到天兴元年(398)，进行了十多年之久。当拓跋珪占领了大漠南北，并、冀、幽州之后，他立即着手组建自己的皇朝，并决定在平城立国建都。当然，这是有内在原因的。

（一）扫平晋冀奠帝业

北魏皇始元年八月己亥（396、10、17），代王拓跋珪率貔貅熊罴之士四十余万，满怀豪情霸气，从盛乐出发，经平城而南出马邑，越句注陉，直下晋阳，旌旗络绎二千余里，声势浩大，民屋震动。历史是人民群众创造的，但没有英雄人物组织领导群众，人民群众的创造性是发挥不出来的。拓跋珪就是这样的人物。四十万大军的统帅，堪比历史上匈奴冒顿单于包围汉高祖于白登山大军的数量，比赤壁之战中曹操自吹有八十万大军而实际只有三十余万的人数还多出十万。九月戊午（396、11、4），部队到达阳曲，排兵布阵，准备进攻晋阳。拓跋珪亲登晋阳西山观察地形。后燕并州刺史慕容农得知信息，大惧，带了妻子儿女弃城夜出，东向逃走，拓跋珪不战而胜，平定了太原，派辅国将军奚牧等略地晋中，攻克平遥等地，凡后燕晋中地方官

员，一律量才录用，诸士大夫来诣军门者，不论少长，一律引入接见，存问周悉。又在并州置台省，设百官，封拜公侯、将军、刺史、太守等，尚书郎以下悉用文人。以拓跋延为并州刺史。其年冬十月乙酉（396、12、1），大军东出井陉，派冠军将军王建、左将军李栗率五万骑为先锋，十一月初一到达真定（今河北正定）。此时后燕境中，守城将吏或逃或降，非捐城而去，即稽颡军门，只中山、信都、邺城未下。从皇始元年十月到皇始三年正月，经过反复较量，三城终于攻下，拓跋珪平了后燕，大获全胜。拓跋珪以战胜者的身份，仔细巡视了后燕的三个军事重镇。中山即后燕国都，今河北省定州市，它在历史上曾是战国时中山国的国都。中山国后来被赵武灵王所灭。386 年后燕于此建都，这次又被拓跋鲜卑所击破，亡国之都也，拓跋珪压根儿没看上它。其实这次拓跋珪攻下中山，后燕说亡还未全亡，残部退到辽河流域，内部纷争自相残杀。以龙城（今辽宁朝阳）为都，末帝慕容熙为冯跋所杀，立宝养子高云，跋又杀云自立，建北燕。后燕自垂至熙四世，凡二十四年。信都即今河北临漳县邺镇东，齐桓公筑城，魏文侯置郡，两汉皆为魏郡治，曹操为魏公，定都于此。曹丕称帝都洛阳，仍以邺为五都之一。十六国后赵、冉魏、前燕，皆定都于此。它不仅为北方军事重镇和政治中心，而且也是繁荣富庶的大都市之一。因此拓跋珪对邺城作了详细考察，“巡登台榭，遍览宫城”[①]，有用作建国立都参考之意。当时群臣中确实有人希望建都于邺，特别是那些贪恋繁华富贵的人，但他们实际没有猜透拓跋珪的心思。拓跋珪认真参观邺城，只是要用邺城作为在平城修建都城的参考。正如《魏书》所说，后来拓跋珪在平城修筑都城，是模拟参考了“邺洛长安之制”[②]。拓跋珪留卫王、尚书令拓跋仪镇中山，设立中山大行台；留龙骧将军、日南公和跋镇邺城，设立邺城大行台。将北还车驾，发卒万人治直道，从今河北定州直通今山西大同，史载“自望都铁关凿恒岭通于代都”，逢山开路五百余里，这条路后来称为灵丘道或定州道，是穿越太行蒲阴陉，沿滱水（今唐河）河谷，连通河北与山西的著名古道。皇始三年（398）正月，拓跋珪御驾从中山出发，经过这条直道向平城进发，同时把山东（太行山之东）六州之民及徒何（慕容鲜卑）、高丽杂夷三十六万，百工伎巧十余万口，一齐迁徙到平城安置。中途到达繁畤（zhì）宫，本汉魏繁畤县，后县废，拓跋珪祖父拓跋什翼犍就是在这里即代王位，故名繁畤宫（今山西应县城下庄）。拓跋珪在繁畤宫临时驻跸，定下了给内徙新民耕牛，并计口授田的政策。这年六月，拓跋珪和群臣商定以魏为国号，但代国仍可使用，就好像历史上的殷商王朝，既可称商也可称殷。七月，拓跋珪下令将国都由盛乐迁往平城，并进行了一系列的建国立都工作，包括营宫室、建宗庙、立社稷、正封畿、端径术、标道里、平五权、较五量、定五度、设官制、立爵品、定律品、协音乐、定朝仪，然后拓跋仪为首的群臣，上表劝拓跋珪即皇帝位。十二月正式即位，大赦，改皇始三年为天兴元年，大臣崔宏等奏国家应为土德，服色尚黄，数用五，紧接着又从山东河北六州二十二郡，徙来地方守宰、豪杰、吏民两千余家充实代都。当时定下来的京畿范围是“东至代郡（今河北蔚县暖泉镇），西及善无，南极阴馆，北尽参合（今内蒙古兴和县）”[③]。郊甸的范围是“东至上古军都关（今居庸关），西至河（黄河），南至中山隘门塞（今山西灵丘东南），北至五原（今内蒙古固阳县西南），地方千里”[④]。至此，定都大同的事务基本完成。鲜卑拓跋氏建都立国为何如此青睐大同呢？

（二）煜耀青史说平城

平城有自己显赫的过去，在北方鳞次栉比的城市群中鹤立鸡群。平城是战国雄主赵武灵王，在胡服骑射改革中，于开疆拓土之时的公

元前300年，在大同盆地修筑起来的中心城市。这位被梁启超先生誉为中国“民族之光”的伟人，其胡服骑射改革，既用夷变夏，又用夏变夷，写下了中华民族历史上第一次民族大融合中光辉的篇章。他修筑平城，不仅仅是建一座县城，而是把它作为雁门郡治所规划建设的。为了保护云中、雁门、代三郡各族人民的和平生活，防止胡马侵扰，他在西起狼山、中经阴山、北到赤峰一线，修筑了赵国北长城。翦伯赞先生说，赵武灵王修筑赵长城而没有像秦始皇修长城那样在历史上留下骂名，这真是一个奇迹。

秦灭六国，设三十六郡（后增至四十九郡），其雁门郡仍治平城。秦各郡治所，都有驰道相通，便于皇帝巡视检查地方工作。平城南与太原，西与云中，东与代郡，都有驰道相通。秦始皇三十二年（前215）第四次出巡，到河北昌黎碣石山、秦皇岛，返程时巡北边郡县，经平城而西去，到上郡（今陕西榆林市东南）而折返咸阳。始皇三十七年（前210）第五次出巡，三十七年（前210）夏崩于沙丘宫，赵高、李斯、胡亥等密谋，将始皇尸体置于辒辌车中，从今旧娘子关入山西，抵太原，达平城，到九原（今内蒙古包头市西九原区）由金津过黄河而由直道归咸阳，方布告天下，发丧葬骊山陵园。秦朝时平城地位仍不低。

西汉之初，平城仍是雁门郡治。汉高祖七年（前200）十月，匈奴冒顿单于勾结韩王信和陈豨，骚扰汉朝北边。为反击匈奴，汉高祖刘邦亲率大军三十二万与匈奴连续作战，双方互有胜负。匈奴单于以少量兵力围困雁门郡治平城，而将主力精锐隐藏于平城附近山区，引诱刘邦来解平城之围。刘邦果然中计，率十万骑兵先抵平城，步兵在后，结果被匈奴主力包围，击败于平城之下。幸好在激战之中抢占了平城之东十余里的白登山，居高临下以御敌，才得免被全歼的命运。匈奴以四十万骑将白登山团团围住，为显示其军威，其战马各随方色，即东方尽青马，南方尽赤马，西方尽白马，北方尽黑马。[⑤]即此一端，亦可见匈奴接受汉文化之深。匈奴包围汉高祖七日七夜，汉军中外不得相救。乃用陈平之计，使单于妻子说服冒顿，结果匈奴军网开一面，汉军撤出重围，得以解脱。此后，汉朝即与匈奴和亲，双方约定，汉朝按时向匈奴赠送缯帛、粮食、金钱，匈奴向汉朝回赠马匹、牛羊，匈奴不入塞，汉人不出塞，匈奴单于有意向汉帝求婚时，汉帝可嫁公主于单于。但匈奴往往不遵守约定，入塞掳掠。也就是白登之战后，汉朝感到匈奴威胁太大，乃于云中和雁门两郡间增设定襄郡，并置东西两部都尉；又将雁门郡治西移善无，在平城设东部都尉。经过“文景之治”六七十年的休养生息，汉朝的国力达到空前强盛，汉武帝决心对匈奴用兵，从根本上解除匈奴对汉朝的威胁。汉匈作战中，具有决定意义的大战有六次，这时平城地区一直是汉军的屯兵和集结地之一，有三次大战就直接和平城相关。经过六次大战，匈奴受到重创，国力大为衰减，汉朝打出了国威、军威，汉胜匈败的格局基本确定。元封元年（前 110）汉武帝到泰山封禅，封泰山，禅梁父，封堆土、筑坛，在梁父开辟祭祀地。复东巡海上，至碣石，亦仿始皇，从辽西郡开始，中经右北平、渔阳、上谷、代郡、雁门、定襄、云中、五原，从九原城过黄河，经秦直道而直抵甘泉宫。在这次汉武帝的封禅和巡行中，后来成为太史令的司马迁，当时以郎中的身份扈从汉武帝，见证了武帝封禅泰山的全过程，考察了蒙恬所筑的长城防御体系，观看了汉高祖与匈奴对峙七昼夜的白登山，向平城父老了解了白登之战的过程，为他后来在有关纪传中记叙白登之战收集了资料。

西汉时还有两个著名人物与平城关系较深，一个是苏武，一个是王昭君。苏武是汉武帝时人，出使匈奴，因副使愚蠢欲劫持单于母亲，苏武被扣留，誓死不降，在匈奴十九年坚持汉节不失，最后被释返国。大同地方志书记载，苏武返国时路过雁门郡治善无，后人为纪念他，在善无之北修建了一座苏武庙⑥。他经平城抵达太原达长安，

影响很大。另一位王昭君，汉元帝时人，匈奴呼韩邪单于附汉，与汉和亲，提出愿作汉家女婿，元帝答应从后宫良家子中选择，昭君自愿报名，呼韩邪单于亲赴塞内迎亲。昭君出塞时路过平城，住在驿站中，每日弹琵琶慰怀解忧，此后这个驿馆就改名琵琶老店，一直留存至今。昭君路过武州塞山岭，眼看要进入胡地，不免悲从中来，放声悲恸，此处山岭就称为啼哭岭了[⑦]。

由于王莽搞坏了和北边各少数民族的关系，加上此时的匈奴单于舆为代表的反汉派在匈奴上层统治中得势，东汉初年汉与匈奴的关系十分紧张。匈奴单于舆十分骄倨，以冒顿自比，经常发兵侵扰汉边，还支持彭宠、卢芳等割据势力，阻挠光武帝对全国的统一。卢芳字君期，新莽时，他诈称是汉武帝曾孙，姓刘名文伯，在他故乡安定郡三水县（今宁夏同心东）与当地的羌胡贵族共同反对新莽政权。更始帝刘玄至长安，授他骑都尉官职，这本来是滑稽乱命，当时的民谣讽刺这一类任命说："灶下养，中郎将；烂羊头、关内侯；烂羊胃，骑都尉。"[⑧]可是后来这一任命却成了卢芳起家的资本。刘玄败，三水一带的地方豪强共同计议，以他为刘氏子孙，宜承宗庙，立他为上将军、西平王。他派使者与西羌、匈奴和亲，匈奴立他为汉帝，他在匈奴扶植下，割据五原、朔方、云中、定襄、雁门五郡[⑨]，平城也成为他的囊中之物。汉军和卢芳军数次在平城激战，互有胜负。汉将杜茂、王霸等乃整理如浑水东飞狐关防御工事，从代王城至平城约三百里，堆石布土，筑起亭障，防备匈奴和卢芳军。朝廷乃徙边民于常山关居庸关以东，当时平城地区人民徙离故土者很多[⑩]。直到建武十三年(37)，卢芳主力战败，镇守平城的尹由为其部将贾丹、霍匡等杀死，贾丹、霍匡投降东汉雁门郡（治阴馆，今山西朔州城区东南夏官村）太守郭凉，自此卢芳的城邑逐渐投降汉朝。汉光武帝乃令边郡"筑亭候，修烽燧"[⑪]，于是东汉自代至平城的长城一直修筑到了武州塞北。建武十六年，卢芳已势穷力蹙，匈奴单于看他气数将尽，又贪图汉朝赏赐，乃命他投降汉朝，卢芳遂降，汉封卢芳为代王（治高柳，今山西阳高北），而卢芳不言匈奴求赏赐事，汉对匈奴亦无赏赐。单于舆大怒，更大举入侵，入寇之深，竟达上谷、中山、上党、扶风、天水等地。建武十六年，卢芳复叛，匈奴遣数百骑迎芳及妻小出塞而去。芳留匈奴十余年而病死。建武二十二年（46），匈奴单于舆死，东汉北边之威胁始得解除。东汉大同一带长城，是杜茂、王霸、段忠、郭凉等将领共同配合完成的巨大工程，至今仍存于阳高至左云、右玉一带。

光武帝建武二十四年（48），匈奴这个庞大的游牧帝国，其历史又一次发生戏剧性的转折，再分裂为南北两部。南部彻底归附汉朝，入居塞内，最后通过曲折道路，融入汉族，而北部在汉军打击下西迁而去，进入了欧洲，最后消失于欧洲。在汉朝最后击垮北匈奴的永平十六年（73），四路大军共同出击，都尉来苗就是从平城塞（今山西大同市新荣区得胜堡）出兵的，可见大同在军事上的重要性。北匈奴西迁后，漠北草原成了权力真空，此时鲜卑族拓跋部南迁至北匈奴故地，历史就是另一番面貌了。

（三）皇州王气畐盫出

平城建都地理人文方面的优势，过去的人称为王气。王气就是古人依据风水理论，对适合建都的山川形胜之地，地理人文环境优越性的概括，王者建都，必于此处，因称王气。大同王气的表现，首先是御河龙脉。御河原名如浑水，是桑乾河一大支流，大同在历史上曾称桑乾都，但桑乾河还不是大同的母亲河，大同真正的母亲河就是御河，就是如浑水。御河龙脉的祖山就是内蒙古丰镇之北的平顶山，御河有两个源头，一个是西源平顶山，一个是东源旋鸿池，西源远于东

源，依照“河源唯远”的原则，平顶山应是御河的正源，御河就发源于平顶山南麓。御河水东南流，在未与东源汇合前，称为独孤城水，该水与旋鸿池水汇合后，合称如浑水。御河龙脉之少祖山就是今日之西寺梁山，古称方山，为文明冯太后的终寝地。其主山为今日大同城北之孤山，古称神山。清道光《大同县志》认为，此山为大同城之玄武，“形端位正，所谓众山皆大，小为尊者也。”而大同城正在龙穴之处，其东白登山为青龙，其西雷公山为白虎，而更东之采掠山，更西之武州山，则是青龙和白虎的护山。更南，今朔州应县龙首山（又称赵霸冈）为案山，而应县城南恒山山脉之翠微山为朝山。总而言之，御河龙脉为王气所钟完全符合风水学。你可以不信其说，但你不能保证古人不信此说，何况古人选择建都之地，必然观察风水，而拓跋珪左右，多的是饱学名儒，他们是在观察了平城风水之后，才向拓跋珪建议于此立都的。大同王气表现的第二点，是大同具备东西南北四塞之险，这在我国大古都中也是极其罕见的，更何况一般的历史文化名城。平城东有飞狐塞，西有武州塞，南有句注塞，北有平城塞，四塞之中，则是土地大部平衍间或丘陵起伏的大同盆地，其中河湖纵横，原始森林密布，资源丰富，交通便捷，可攻可守，可进可退，战则烈马嘶鸣，南北交锋，和则商队接踵，贡使络绎。由于既紧邻农耕文化区，又逼近草原游牧带，挽粟则来者千车，驱牲则至者万蹄，具有吸纳农耕文化和游牧文化两方面营养的良好条件，因而是理想之地。大同王气表现之三，是此地有利于立国建都的人脉风俗。雁门云中，旧俗刚毅，里多壮士，任侠使气，可为天子之爪牙，执干戈而奋武卫。自古燕赵多慷慨悲歌之士，《史记·赵世家》说：“赵，四战之国，其民习兵。伐之不可。”[12]《史记·货殖列传》说：“种、代，石北也，地边胡，数被寇，人民矜懻忮，好气，任侠为奸，不事农商。”[13]可以推断战国时代赵国北部边陲的大同地区，其风俗主要特征是人民群众的尚武和任侠。尚武是战争环境造就的，而任侠则和社会矛盾有关系。

在弱肉强食条件下，人民群众特别是弱势群体，希望有人保护自己，于是侠客应运而生。这种尚武任侠之风，一直延续到汉代，其后魏晋两朝，该风俗习尚并无多大变化。尚武和任侠，只要引导得当，就能产生强烈渴望为国立功之人，持剑从戎，为国家排忧解难，所谓“捐躯赴国难，视死忽如归”。拓跋鲜卑本身也是强烈尚武的民族，一旦以平城为都，用不着多费口舌，平城人民就会积极响应朝廷号召，保家卫国。

（四）历史夙缘难睽违

很久以来，鲜卑拓跋氏就和平城结下了不解之缘。鲜卑拓跋中的保守派虽曾极力反对将政治中心迁至平城，但历史车轮终究阻挡不住，拓跋珪终于在平城立国称帝。这种情况正是水到渠成。拓跋鲜卑从大兴安岭北部南迁至呼伦湖，又从呼伦湖迁至匈奴故地，此时北匈奴留在大漠南北的人口尚有数十万，皆自称鲜卑，似乎拓跋鲜卑的力量大大增加了。但令人不解的是，拓跋本部却莫名其妙地衰落了。这次衰落是他们自己造成的。当时他们的首领拓跋诘汾，已是有妻儿老小的人，但他贪图女色，又搞了几个匈奴妇女，其中有一匈奴妇女还为他生了个儿子力微。诘汾宠爱小儿子力微，欲立为世子，遭到了长子拓跋匹孤的强烈反对。于是父子反目，部落中的人们同情匹孤的很多，匹孤于是率大部分远走河西，使拓跋诘汾成了孤家寡人，不久病死，小儿子势单力寡，只好投靠没鹿回部，做了没鹿回部大人窦宾的女婿。窦宾死，其二子与拓跋力微寻仇，拓跋力微杀死小舅子，手刃其妻，吞并了没鹿回部，势力壮大，这才敢逐渐招抚散亡，复兴拓跋鲜卑部落联盟。他后来被道武帝尊为始祖神元皇帝。他以盛乐（今内蒙古和林格尔盛乐镇）为政治中心，将匈奴、乌桓、鲜卑等多个少数

民族部落，组合为一个政治军事联盟，时间在曹魏高贵乡公甘露三年（258）至晋武帝咸宁三年（277），本人活了104岁。在他掌政的五十八年中，执行的是与曹魏、西晋和亲的政策。曹魏景元二年（261），他派长子沙漠汗到洛阳参观学习。沙漠汗在洛阳广泛学习汉文化，尤其是礼仪制度，结交曹魏公卿士大夫，结果是拓跋鲜卑与曹魏政权“聘问交市，往来不绝，魏人奉遗金帛缯絮，岁以万计”[14]，双方关系十分和洽。这是沙漠汗第一次出使曹魏。晋武帝司马炎泰始二年（266），沙漠汗以老父年迈求归，晋武帝具礼相送。晋武帝泰始十年（274），沙漠汗第二次到洛阳，其年冬返国，晋朝赠与的锦、罽、缯、綵、绵、绢诸物，特别丰厚，以牛车百乘运送。行达并州，晋征北将军、并州刺史卫瓘，认为沙漠汗为人雄异，恐怕在他领导下，拓跋鲜卑将会成为晋朝的外患，于是密奏晋武帝，要求扣留软禁沙漠汗，不放他回去。晋武帝担心失信于少数民族，不许。卫瓘又请求以金银缯帛贿赂拓跋鲜卑各部大人，让他们分裂疑忌沙漠汗，互相危害。晋武帝答应了。于是卫瓘就把沙漠汗软扣在太原，施展他的阴谋活动去了。这卫瓘是个书法家，但也是个阴谋家，很卑鄙。邓艾以镇西将军、邓侯身份，在景元四年（263）受命伐蜀，钟会也以都督关内诸军事、镇西将军身份，与邓艾分兵伐蜀。邓艾是个武将，为人正直，他带兵走阴平道，即从今甘肃文县穿越岷山山脉，经由四川平武、江油等县，绕剑阁之西，可以直趋成都。过阴平道时，邓艾以毡自裹，推转而下，将士攀木沿崖，鱼贯而进，行无人之地七百里，抵成都，后主刘禅见大势已去，遂出降。此时钟会还在剑阁与蜀将姜维相持，后主命姜维降于钟会。钟会亦是大阴谋家，内怀异志，因邓艾承制专事，此时卫瓘任部队监军，也感到邓艾太霸道，不把自己放在眼里。适逢钟会和他商议共同向朝廷报告邓艾横行不法事，二人合拍，向朝廷打了报告，皇帝下诏，让他们用槛车把邓艾送到洛阳。钟会就让卫瓘前去收捕邓艾，他估计邓艾会不服气，而卫瓘又兵少，很可能邓艾会杀了卫瓘，那时自己就会以邓艾杀监军为借口，除掉邓艾，自己独掌兵权，割据自立。卫瓘夜至成都，下命令给邓艾诸将，称朝廷有诏收艾，其余一律不问，如果按时来赴，爵赏如先，敢有不出，诛及三族。等到鸡鸣，艾诸将都来投瓘，只有邓艾还在营帐。平旦开门，乘使者车，径入至成都殿前，艾卧未起，父子俱被执。艾诸将想把艾抢出来，整仗冲到营前，卫瓘骗他们说，他正向朝廷起草报告，申明艾事，于是诸将信之而止。不久钟会来了，把邓艾的将领胡烈等招来抓捕起来，囚在一处房舍，遂发兵叛乱。于是部队内外骚动，人情汹汹。钟会留卫瓘商议，乃书版云“欲杀胡烈等”，举以示，瓘不许。上厕所，见胡烈手下军官，让他告诉三军，钟会要反。钟会逼瓘立刻作决定，晚上连夜开会，各自横刀膝上。当时在外诸军已经私下要进攻钟会，以瓘不出，不敢行动。钟会使瓘慰劳诸军，下殿而出，假装眩晕病发作，仆倒在地，爬起来又走，服了点盐汤，乃大吐，身体素弱，钟会派人来看，都说活不了啦，钟会于是放松了警惕。晚上作檄宣告诸军，诸军相约明早攻会。会率左右拒战，被诸将击败，帐下数百人尽被杀死，瓘于是部署诸将，群情肃然。邓艾本营将士追上押解邓艾的槛车，还向成都。卫瓘因为自己和钟会共同陷害邓艾，害怕邓艾生变，又想独占诛钟会之功，就派护军田续至绵竹，夜袭邓艾于三造亭，斩邓艾及其子邓忠。事平之后，糊涂的西晋朝廷竟然要封卫瓘官爵，卫瓘自己也知道并无斩将搴旗之功，固辞不受。实则这个卑鄙的家伙，诛之可也。当时名臣杜预听说卫瓘袭杀邓艾，就对众人说：“伯玉（卫瓘字）其不免呼？身为名士，位居总帅，既无德音，又不御下以正，是小人而乘君子之器，当何以堪其责乎？”[15]也就是他任并州刺史（《晋书·卫瓘传》说是征北大将军，都督幽州诸军事、幽州刺史、护乌桓校尉）时，以诈术欺骗离间拓跋鲜卑等少数民族，朝廷还认为他有功，封其一子为亭侯。君臣上下对少数民族以诈不以诚，这正是西晋发生五胡乱华，立国不到五十年就灭亡于少数民族之手的重要

原因。惠帝时，贾皇后与楚王玮联手，诛其一门九人，这是后话。且说卫瓘将沙漠汗软扣在太原一年多，直到晋武帝咸宁二年（276），也就是拓跋力微五十八年，卫瓘估计自己的阴谋可以实现了，这才放沙漠汗归国。拓跋力微听说长子归国，很高兴，派诸部大人到阴馆迎接。阴馆为东汉雁门郡治，在今山西省朔州市朔城区东南八十里夏官城村。三国曹魏时，由于汉末大乱，东汉雁门郡大部分荒废，原14县即阴馆、繁畤（今山西应县东城下庄）、楼烦（今山西朔州市朔城区西南梵王寺乡梵王寺村）、武州（今山西偏关县东北老营镇贾堡村）、汪陶（今山西山阴县东北）、剧阳（今山西应县东北镇子梁乡东辉耀村）、崞县（今山西浑源县西北麻庄）、平城（今山西大同市城区）、埒（今山西神池县西北）、马邑（今山西省朔州市朔城区）、卤城（今山西繁峙县大营乡固伏村）、广武（今山西代县阳明堡镇古城村）、原平（今山西原平市）、强阴（今内蒙古丰镇市西北）。汉献帝建安二十年，山西北部因乌桓、鲜卑扰乱，曹操收缩雁门郡，将平城县侨置于今山西代县城东北五里平城村，改属新兴郡，雁门郡移治于今代县西南之阳明堡镇古城村。《晋书·地理志》说："建安二十年，始集塞下荒地立新兴郡……魏黄初元年，复置并州，自陉岭以北并弃之，至晋因而不改。"这个说法很有问题。如果魏晋时陉北一直无汉人县政权，那么拓跋猗卢三年，即公元306年，猗卢向并州刺史刘琨求句注陉北之地，刘琨何以能徙马邑、阴馆、楼烦、繁畤、崞五县之民于陉南？公元306年是个界限，此后陉北才无汉人县政权，而不是从魏黄初元年开始。所以西晋之初雁门郡，包括陉南和陉北两部分，加在一起是广武、平城（今山西代县西南平城村）、原平（今山西原平市）、葰人（今山西繁峙县城东圣水头）、马邑（今山西朔州市朔城区）、阴馆（今山西朔城区东南夏官村）、楼烦（今山西朔城区西南梵王寺村）、繁畤（今山西应县城下庄）、崞（今山西浑源麻庄），共有九县。至于《晋书·地理志》所列之汪陶，已在马邑之北，当在汉末已陷入鲜卑。故刘琨所割之县不列此县之名。且说拓跋鲜卑各部大人在阴馆迎接拓跋沙漠汗，饮宴之中，空中有飞鸟经过，沙漠汗随口说："我为你们打下它来。"取出一个弹弓飞出一个弹丸，飞鸟应弹而落，众人都大惊，互相议论说："太子风彩装扮，和南夏之人相同。加上有奇术绝世，如果他继了国统，变易旧俗，我们必然不得志，不如在部内的那些首领诸子纯朴。"加上卫瓘离间挑拨了很久，众人都有意除掉沙漠汗，于是纵马驰骋，跑回盛乐去了。拓跋力微见众人回来，问道："我儿子从他国回来，有了哪些长进？"都回答说"太子才气非常，拉空弓就使飞鸟自空而落，似乎学得了晋人的奇法怪术，是一种乱国害民的征兆，请您详察。"自从沙漠汗到洛阳参观学习，力微的其他儿子当然就更多得到父亲宠爱，力微的年龄又超过百岁，已经有些老糊涂了，听了诸大人的话就说："不可容者，便当除之。"于是诸大人便飞马奔向长城南，杀死了沙漠汗。具体地点，我认为就在平城，盖沙漠汗往来平城地区，对陉北已作过考察，他很想以平城为政治中心，观其子猗㐌、猗卢所为，正是实现他的计划，只是老父在世，不能实施，没想到被部落联盟中的保守派所害。沙漠汗死，力微年事已高，看到诸子人物才干皆不及沙漠汗，这才后悔不已。《晋书》说他"以忧死"，所忧正是这个问题。也就是这一年，他死了，而那糊涂话，给拓跋鲜卑带来了大祸。此后拓跋鲜卑陷入内乱。接连换了四任部落联盟首领，三个是他的小儿子，一个是孙子，三十年中，部落联盟混乱不堪。其中拓跋禄官比较开明，他看到部落联盟中各有彼此，很难立刻统一，索性将部落联盟一分为三，自己率领了一部居东，在上谷郡之北，濡源之西，东接宇文部；让沙漠汗长子拓跋猗㐌统领一部居中，在代郡参合陂北，即如浑水东源旋鸿池一带，今内蒙古兴和县；让猗㐌之弟猗卢统领西部，居定襄之盛乐故城。实际上中部猗㐌的活动中心是在平城。也就是在三分部落的第二年，拓跋鲜卑隆重地安葬了沙漠汗和他妃子封氏。葬在哪里？方山之下，灵泉池附

近。灵泉池即天渊池，高宗文成帝时开凿且命名，后文明冯太后改为灵泉池。文成帝开凿天渊池时，于土中获一石铭，铭言桓帝猗㐌葬母，远近来会者二十余万人。实际这次葬礼，猗㐌是将父亲沙漠汗和母亲封氏同时安葬的。当时晋成都王司马颖派从事中郎代表自己，河间王司马颙派司马靳利，并州刺史司马腾派主簿梁天，都来会葬，会葬人数二十余万。但后世大同人并不知其墓，更不知墓之所在。原来北方少数民族的风俗，为防盗掘墓葬，历来是采用潜埋方式而不起坟丘。其贵族都是潜窆山谷，莫知其所，然后备文物礼仪虚葬于某处。估计拓跋部这次安葬沙漠汗夫妇，用的就是这种方式，之所以有二十余万人会葬，就是表明不怕人盗掘，因为是空棺。桓帝猗㐌有几件大事可记，一、上文所说安葬父母。二、度漠北巡，西略诸国五年，有二十余国（部落）降附拓跋鲜卑。三、协助晋并州刺史司马腾反击匈奴刘渊所建汉国对并州的进攻。第一次出动十余万骑，大破渊众于西河上党。第二次以轻骑数千袭击刘渊部，斩渊将綦母豚，刘渊南逃长子。四、西晋授猗㐌为鲜卑大单于。五、建设平城，制订了以平城为根据地，图谋向陉南发展的战略。根据猗㐌去世后，卫操等人歌颂他而立于陉南大邗城的猗㐌碑（此碑后来倒伏，北魏献文帝皇兴初（467）雍州别驾雁门段荣掘得此碑，时在北魏追谥猗㐌为桓帝后，故称桓碑）。桓帝猗㐌所居，就是平城，桓碑称平城为“云中名都”，其中有王者“华殿”，说明猗㐌的部落决不是“行国”，而是有城市规模建筑的王城。猗㐌力图向陉南发展，在肆州肆卢县（今忻州市忻府区西北奇村镇）之大邗城设立军营，屯驻军队，名义上当然是保卫并州免受匈奴屠各刘渊部的侵害，猗㐌派长子普根为驻军指挥。六、发展经济，促进商贸。猗㐌努力改变拓跋鲜卑的畜牧经济，引进中原商品，促进畜牧产品和中原手工业商品的交流。他出巡时，都有洛阳大商人携带金帛随行。有一次队伍经过今内蒙古清水河县喇嘛湾，一个商人落在了后面。《水经注》记载说：“皇魏桓帝十一年，西幸榆中，东行代地，洛阳大贾赍金货随帝后行，夜迷失道，往投津长曰子封，送之渡河，贾人猝死，津长埋之。其子寻求父丧，发冢尸，资囊一无所损。其子悉以金与之，津长不受，事闻于帝，帝曰君子也，即名其津为君子济，济在云中城南二百余里。”七、大量任用汉族士人帮助自己治国理政。猗㐌的汉人谋士，有定襄侯卫操；安乐亭侯卫勤；都亭侯卫崇、卫清；信义将军、都亭侯卫泥、段繁；建武将军、都亭侯王发；折冲将军、广武亭侯范班；建武将军、上洛亭侯贾庆；都亭侯贾循；关中侯李壹；关内侯郭乳等。这都是桓帝因助晋对抗叛军有功，西晋统治者正式授与他手下汉人的官爵。还有卫雄为左将军、云中侯；姬澹为信义将军、楼烦侯。这些人都是猗㐌的心腹股肱。在他们的影响和支持下，拓跋鲜卑中部的政治、军事发生了重大变革。桓帝猗㐌只活了三十九岁，“有德无禄，大命不延”，英年早逝。他于晋惠帝永兴二年（305）六月二十四日离开了人世。

当桓帝猗㐌在平城搞革新时，他和他的部下被称为“新派”或“新人”，相对于他们，原来思想落后保守的各部大人则自称“旧人”。猗㐌和自己的胞弟猗卢，同为沙漠汗与正妻封氏所生，二人同气连枝，见解一致，猗㐌搞的政策措施，猗卢积极参与。但沙漠汗与其次妃兰氏所生之子拓跋弗，为沙漠汗小儿子，却与二兄相违，亦为旧派人物，《序记》说他“聪哲有大度，为诸父兄所重”，是一种粉饰之词。他在两位兄长之前，接替力微的两个小儿子章帝拓跋悉鹿、平帝拓跋绰而成为部落首领，就透露出他的思想政治倾向了，不过他只当了一年部落首领就死了，影响不大。他死后才是拓跋力微另一小儿子拓跋禄官分国为三部。这个且放下不说，先说猗卢。当桓帝猗㐌去世时，昭帝禄官还在世，名义上禄官是全部落的首领。桓帝死，其子普根代领了中部，又过了两年（307）禄官死，拓跋三部戏剧性地复归为一部，猗卢当了部落首领。猗卢的事迹可归纳出几点，一为协助晋并州刺史刘琨平定并州境内各种叛乱，和刘琨结成同盟友好关系。刘

琨以子刘遵做人质，表示诚意。猗卢很感动，此后刘琨每有难，猗卢就去救助，计有：猗卢三年，白部大人叛入西河，铁弗刘虎举众于雁门以响应，进攻刘琨新兴、雁门二郡，刘琨请求猗卢出兵，猗卢派思帝拓跋弗之子也就是他的侄子拓跋郁律率骑二万助琨击之，大破二寇。猗卢四年，刘琨牙门将邢延据新兴郡叛，招引刘聪（前赵皇帝），猗卢派军队讨之，刘聪退走。猗卢五年，前赵刘聪派儿子刘粲带兵袭晋阳，杀了刘琨父母，而且占了晋阳城，刘琨告难，猗卢派长子六脩、姪子普根，以及卫雄、范班、姬澹等将领为先锋，自己统大军二十万为后继，直趋晋阳。刘粲害怕，焚弃辎重，突围遁走。纵骑追之，斩其将五人，伏尸数百里，遂解晋阳之难，赠琨驼马牛羊数千，车百乘，留精锐帮助刘琨守戍晋阳。诸如此类。二为猗卢三年，晋怀帝封猗卢为鲜卑大单于，代公。八年，晋悯帝又封猗卢为代王，食代、常山二郡。汉族政权正式封拓跋鲜卑君主为代王，是从此开始的。三为猗卢向刘琨求句注陉北之地，刘琨乃弃陉北五县、尽徙五县（马邑、阴馆、楼烦、繁畤、崞）之民于陉南，更立城邑安置其民，猗卢徙十万家居民进占了五县之地。四为猗卢六年，大修盛乐城以为北都，修故平城以为南都。猗卢亲登平城西山观望地形，乃更南百里，在桑乾河北黄瓜堆（今山阴、应县、怀仁三县间黄花岭）筑新平城，晋人称为小平城（即今怀仁金沙滩日中城），使长子六脩镇守，统领南部。五为建立法律制度，立志改变拓跋鲜卑无法可依、有法不依的习惯，明刑峻法，诸部民多以违法得罪，凡不执行命令或违令后至的，往往举部被诛，猗卢俨然是奴隶制国家的君主。六为猗卢继承猗㐌，大量任用汉族士人帮自己治国理政，这批人和猗卢的心腹同样被称为“新派”。

猗卢九年（316）代王国发生了一件很不幸的国内父子相残事件，导致了猗卢的死亡和代国的分裂，拓跋鲜卑又一次面临危急存亡的局面。事情的经过是这样的：穆帝猗卢长子六脩，镇守新平城，具有一定的军事力量。本来选择接班人，应该选择长子六脩，但猗卢喜欢小儿子比延，想让比延做自己的继承人。实际上比延并不会带兵打仗，而六脩却有好几次赫赫战功。六脩有骅骝骏马，日行五六百里，猗卢想要六脩将此马转让给比延，六脩不肯。六脩来朝见父亲，猗卢令他朝拜比延，六脩拒绝。猗卢乃让比延坐上自己所乘步辇，让人导从出游。六脩望见，以为是父亲，乃拜伏于路左。及至，乃是比延，六脩惭怒而去。猗卢召之，六脩不来。猗卢怒，率军前去讨伐六脩，反为六脩军击败，六脩杀了比延。猗卢所率之军溃散，猗卢乃换了衣服，向南逃去，准备到肆卢县大邗城去找普根与所率之军，再回来攻打六脩。南逃过程中，有个妇女认识他，向六脩报告，代王南逃去了。六脩正在搜寻猗卢，听了妇女的话，立马率军追赶，在雁门山中追上了，六脩杀了猗卢。普根在大邗城听说国内发生了如此惨剧，乃率军北上越过雁门关讨伐六脩，普根的军队击败了六脩军，金沙滩上真的是尸山血海，比杨业宋军和辽军激战金沙滩早了上千年。结果六脩被杀，普根以弑父之罪杀六脩。于是在平城的卫雄、姬澹等人率前来投靠拓跋猗卢的晋朝士人，以及不愿再待下去的乌桓杂户，和刘琨作为质子的儿子刘遵，共三百余家，商量该怎么办，众人都说：生死愿随两将军。于是卫雄等率众人撤往雁门关南。此时刘琨得知消息，率军北来，适逢南来的卫雄一批人。众人在雁门山中找到了猗卢尸骸，将其安葬，并命令守关将士立碑纪念。20世纪初，柯昌泗在山西得到了一块猗卢墓碑残石，碑之正面文曰“王猗卢之碑”，书体在隶楷之间，罗振玉《石交录》著录了这块碑的拓片，认为碑的正面“王猗卢之碑”前缺一代字。碑的背面则为代王猗卢狩猎图。宋乐史《太平寰宇记》卷四九《代州雁门县》条，载有“拓跋陵”一项，无说明。清嘉庆《大清一统志》卷一五一：“代州：拓跋猗卢墓，在州西北雁门山中。《寰宇记》雁门县有拓跋陵。”柯昌泗所发现的猗卢碑残石拓片，现存北大图书馆。

且说这桓帝长子拓跋普根，灭了六脩之后，自认为是拓跋部落的首领，猗㐌、猗卢的继承人，再加上他的武力强大，部落中没人敢说什么。但他仅在位月余病死了。普根刚生了个儿子，桓帝后祁氏立之为拓跋部落之君，自然是祁后自己总揽一切，但这年冬天，普根之子又死了，怎么办？桓后祁氏坚掌大权，成为拓跋鲜卑女君主，这在拓跋鲜卑历史上是破天荒的，激起了拓跋诸部大人的激烈反对，祁氏仍以桓帝猗㐌以来穆帝传承的平城为根据地，设立朝廷，臣民称为祁皇帝。反对祁氏的诸部大人则以盛乐为政治中心，立思帝拓跋弗的儿子平文帝拓跋郁律为君主，双方展开了尖锐的对峙和激烈的斗争。由于后来北魏皇朝的开国皇帝道武帝拓跋珪是平文帝次子昭成帝什翼犍的孙子，他当然只承认自己这一支系为正统，是拓跋法统的传承者。所以后来北魏史官也持这种立场，贬低桓帝猗㐌这一支系的正统性，对桓帝祁后更是骂为"牝鸡司晨"了。其实当时正是桓帝猗㐌这一支系实力强大。从道理上说，桓帝猗㐌是长子，猗卢是次子，二人都是沙漠汗嫡妻所生，而思帝弗不过是沙漠汗的小老婆兰氏所生，岂能与两位兄长争雄？那么谁是正统？当然是猗㐌诸子为正统。猗㐌死，其后祁氏摄政，中国封建社会每当皇帝死了而太子幼弱，或皇帝死无子需要选择接班人，岂不都是由太后垂帘执政？这种事稀松平常。祁氏做过了头的，是她自己称君，有点类似唐武后的做法。祁氏自己称王称帝五年，也和平文帝拓跋郁律抗争了五年。《魏书·序纪》因为站在平文帝的正统的立场上，只记平文帝这五年的事迹，而不记祁皇这五年的事迹，实则记平文帝事迹，夸大虚诞不足信，如说平文帝"西兼乌孙故地，东吞勿吉以西，控弦上马将有百万"，就绝不可信。而祁皇或祁王的事迹则一字不提。实则桓帝祁王一系人脉很盛。普根及其婴儿虽死，但还有普根之弟贺傉（惠帝）、纥那（炀帝）仍在。《魏书》卷一四所载，还有后人素延（道武帝封曲阳侯）、郁（文成帝封顺阳公）、目辰（孝文帝封宜阳王），这正是祁王虽有众多诸部大人反对，而仍屹立不倒的一个原因。公元321年，这场斗争到了决战时刻，祁氏发兵攻击平文帝郁律，一举消灭以郁律为首的盛乐政治集团，并诛灭拓跋诸部大人数十人。祁氏取得了胜利。接受上次自己为君引起普遍反对的教训，她决定让二儿子拓跋贺傉为君（321），自己临朝称制。贺傉被道武帝谥为惠帝。惠帝即位时不亲政事，国事全由母亲。惠帝朝政治中心是在盛乐还是在平城？我认为因为祁氏消灭了大部分政敌，可能又返回了盛乐。惠帝即位前三年，都是母亲裁决国事，祁氏很厉害，无人敢反对。太后临朝，时人谓之女国，派出使者与石勒通和，被称为“女国使”。祁氏大约卒于惠帝三年（322）。祁氏死后，返葬平城，和丈夫桓帝合葬于方山，仍按拓跋风俗，穿山为坟，使人不知其处，时人不称猗㐌墓，而称为“祁皇墓”，直到现在，大同仍有祁皇墓村与祁皇墓火车站。可知祁氏执政影响之深远。祁皇墓和冯太后的方山永固陵完全是两回事，有人将其混为一谈，不可信。母亲去世了，惠帝只得自己料理国政，但此时原来诸部大人中的残渣余孽，又重新结集了起来反对他，所谓惠帝“以诸部人情未悉款顺”，说的就是这种情况。于是惠帝贺傉“乃筑城于东木根山，徙都之”，东木根山在今内蒙古兴和县西北。惠帝贺傉在位第五个年头就去世了，其弟炀帝纥那即位（325）。公元328年，石勒派石虎越过句注陉进攻拓跋部，纥那带兵和石虎在句注北作战，失败，于是逃往大宁（今内蒙古宁城县西大名城）。当时平文帝郁律长子烈帝翳槐，仍是祁氏支亲的劲敌，由于祁氏派得势，翳槐躲在其舅贺兰部中。炀帝遣使求之，贺兰部帅蔼头保护不遣。炀帝怒，召集宇文部并势击蔼头，反被蔼头打败，炀帝也回到大宁。五年，炀帝见国势收拾不住，出居宇文部。贺兰和诸部大人，共立烈帝翳槐（331）。

烈帝翳槐系平文帝妃贺兰氏所生，却是平文帝长子，他有一同父异母弟，为平文帝郁律之后王氏所生。烈帝翳槐初立，即派这个同父异母弟什翼犍到石勒的后赵做质子，以便和后赵搞好关系。翳槐七

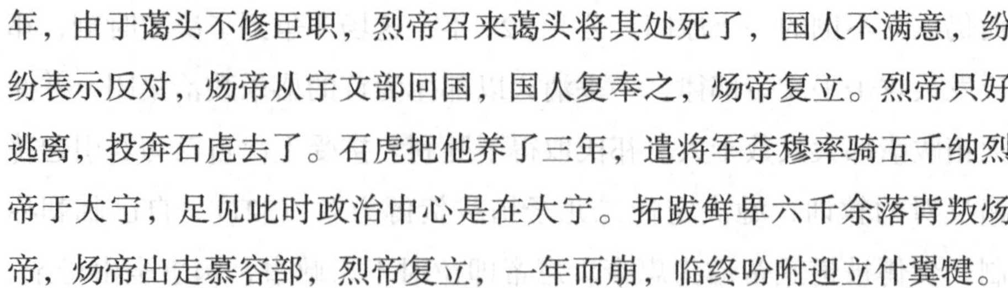

年，由于蔼头不修臣职，烈帝召来蔼头将其处死了，国人不满意，纷纷表示反对，炀帝从宇文部回国，国人复奉之，炀帝复立。烈帝只好逃离，投奔石虎去了。石虎把他养了三年，遣将军李穆率骑五千纳烈帝于大宁，足见此时政治中心是在大宁。拓跋鲜卑六千余落背叛炀帝，炀帝出走慕容部，烈帝复立，一年而崩，临终吩咐迎立什翼犍。

拓跋什翼犍是平文帝拓跋郁律和王后所生，是平文帝嫡子但不是长子。烈帝翳槐是平文帝长子却是庶子。烈帝临终，吩咐一定要让什翼犍回国即位，社稷乃安，并派自己胞弟拓跋孤去后赵邺城奉迎。可见拓跋孤也是平文帝与贺兰氏所生。事实上他是平文皇帝第四子。他之上还有一个哥哥拓跋屈，刚猛多变，烈帝卒后，众人欲立孤，乃杀屈，共推孤。孤以他之上还有同父异母兄什翼犍，不肯即位，亲自到邺奉迎什翼犍，并请自留为质，石虎义而从之，把两人都放回国，什翼犍返国即位后，乃以国之半部与之。孤死，孤之子斤，失职怀怨，后来在王族子孙中挑拨离间，被苻洛带到长安，死于长安。什翼犍从邺城回到陉北，到达繁畤北，在那里即代王位。第二年春始置百官，分掌众职。夏五月，集合诸部大人于参合陂，即东木根山附近，想在桑乾河附近定都，他母亲王氏不同意，乃罢。第三年春，他才移都云中之盛乐宫。此后他统治鲜卑三十八年，鲜卑恢复了元气，国力大大发展了。建国三十九年代国亡于前秦。

综上所述，拓跋鲜卑前期一共产生过四个政治中心，即盛乐、平城、参合陂（含东木根山）、大宁。其中三个都在草原游牧区，只有平城在农耕游牧接壤区。从经济上说平城所处位置明显优于其他三处。平城乃四塞之地，可攻可守，可进可退，而其他三处都不具备这样的条件。平城的历史人脉和风俗习尚都有利建都，而其他三处，云中雁断胡天月，陇上羊归塞草烟，作为游牧民族行国驻扎处还可以，真正定都不可行。

注释

①《魏书·太祖纪》，中华书局1974年6月第1版，第31页。

②《魏书·莫含列传》附《莫题传》，中华书局1974年6月第1版，第604页。

③《魏书·食货志》，中华书局1974年6月第1版，第2850页。

④《元和郡县图志·河东道三·云州》，中华书局1983年6月第1版，第409页。

⑤《史记·匈奴列传》，中华书局1982年11月第2版，第2894页："匈奴骑，其西方尽白马，东方尽青龙马，北方尽乌骊马，南方尽骍马。"青龙，青色。骊，黑色。骍，赤色。

⑥清顺治《云中郡志·建置志·祀典》大同右卫："苏武庙，卫城北四十里。奉使在北十九年不屈。后还，经过此地，后人因敬而祀之。"清雍正《朔平府志·建置志》右玉县："苏武庙，在城北四十里，今废。"

⑦清雍正《朔平府志·方舆志》左云县："蹄窟岭，在县西北十里。俗传啼哭，讹也。明妃何处不啼哭，盖因出塞，道经此岭，岭路石上有马蹄痕迹，至今尚在，故名。"足见有啼哭、蹄窟两说，志书作者批啼哭不通，非也。盖昭君行经此处，知前面就要出塞进入胡地，故所哭较前尤为痛切，以致留下啼哭岭之名。至于蹄窟岭，则甚为不当，昭君乃袅娜女性，体重很轻，岂能在马上将马压至马蹄在石路上留下窟穴乎？

⑧《后汉书·刘玄刘盆子列传》，中华书局1965年5月第1版，第471页。

⑨《后汉书·王刘张彭卢列传》，中华书局1965年5月第1版，第506页："建武四年，单于遣无楼且渠王入五原塞，与李兴等和亲，告兴欲令芳还汉地为帝。五年，李兴、闵堪引兵至单于庭迎芳，与俱入塞，都九原县。掠有五原、朔方、云中、定襄、雁门五郡，并置守令，与胡通兵，侵苦北边。"

⑩《后汉书·吴盖陈臧列传》，中华书局1965年5月第1版，第683页、第737页。

⑪《后汉书·光武帝纪》，中华书局 1965 年 5 月第 1 版，第 60 页。

⑫《史记·赵世家》，中华书局 1982 年 11 月第 2 版，第 1828 页。

⑬《史记·货殖列传》，中华书局 1982 年 11 月第 2 版，第 3263 页。

⑭《魏书·序纪》，中华书局 1974 年 6 月第 1 版，第 4 页。

⑮《晋书·卫瓘传》，中华书局 1974 年 11 月第 1 版，第 1059 页。

二 金戈铁马显英雄

拓跋珪是拓跋鲜卑民族前进道路上产生的最伟大的历史人物，拓跋鲜卑的民族英雄，北魏王朝的创业者和缔造者。人们常说“创业难，守成亦难”，其实相比之下，还是创业难。人们又常说“时势造英雄”，这固然对，但多少有些机械唯物论的色彩，辩证法少了点。今天我们所谈的拓跋珪，固然是当时的历史局面中涌现出来的英雄，但他的出现，又使拓跋鲜卑民族所处的历史环境和历史地位发生了极大变化，他是位创造本民族历史并推动中国历史前进的伟人。

（一）天降大任于斯人

这句话出自《孟子·告子章句下》，我用来做个小题目。孟子的原话，译成现代汉语就是：“老天要把重大任务降到某人身上，一定要苦恼他的心意，劳动他的筋骨，饥饿他的肠胃，穷困他的身子，他的每个行为往往不顺利，这样就能震撼他的心灵，坚韧他的性情，增益他的能力。”孟子的这些话，除了“天降大任”有点玄乎外，说一个伟人的成长要经历种种磨难，那是绝对正确的。拓跋珪就是这样成长起来的。在拓跋珪的祖父代王什翼犍时期，这个部落联盟的大酋长，因为在后赵的襄国作质子十年，接受了较多的汉文化，回国即位后初

步制定了些法律管理部落联盟，但整个部落联盟进入文明的历程非常缓慢，各部落的小酋豪门并不欢迎一个拥有绝对权力的国王，就连把游牧改成定居，他们都是强力反对。前面我们讲到的拓跋猗卢，他就是想搞“明刑峻法”，激化了贵族集团的内部矛盾而被儿子六脩杀死的。什翼犍即位曾想在桑乾川定都，受到以他母亲王氏为首的保守势力的反对而中止。这些坚持旧的风俗习惯的顽固势力，在自己的部落中握有实权，坚持认为拓跋鲜卑只能是个松散的联盟，更不认为国王有什么意义，这些家伙更像各个山头的土匪，认为首领不过是土匪联席会议的主席，必须听大伙的。拓跋珪尚未出生，还在娘肚子里，这些人就对他进行了严重警告：杀死了他的父亲拓跋寔，让他变成了孤儿。代王什翼犍建国三十四年（371）春天，什翼犍召集各部大人议事，帝室十姓的长孙部首领长孙斤，因意见不合和什翼犍发生激烈争吵，长孙斤拔刀就向什翼犍捅了过去，什翼犍的太子拓跋寔阻挡长孙斤，但被长孙斤刺伤胁下，众人一齐上前杀了长孙斤，可太子拓跋寔因受重伤，医治无效而死去。太子死后两个月，拓跋珪出生，所以拓跋珪一出生就是孤儿，从未见过父亲的面，他长大后，对部落酋长们的跋扈，应当说有切肤之痛。他明白自己要对付的，在部落联盟内首先是这帮人。

拓跋珪母亲贺兰氏，是贺兰部人，她尽心照料年幼的拓跋珪，免受别人的伤害。按照草原游牧民族的收继婚制，她应该下嫁丈夫的弟弟。收继婚制就是两条，父死，子妻其后母；兄死，弟妻其嫂。按《魏书》的记载，拓跋寔死，贺兰氏为拓跋寔之弟秦明王翰所收继，生拓跋仪、拓跋烈、拓跋觚三子，此三人皆为拓跋珪的同母异父兄弟。但《魏书·昭成子孙列传》亡佚，后人以《北史·魏宗室传》补之，秦明王翰的传记记其生卒年份与他传龃龉，或有脱误。今人周一良、李凭诸人皆不信其说，而从《晋书》推断拓跋寔死后，贺兰氏为什翼犍所收继[1]，其说太过惊世骇俗，今不取。总之，六岁之前，拓跋珪的日子勉强还算过得去。但六岁以后外忧内患，不但使他饱受苦难，还几乎丢了性命。不过，正是这种艰险困苦的环境，使少年拓跋珪认识了社会，增长了智慧，积蓄了潜能，能够从容应对未来的各种挑战。

什翼犍的时代，叫做五胡十六国，五胡即匈奴、鲜卑、羯、氐、羌五个少数民族，五胡乱华，先后产生了十六个政权。这十六个政权，并不都是胡人建立的，也有汉人建立的，但汉人也是乘着那个“乱”劲玩一把，所以也就归为一伙，统称十六国。它们是一成、一夏、二赵（前、后）、三秦（前、后、西）、四燕（前、后、南、北）、五凉（前、后、南、北、西），另外冉魏、西燕、拓跋代尚不包括在内。时间为公元304年到439年，共135年。什翼犍的后期，正碰上了氐族所建立的前秦崛起于关陇地区。它统一了北方并准备进攻江南东晋。

前秦是氐族苻氏创立的。苻氏世为部落小帅，居于略阳临渭（今甘肃秦安东南）。晋永嘉四年（310），苻洪自称护氐校尉、秦州刺史、略阳公。刘曜在长安称帝，以苻洪为率义侯。咸和四年（329），石勒灭刘曜，洪又降于石勒。咸和八年（333），石虎将关中豪杰和羌戎徙于关东，以苻洪为龙骧将军，流人都督，率户二万驻于枋头（今河南浚县西南）。冉闵杀胡羯，关陇流民相率西归，路经枋头，皆归苻洪，洪拥众10余万，自称大将军、大单于、三秦王。不久他被石虎旧将麻秋毒死，其子苻健统其众，根据“民心思晋”的情况，打着晋征西大将军、都督关中诸军事、雍州刺史的旗号，带领关陇人士返回长安。苻健返回长安，据有关陇，“秦雍夷夏皆附之”，永和七年，即什翼犍建国十四年，公元351年，苻健即天王、大单于位，国号大秦，都长安。永和八年，苻健称帝（352），健与百姓约法三章，薄赋敛，卑宫室，优礼耆老，修尚儒学，史称“关西家给人足”。永和十一年（355），健死，子苻生继位，荒诞淫虐，杀戮无道，人情危骇，道路

以目。苻健之弟苻雄之子苻坚，发动政变，袭杀苻生而自立为帝。他改革苻生的暴政，提出“黎元应抚，夷狄应和”的主张，信用汉族士人，委以重任，积极实现“圣君贤相”的理想政治。重用汉族士人王猛，委以重任，拜侍中、京兆尹、中书令。王猛刷新吏治，打击豪强，复兴儒学，选拔人才，劝课农桑，整军经武，为前秦统一北方奠定了基础。晋废帝太和五年，什翼犍建国三十三年（370），王猛带兵灭前燕。晋简文帝咸安元年，什翼犍三十四年（371），苻秦灭仇池氏国杨氏，击败陇西鲜卑乞伏司繁。宁康元年，什翼犍三十六年（373），取得东晋梁益二州。太元元年，什翼犍三十九年（376）八月灭前凉，张天锡降。同年十一月，进击代国，降附之，史称“苻坚灭代”。正是在苻坚灭代前后，童年的拓跋珪经历了国破家亡的伤痛。这年的十一月，苻坚派行唐公苻洛，率其将领朱肜、张蚝、邓羌，带兵二十余万，侵入代国南境，白部鲜卑和匈奴独孤部都是拓跋鲜卑部落联盟成员，他们奋起抵抗，但被击败。拓跋鲜卑部落联盟分为南北两部，南部大人为平文帝女婿匈奴独孤部酋长刘库仁，北部大人为拓跋部本家叔孙部酋长叔孙普洛。什翼犍又派弟拓跋孤监北部，子寔君监南部。当前秦军进攻代国南部时，南部大人刘库仁由于抵抗不住，跑到盛乐向什翼犍报告请示。什翼犍给他十万部队抵御秦军，与秦军战于石子岭（今内蒙古乌审旗北），结果又大败。当时什翼犍有病在身，不能上阵指挥作战，而群臣又没有可以任用的人，敌我力量太悬殊，什翼犍只好率领国人避于阴山之北。由于此前什翼犍数次率军大破高车部，侵夺高车人口、财产、牛马，高车被征服，敢怒不敢言。此时形势变化，生活在阴山之北的高车族都叛变了，四面寇抄，使拓跋鲜卑在漠北也面临生存危机，于是只好复返漠南。苻坚军渐退，才敢逐渐向盛乐故地前进。但也就在此时，拓跋部又一次发生了子弑父臣弑君的不幸事件，导致代国的覆灭。

拓跋寔君是什翼犍的庶长子，此人愚昧不通礼数，性格倔强不仁。当什翼犍即将退还云中盛乐宫时，苻洛之军并未完全撤退，他们的意思是要把什翼犍掳到前秦首都长安去的，只因什翼犍病重，暂缓了对他的逼迫，大军就驻在距什翼犍王帐不远的君子津（今喇嘛湾）。当初，什翼犍在石勒的襄国（今河北邢台）作质子，烈帝翳槐卒，国人欲立翳槐之弟拓跋孤，以其上有兄拓跋屈，担心拓跋屈作乱，还杀了拓跋屈，但拓跋孤不肯即位，他说，我之上还有兄，我安得立，指的就是同父异母兄什翼犍。他主动提出自己到襄国请什翼犍回来即位，如果石勒不答应，自己就留下当人质。石勒感动，把二人都放了回来，什翼犍感激拓跋孤，拿出国家的一半收入供养拓跋孤。但孤之后，这种待遇并没有让他儿子拓跋斤继承，拓跋斤对此很有意见，伺机作乱。当时拓跋部处于危急关头，他认为机会来了。此时什翼犍嫡长子拓跋寔和秦明王即嫡次子拓跋翰都已先终，而嫡王孙拓跋珪才六岁，慕容后子拓跋阏婆等虽然按年龄属长，可是什翼犍并没有确定接班人。拓跋斤于是对什翼犍庶长子拓跋寔君说：王上将立慕容后所生为继承人，但害怕你闹事，想先把你杀掉，所以连日以来，各王子都穿戎服，夜间手持兵杖，环绕你的庐帐，看个方便就要下手，我是可怜你才告诉你。寔君仔细观察，果然有人手持兵器经过他的庐帐。实则这些王子晚上巡逻，主要是防备前秦军士夜间来突袭杀害他们，结果寔君误以为是要害他，组织自己手下军士进攻各王子庐帐，杀害了大多数王子，只有个别幸存，连什翼犍也被这叛逆儿子杀死了。由于事起仓促，很多王子眷属跑到了苻洛军中告诉此事，苻洛手下李柔、张蚝带兵前来，平息了拓跋内乱，拓跋部众分崩离析，逃命去了。有关作乱的人都被苻洛控制起来。苻洛报告了苻坚，苻坚命苻洛将作乱者解赴长安，同时让什翼犍的汉族谋臣燕凤前来报告情况。燕凤如实反映后，苻坚说拓跋斤和拓跋寔君二人大逆不道，是天下大恶，判处二人五马分尸。

苻坚灭亡了代国，但苻坚有个特点，就是每灭掉一国，就把该国

的贵族豪酋迁到长安居住，一方面对他们表示尊崇，另一方面也是为了控制他们方便。其实这也是秦皇汉武的老办法。对于代国，因为代王室内部残杀的已经差不多，他询问燕凤的意见，燕凤说："那些未死的王子，您可以把他们弄到长安学习，至于那几个小王孙，年龄都太小，而且孤儿寡母，到长安也生活不了，不如让他们随母亲到舅家去，还能有人照应。至于代国王室，虽已不存，但还有土地人民，可以把它分成东西两部分，西部让刘卫辰管辖，东部让刘库仁管辖。刘库仁勇而有智，刘卫辰狡猾多变，都不可独任，两人素有深仇，可以互相制约，谁也不敢先发作乱，这才是御边的良策。"苻坚听从了燕凤的话，安排了代国的善后事宜。

却说苻洛侵入代国，代王什翼犍抵挡不住，率领拓跋宗族撤往阴山之北。拓跋珪母亲贺兰氏（后改为贺氏），一个妇道人家，带着四个三四岁、五六岁的孩子，随着撤退的大队伍，乘牛车避难北退。他们本来是想逃往贺兰部的，拓跋珪的母亲贺氏，就出自贺兰部，其父贺兰野干，曾任拓跋鲜卑部落联盟东部大人，此时的贺兰部帅贺讷正是她的哥哥。贺兰部的主要驻地，在盛乐西北，阴山以北至意辛山（今内蒙古四子王旗西北边境）一带，也就是今内蒙古乌兰察布盟境内及其西北地区。与贺兰部相错驻牧的，是高车诸部。贺兰与拓跋累世为婚，拓跋部的王后部落，贺兰部最为强大，关系也最密切，故而拓跋王室在376年苻秦灭代时，贺后携子及旧臣故吏要远走贺兰部。但此时高车部乘风扬土，四面齐来抄掠，他们无法到达贺兰部，只好又乘车原路返了回来。中途车辖（大车轴上穿着的小棍，用来防止车轮脱落）掉了，很危险，贺氏仰天祷告说："代国王室的后裔，难道就这样灭绝吗？请求神灵帮助我们吧！"结果车失辖而轮子照转，一直向南跑到了善无七介山（今右玉西南），终于脱了难。苻坚灭代，苻坚按照燕凤的建议，把代国的土地人民分为两部分，黄河以西归刘卫辰管辖，黄河以东归刘库仁管辖。刘卫辰是匈奴铁弗部，虽也和拓跋部通婚，他本人还是什翼犍女婿，但野性难驯，经常挑战拓跋部的权威。苻坚灭代，固然是前秦的既定方针，但也是刘卫辰直接把苻秦军队引导过来的。刘库仁属于匈奴独孤部，独孤部的驻牧地，在盛乐东南，中心就在善无迤西，今山西右玉与内蒙古凉城一带。所以拓跋珪母子从阴山之北一直南逃到善无七介山，才放下心来，因为已到了独孤部。独孤部和铁弗部原本同宗，但道不同不相为谋，水火不容，刘库仁忠厚豪爽，其母是平文帝拓跋郁律的女儿，他本人又娶拓跋部宗女为妻，深得什翼犍信任，一直担任拓跋鲜卑南部大人。苻坚灭代，分代之后，拓跋宗室贵族以及原来的文武官员都来投奔刘库仁，受到他的庇护和照顾，拓跋珪母子更是这样。公元 383 年淝水之战，苻坚的百万大军被东晋的八万部队所打败，投鞭断流徒成虚语，八公山上草木皆兵，苻秦对北方各族的统治开始瓦解。该年冬十月，刘库仁被慕容文所杀，库仁弟刘眷统领独孤部。公元 384 年，慕容垂建立后燕，慕容部也是拓跋部的亲戚部落，拓跋珪的祖母就是慕容皝的女儿，慕容垂乃慕容皝之子，因而是拓跋珪的舅爷。公元 385 年，拓跋珪十五岁，刘库仁之子刘显杀死叔父刘眷，成为独孤部大人。此人对拓跋珪母子兄弟很仇视，可能是害怕将来拓跋珪复兴代国，独孤部又降为拓跋部的附庸。刘显欲杀拓跋珪，找个机会就要下手，有一次部人集会，拓跋珪也去参加，商人王霸得知刘显想杀拓跋珪，就故意踩了拓跋珪的脚，叫他快离现场，拓跋珪机警地跑回了自己的庐舍，叫来一拨心腹前来防范，使刘显难以下手，当时还有前部落大人梁盖盆之子六眷，是刘显的谋主，知道刘显欲杀拓跋珪的计划，秘密派人告知了拓跋珪。刘显之弟刘亢泥之妻，也是拓跋珪的姑姑，得知刘显图谋，暗中告知了拓跋珪之母贺氏。贺氏立即安排几个儿子乘夜色昏暗逃离了独孤部，前往贺兰部避难。贺氏设晚宴招待刘显等人，故意让刘显喝得酩酊大醉，以免他去追拓跋珪兄弟。酒喝到很晚才罢，刘显听得马厩中马鸣，出来看马。贺氏装作寻不见儿子，大哭着说：“我

的儿子一个都不见了，是不是你派人害死了他们?”刘显没有立即醒悟过来，也并不急于帮忙寻找，结果拓跋珪弟兄早就乘马走远了。等到刘显明白过来，要杀贺氏，贺氏夜奔刘亢泥家躲避，亢泥全家求救，方始得免。后来刘显部内乱，贺氏才回到娘家。拓跋珪初到贺兰部，人情并未归顺，只有贺氏的本家兄弟原来拓跋鲜卑的外朝大人贺悦，举部随从拓跋珪，供奉尽礼。

当然，《魏书》此处的说法只是表示当时拓跋珪的处境不妙，不可能只有贺悦一家，拓跋珪首先找的是自己的元舅贺讷，元舅即大舅。贺讷实际是拓跋部的外孙，其祖父贺纥娶的是平文帝拓跋郁律之女，生其父野干。野干又娶什翼犍女辽西公主，生贺讷、染干和拓跋珪之母贺氏等。贺讷初见拓跋珪，高兴地拜见并说“官家复国之后当念老臣”，拓跋珪笑着回答说：“诚如舅言，要不忘也。”贺讷之弟染干很粗暴，经常想害死拓跋珪，但辽西公主认真保护着拓跋珪，染干没机会下手。有一次染干包围了拓跋珪庐舍，拓跋珪母亲出来骂染干说：“你要害我儿子，我就和你拼命!”染干羞愧而去。

要说拓跋珪当时没有追随者，那不是真话，他是代王嫡长孙，属于有资格继承王位的人选，虽然不是唯一有资格的人选。因此在他从独孤部奔向贺兰部避难时，就有拓跋纥罗、拓跋建两兄弟等人和他在一起行动，尽照料生活起居和保卫之责。他们在当地召集拓跋旧部人士，得三百家，就以这三百家为基础，积极展开推举拓跋珪正式即代王位的活动。他们认为关键是贺兰部帅贺讷，只要他代表贺兰部拥立拓跋珪为代王，就会有人跟着来。贺讷答应了，但贺染干反对，说：这里是我们贺兰部，怎能容许这样事。但贺讷驳斥说：“我部历来效忠拓跋部，代王领导我们，待我们不薄。拓跋珪是代王世孙，兴复其祖业，对我部这是福啊！我们应当持赞助和奖励态度，立起他继承代王法统，你不该持异议。”于是和众人劝进，拓跋珪于是即代王位于牛川（今内蒙古兴和县西东洋河南）实行了郊天大礼。所谓郊天，是指在郊外祭天，一般是选定并平整一块地方，称郊畤，届时将柴火堆积此处，将牺牲品、玉帛放于柴上，点燃柴火，写作祡，表示祭品可凭烟火上达于天。决定建元为登国，也就以即位为王这一年为登国元年，复以长孙嵩为南部大人，叔孙普洛为北部大人，又封了一批人爵位和职务，大小搭配，立即着手组建各个班子，开展工作。他即位的时间是东晋太元十一年，他自己的年号登国元年春正月戊申，也就是公元 386 年 2 月 20 日，不久他就返回了先祖们作为部落联盟政治中心的盛乐。这年的夏历四月，他改称为魏王。但实际上国人还是代魏并称。

虽然有了代王或魏王的宝座，可是这宝座坐得并不牢，内外之敌很多，时刻想把他推翻，也正因内外之敌强大，他勉强召集起来的拓跋部众人心浮动，时有叛服不常之事。这些内外敌人，一个是他的宿敌，独孤部首领刘显，一个是他的叔父，什翼犍的儿子窟咄。此二人还有勾结之势，情势对他来说很危急，而且差点被颠覆杀害。

当拓跋珪即代王位，而且返至盛乐复国时，刘显感到了威胁，就从独孤部驻牧中心善无（今右玉），向南撤退到了马邑一带（今山西省朔州市朔城区）。此时拓跋珪的部下，人心不固，有两个部落叛逃投奔刘显去了。当初拓跋寔君杀害父亲什翼犍和众弟兄时，有一个叫窟咄的弟弟逃脱了，没有被杀害，被苻洛等人带到了长安。苻坚让他进入太学学习。苻坚败，原来被苻秦灭亡的前燕贵族纷纷叛变自立，慕容永就是一个。窟咄依附慕容永，慕容永让他去任新兴郡太守，新兴郡治九原县，即今忻州市忻府区，与刘显所占领的马邑近在咫尺。于是刘显派他的弟弟刘亢泥迎接窟咄，双方合军一处，进至高柳塞北参合陂等地，于是拓跋珪麾下的各个部落都骚动不安。拓跋珪左右于桓密谋响应窟咄，同谋人单乌干报告了拓跋珪。拓跋珪虑骇人心，沉吟未发。后三日，于桓又以其谋告给舅舅穆崇，穆崇也告诉了拓跋珪。拓跋珪于是抓捕了于桓等五人并且杀了他们，其余参与密谋的莫

题等七姓，都没有追究。拓跋珪担心内乱，再次北越阴山，抵贺兰部，途中派安同和长孙贺二人请求舅爷慕容垂派兵帮助。二人赴燕途中，长孙贺逃走投奔窟咄去了，安同走小路到了中山，慕容垂派儿子慕容贺麟带六千人马随安同一块前来救助。安同和慕容垂使者兰纥一同前来，到了牛川，窟咄之侄意烈阻挡他们前进，安同几乎被捉去。安同于是隐藏到商人货囊之中，方才得免，于是又奔向贺麟。此时援军未至，窟咄、刘显军又进逼过来，贺兰部的贺染干也阴怀异端，准备迎接窟咄，从北部侵逼过来。人皆惊骇，莫有固志，北部大人叔孙普洛和一部分乌丸都投奔刘卫辰去了。拓跋珪见形势危急，乃从贺兰部的弩山到达牛川驻跸（今兴和西北东洋河上游），而窟咄军则驻扎于高柳（今阳高北），双方形成对峙局面。安同此时已回到拓跋部，拓跋珪派他和贺麟联络，约定好会战日期。安同回来报告，拓跋珪越过参合陂，进至代北即阳高北，与贺麟会师，进击窟咄，窟咄军大败，急忙逃窜投奔刘卫辰军，被刘卫辰所杀。刘显见窟咄失败，飞马南奔马邑，逃过一劫。第二年夏五月，拓跋珪复求舅爷慕容垂出兵帮助自己攻击刘显，慕容垂仍派慕容贺麟带兵前来，破刘显军于马邑南弥泽，刘显南投慕容永，最后和慕容永一起被慕容垂所消灭。拓跋珪通过两年多时间，解除了对他称王图霸的内忧外患，剩下的任务就是他如何发愤图强，建立自己的霸业了。

（二）三大政策显威力

大家已经看到，拓跋鲜卑部落联盟原来根本不是一个国家，称为国或国家只是一种勉强的比照，它其实是原始社会部落联盟的延续，具有松散联合的特点。而这种松散联系的部落联盟，除了普通的牧人在战时能立即变为人马合一的骑兵，也就是极具杀伤力的快速部队外，并无其他优势。但即使这种优势，自赵武灵王胡服骑射和修筑赵长城以来，也已被中原汉族政权学到手了，汉族的骑兵经常出塞和胡骑周旋于草原沙漠，而长城又可起到阻挡胡马的作用。拓跋珪认识到拓跋鲜卑部落联盟比之汉族国家以及其他效仿汉族国家的少数民族政权，落后就表现在没有从部落联盟跨入帝国时代，完成从野蛮向文明的转换。于是他的政策设计，统统是针对这种情形而展开。

他的第一条政策，就是通过“颁赐群臣将士各有差”，也就是按照等级和战功分赏掳获物，使得诸部大人和鲜卑士兵，知道从战争掳掠得到的利益，要比游牧大得多，愿意跟随他力战，于是拓跋鲜卑就成为一个稳固的好战集团，而且部民懂得了必须尊重等级和秩序，他们的最高首领就是大漠南北欧亚草原的霸主，必须具有至高无上的权威，只有使他具有这种权威，他们每个人的利益才能得到有效保护。拓跋珪在思想上是“好黄老”的，懂得“将欲取之，必固与之”，对于部民原始的野蛮的掠夺性，采取了尊重和倡导态度，他知道要从无序走向有序，不尊重原来的陋习不行，而最大的有序就是专制帝王统治，就是皇权。正是在这种思想支配下，拓跋珪对当时大漠南北各部落发动了大规模的战争。登国三年（388）魏军北征库莫奚，大破之，获其杂畜 40 余万头口，当时他就将这些掳获物颁赏给了将士。又讨解如部，获男女杂畜十数万。登国四年（389）袭高车部、叱突邻部，均大破之。登国五年（390）袭击高车袁纥部（回纥）、叱奴部、豆陈部，亦大破之。登国六年（391），大破拓跋部的世仇铁弗部刘卫辰，获马三十余万匹，牛羊四百余万头，黄河以南（河套）各部落都来归附，代国占有了河南广大牧地，国富兵强，积极准备进取中原。登国十年（395），在参合陂（今内蒙古兴和县西北）东大破后燕慕容宝军，生擒后燕将士四五万人，全部活埋，唯对掳获的文臣武吏数千人保全性命，准备使用。皇始元年（396）三月，慕容垂亲率大军来复仇，到参合陂吊祭死者，死者父兄即所率燕军看见父兄子弟骨骸堆积

如丘，皆号哭，垂惭愤呕血，不能前进追击拓跋珪，只好返回平城之北四十里，筑了一座燕昌城以歇息。但垂之病愈重，十天后不得不退走，死于上谷（治居庸，今北京延庆）。同年八月，拓跋珪率四十万大军南下太原，夺得并州，就是我们上一讲开头所讲的事了。

魏统治者所实行的这种颁赐群臣将吏各有差的办法，几乎使得魏国文武百官和参战将士都发了大财。大将长孙肥屡立战功，受赏得奴婢数百口，牲畜上千头。冠军将军王建，受赏得杂畜数千头，奴婢数十口，僮隶五千。安同有功，受赏得妻妾及隶户三十，马二匹，羊五十口。崔浩在《食经叙》中说："余备位台铉，与参大谋，赏获丰厚，牛羊盖泽，赀累巨万，衣则重锦，食则粱肉。"[②]崔浩是个文官，所得颁赐如此富厚。有一次崔浩在谏阻太武帝攻宋的话里说"在朝群臣及西北守将，从陛下征讨，西灭赫连，北破蠕蠕，多获美女珍宝，马畜成群。南镇诸将，闻而生羡，亦欲南抄，以取资财"[③]。北魏直到孝文帝太和八年即公元484年实行颁禄制前，一直实行颁赐制，故大小百官掳掠贪腐成风，这不能不说和道武帝制定的政策有极大关系，看起来这个政策是柄双刃剑，激发了斗志而败坏了士风。

拓跋珪的第二个政策，是建立汉族的政治制度，大量任用汉族文士担任中央和地方各级官吏。燕国无论是前燕、后燕、南燕、北燕，因为最早的前燕接受汉文化较早，慕容廆时即对部民"教以农桑，法制同于上国"[④]。永嘉之乱后，幽冀沦陷，廆刑政修明，虚怀引纳，流亡士庶多襁负归之，于是推举贤才，委以庶政，任用才俊执掌枢要。应当说，前后燕虽然都是慕容鲜卑，但在任用汉族贤士方面，前后是一贯的。拓跋珪夺得并州，开始成立正规的政治机构，从刺史、太守、尚书郎以下官，一般都用文人。攻下后燕，把山东六州民、吏及徒河、高丽杂夷三十六万，百工伎巧十余万口，徙到平城安置，其中就有后燕的各级官吏，后来成为拓跋珪各级统治机构人才的来源。在平城置五经博士，立太学，生员陆续增至三千人。命郡县大索书籍，送往平城。又亲祭先圣周公、先师孔子。拓跋珪即位称帝前的准备工作，各种安排，诸多礼仪，都是汉族士人为他进行的，例如尚书吏部郎中邓渊典官制、立爵品、定律吕、协音乐，仪曹郎中董谧撰郊庙、社稷、朝觐、飨宴之仪，三公郎中王德定律令、申科禁，太史令晁崇造浑仪、考天象，由吏部尚书崔宏总而裁之。崔宏担任吏部尚书，其实就是由汉族高级士人选拔人才。由于任用大量汉族士人担任文官，既可赢得被统治民族主要是汉族的好感，也让拓跋珪有了底气。他甚至对那些鲜卑将领表示，有民就有国，在哪儿不能为王？意思是，不要以为我离不开你们。拓跋珪也诛灭过一些讥讽鲜卑人甚至讽刺拓跋珪本人的汉族知识分子，如崔逞[⑤]。也疏离过一些内心以汉族政权为正统的人，如张衮[⑥]。这些往往被一些历史学家认为是不重视汉族知识分子，或者对汉族知识分子只使用不信任的证据，其实不是的。要知道，他诛夷贬斥的拓跋鲜卑贵族数量则更多，难道也能说是他不重视他们？

拓跋珪的第三个政策是，大力发展农业，千方百计提高农业在国民经济中的比重，农业越来越代替畜牧业成为北魏的经济命脉，这才是极其关键的一步。“事实上，一个民族的生产方式如果从游牧变为农耕，他们就必须接受或建立文明。走到哪儿吃到哪儿的日子已经一去不复返。作为负责任的父亲和丈夫，不能不考虑房产证和电冰箱。”[⑦]（易中天）拓跋珪即位不久，就在盛乐“息众课农”。不久，又派其弟东平公拓跋仪屯田于河北五原（今内蒙古包头市西北），一直到棝阳塞外（今内蒙古包头市北），分农稼，大得人心。登国十年（395），慕容宝寇五原，收拓跋仪屯田之地穄谷百余万斛，说明魏国本土已有相当大规模的农业，而且是皇家直接经营的土地，398 年灭后燕，将后燕境内吏、民及慕容鲜卑等杂夷三十六万，百工伎巧十余万口，徙于平城安置。百工伎巧是工匠，按营户统一管理，其余大部分是后燕国土上的农民，此时到了平城，让他们仍然种地，称为“内徙新民”，

给以耕牛农具，计口授田。又徙后燕国太守、县令、豪强两千家于代都即平城，当然也须分配土地。这些内徙新民，已不是原来中原地区的自耕农，而是国家的隶农，对他们是实行统一管理的。当时平城畿外，分为四方四维，置八部帅各管一方或一维，这种方帅、维帅是朝廷派出的地方官，不同于原来的部落大人。除内徙新民中的汉人外，原来拓跋鲜卑部落联盟中的众多部落，也被迁徙到方、维之内居住，被解散为普通民户，分地定居，不许自由迁移，部落酋长大人也被当作普通民户看待。方帅、维帅劝课农耕，按农业生产成绩定方帅、维帅的功过。这样在平城二百里京畿和一千里郊甸范围中，全部变成了农业生产区。道武帝亲耕籍田，为百姓作表率。贵族和跋将死时，对诸弟兄说：㶟北土地瘠薄，你们可移居水南，耕种良田，广兴产业。[⑧]他作为一个部落首领，对平城周围的土地有这样深入的观察，说明当时的鲜卑大人们已注意到土壤和农业产量的关系了，这是历史的一大进步。这些人耕种皇家土地，每年给皇家缴粮缴租。此时魏国的社会性质如何，我们以后还要讨论。

（三）皇权忧虑萦日夜

以上道武帝建立起了由鲜卑人和汉人以及其他少数民族组成的魏国，迫切地想寻求从部落联盟跨入君主专制的帝国，因为时不我待，拓跋鲜卑不能在北荒继续落后下去，否则就有在民族竞争中被淘汰出局的危险。因此努力寻求稳定专制皇权的统治方案，任用大批汉官为魏国制定各种典章制度，提倡农业，解散游牧部落，都是这种方案的表现，这方面他取得了成功。另一方面，其他民族，包括汉族这个大民族，和原来在北中国土地上尤其是大漠南北生活的许多少数民族部落，在被他征服之后，或变为种族奴隶，即由原来的自耕农变为隶农，或者原来的部落被解散，使他们失掉了原来的牧地和迁徙游牧的自由，固定在一定的区域内，他们的领袖和他们都变成了北魏的编户齐民，为北魏帝国而放牧，实质上他们成了皇家牧奴，而他们原来的首领称为牧子，也只是朝廷委派管理皇家牧奴的小头目，完全失去了原来部落酋长的世袭权力。这么多人都对拓跋鲜卑的专制皇权怀有刻骨仇恨，而拓跋贵族内部，也对拓跋珪由部落联盟首领转变为专制皇帝，收走了他们过去的一切权利，只能听命于拓跋珪，因而怀有强烈的不满。而且拓跋珪在皇位期间，遭到的大小规模的反抗和斗争史不绝书，恕不一一述说。拓跋珪的办法，首先是用“天命论”“君权神授论”警告臣民不要轻举妄动。天兴三年（400）十二月乙未，也就是道武帝即皇帝位刚满二年，道武帝就颁布诏书说：“世俗谓汉高帝起于布衣而有天下，此未达其故也。夫刘承尧统，旷世继德，有蛇龙之征，致云彩之应，五纬上聚，天人俱协，明革命之主，大运所钟，不可以非望求也。然狂狡之徒，所以颠蹶不已者，诚惑于逐鹿之说，而迷于天命也。故有重覆车之轨，蹈衅逆之踪，毒甚者倾州郡，害微者败邑里，至乃身死名颓，殃及九族，从乱随流，死而不悔，岂不痛哉？《春秋》之义，大一统之美，吴楚僭号，久加诛绝，君子贱其伪名，比之尘垢。自非继圣载德，天人合会，帝王之业，夫岂虚应。历观古今，不义而求非望者，徒丧其保家之道，而伏刀锯之诛。有国有家，诚能推兴废之有期，审天命之不易，察征应之潜授，杜竞逐之邪言，绝奸雄之僭肆，思多福于止足，则几于神智矣。如此，则可以保荣禄于天年，流余庆于后世。夫然，故祸悖无缘而生，兵甲何因而起？凡厥来世，勖哉戒之，可不慎欤？”⑨

我们看，道武帝在这道诏书中，拿汉高祖说事，旨在说明自己即皇帝之位，是“天人俱协”“大运所钟”，上天安排的结果，是“不可以非望求之”的。任何人反对北魏皇权，都是违背天命，不会有好结局的。这种以君权神授说恐吓臣民的做法，其实是中国历代统治者

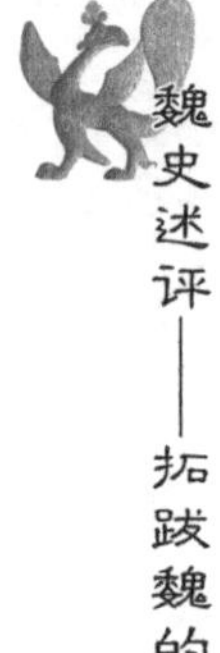

一直在唱的老调子。或许拓跋鲜卑部落刚入中原，觉得新鲜，所以拿来一用吧。乙未诏书发表之后，他或许觉得意犹未尽。第二天即丙申日又发诏书一道，文字太长，这里就不再引用了。丙申诏书重点是阐述君臣天定而不可逾越的原则，臣下的职权是皇帝赐予的，皇帝对臣下“用之则重，舍之则轻”，“职司在人主之所任耳”。将这两道诏书合而观之，正是内容完整的独裁专制统治原理的文告。两道诏书既是道武帝个人意志的表达，更是北魏王朝要坚决实行专制主义集权统治的宣言。它表明拓跋鲜卑在北魏建国之初就彻底抛弃了部落联盟时期实行的部落分权制，建立了专制集权制，尽管其制度还不完善，有一个逐步完善的过程，但大的框架是不可能改变的了，历史不会走回头路了。

（四）两项应对皆笨拙

拓跋珪于是未雨绸缪，先发制人地除掉了实行皇位传承嫡长子继承制的绊脚石即有可能起而夺权的拓跋贵族，为皇权的稳健传承奠定基础。从部落联盟制转化为专制集权制，不但动摇拓跋社会旧的传统习俗，而且剥夺了部落贵族的经济利益，大家都给拓跋珪一人打工，从经济利益到政治名分，都是他一人说了算，其他人连置喙的权利也没有了。部落战争虽然少了，但转化成各种形式的反抗与镇压。拓跋珪对威胁皇权的人，那是不会容忍的。除掉卫王拓跋仪，就是最典型的一例。拓跋仪是拓跋珪叔父秦明王拓跋翰的儿子，拓跋珪的同母异父弟，按照过去拓跋部的兄终弟及继承制，他是最有资格继承拓跋珪皇位的人。拓跋珪幼年流离奔波避难时，就是和拓跋仪为长的几个同母异父弟同甘共苦、生死相依的。及长，容貌甚伟，美须髯，有谋略，少能舞剑，骑射绝人，能开十石之弓，当时另一拓跋武将陈留公拓跋虔，善于马上使矟（槊），即丈八长矛，当时人称“卫王弓，桓王槊”。按照魏晋风度的标准，拓跋仪就是很了不起的人物，魏晋风度讲究真性情、高智商、美风仪，拓跋仪是符合这个标准的。大家不要以为魏晋时只有中原士大夫们讲究这个，和北方少数民族无关，其实时代风气这东西一直是相互感染的。汉末，曹操把内附汉朝的南匈奴分为五部，即左、右、南、北、中五个部分。左部万余落（户），居太原郡兹氏县（今山西汾阳）；右部六千余落，居祁县（今山西祁县）；南部三千余落，居蒲子县（今山西隰县）；北部四千余落，居新兴郡九原县（今山西忻州市忻府区），中部约六千余落，居大陵县（今山西交城）。共约三万落，都择立其贵族为部帅，并派汉人为司马督护之。从此单于仅有名号，但无实际控制的地域了。单于庭仍驻平阳，五部帅则分驻五部，但实际上他们的家属都在晋阳汾水之滨居住，想去探望丈夫，须向并州刺史衙门请假，这就把他们的家属当人质了。刘豹为左部帅，魏王曹芳嘉平年间（249—253），豹妻呼延氏，曾经到河津龙门祈祷，盼望能生贵子，后果生刘渊（唐避李渊讳，只称其字，即刘元海）于今岚县城南二里古城村，因为刘元海仪容伟丽，一表人才，遂名其地为秀容川，即今山西岚县地。北魏明元帝永兴二年（410）于其地置秀容县，为秀容郡治，属肆州。东魏因之。北齐、北周俱属肆州雁门郡。隋文帝开皇十八年（598）置忻州，并移秀容县治于今忻州市忻府区，以为州治。秀容县存在了很多年，直到明洪武年间才省县入州。这就可见当年魏晋风度的影响。另外，鲜卑分为慕容部、拓跋部、宇文部、秃发部、乞伏部、段部等，其中最漂亮的是皮肤白皙的慕容部，包括汉族在内的北方各族都愿意娶慕容部的女人作老婆。拓跋珪的祖母就是慕容氏。道武帝的皇后也是慕容氏，不过她大概没有生育。这就可见，魏晋风度至少美风仪是当时人们追求的一个重要标准。卫王拓跋仪在拓跋珪南征北战，在并冀幽平等州打出一片天下的过程中，立有大功。魏国消灭宿敌铁弗刘卫辰

部，是拓跋仪的直属部队，截获了卫辰的尸体，传首行宫的。当时道武帝大喜，将拓跋仪由平原公徙封东平公。又命拓跋仪屯田河北五原，取得极大成功。慕容宝来寇五原，拓跋仪屯据朔方（今内蒙古杭锦旗北一带），阻击慕容宝还军的道路。并州平，仪之功多，迁尚书令，拜太原公。从攻中山，本来拓跋仪的任务是以五万骑攻邺城，王建、李栗攻信都，拓跋珪自己率军攻中山。但拓跋珪认为慕容宝肯定不敢出战，必将凭城自守，偷延日月，急攻则伤士，久守则费粮，不如先平邺城与信都，然后还取中山，于是改变部署，将大军进军信都。信都是后燕冀州刺史治所，后燕冀州刺史宜都王慕容凤出城逃走奔向中山去了，其部下举城降，魏军拿下信都。其后双方在柏肆发生激战，慕容宝夜袭拓跋珪军营，已攻至拓跋珪行宫，拓跋珪机警，不及衣冠，跳出击鼓，俄而将士大集，拓跋珪设奇阵，纵骑冲之，宝众大败，斩首万余级，被擒四千余人。慕容宝狼狈逃回中山。拓跋珪进军中山，是夜慕容宝弟慕容贺麟带着妻子儿女出逃西山，慕容宝认为这是慕容贺麟要去占据和龙（今辽宁朝阳），恐怕贺麟先占，晚上率家眷及兄弟宗族数千人逃出中山城，城内共立慕容普邻为主。此时魏军军粮不继，命拓跋仪暂罢邺城之围，徙屯巨鹿，积租杨城。中山城中慕容普邻出步卒进攻屯兵，被拓跋珪击败。不久，帝再罢中山之围以观城内之变，此时就封拓跋仪为卫王、骠骑大将军、都督中外诸军事、左丞相。慕容贺麟离中山后曾逃往丁零，此时返回中山，杀慕容普邻而自立。不久，燕魏双方在义台坞大战，魏军大破燕军，斩首九千级，慕容贺麟逃往邺城，镇守邺城的慕容德杀了贺麟。中山城中公卿、尚书、将吏、士卒二万余人投降拓跋珪，获其所传皇帝玺绶、图书、府库、珍宝、簿列无数，中山平。天兴元年春正月，镇守邺城的慕容德眼看邺城守不住，走保滑台（今河南滑县滑城镇），拓跋仪克邺城。至此，后燕之三重镇均被攻克。当中山被攻下后，获慕容贺麟妻周氏及僮仆财物，拓跋珪都赏给了拓跋仪。道武帝返平城，置中山大行台，以拓跋仪镇之。不久征仪以丞相入辅。又征高车，讨姚平，均有战功。拓跋仪还有一优点，就是优礼汉族士大夫，俟岌、张衮、许谦等人，都是先来拜访拓跋仪，仪和他们很谈得拢，相见恨晚，众人皆佩服。

道武帝长子拓跋嗣，天赐五年（408）生儿子拓跋焘于平城东宫，此即道武帝长孙，明元帝拓跋嗣长子，后来的太武帝。拓跋焘出生时，已是晚上很晚了，拓跋珪派人把拓跋仪叫来，拓跋珪第一句话就说："听到我深夜叫你，你不奇怪，害怕吗？"拓跋仪回答说："臣推诚以事陛下，陛下明察，臣辄自安。忽奉夜诏，怪则有之，惧则无也。"拓跋珪告以自己生了长孙，拓跋仪起拜歌舞，遂对饮达旦。天明，召群臣入而庆贺，赐拓跋仪御马、御带、缣帛等。道武帝的这次举动，明显地是在考察拓跋仪对皇位继承制的态度。他告诉拓跋仪，我的嫡系子孙都有了，他们将依次继承皇位，过去的兄终弟及制永远结束了，你对这种情况抱什么态度？满意不满意，服气不服气？拓跋仪很机警，立即对皇长孙的诞生表示祝贺，这才没有引起拓跋珪的怀疑。

但拓跋仪最后还是被同母异父的兄长杀死了，罪名是他矜功恃宠，想要谋杀拓跋珪，还说有穆崇的儿子穆遂留为证，遂留正是拓跋仪和穆崇欲弑拓跋珪所埋伏的甲士。正史说拓跋珪得知后压下了此事，但当时天文多变，太史等人屡奏"当有逆臣伏尸流血"，太祖很痛恨这种情况，杀了许多公卿，以厌当天灾。拓跋仪内心不安，单骑出走，被追回赐死。这正是欲加之罪何患无词。拓跋仪都被杀死，其他仅有微功的大臣还敢萌不臣之心吗？

再次，是打着学习汉武帝"立少子而赐死其母"的幌子，为北魏皇朝立下了"子贵母死"和"妃嫔能铸金人成者为皇后"两项制度，旨在不令妇人将来干预国攻，使外戚为乱，从母系方面杜绝对皇权的威胁，保证子子孙孙皇权永固。道武帝长子拓跋嗣，其母刘贵人，刘

眷之女，登国初年（386），拓跋珪纳为夫人，登国七年（392）生拓跋嗣于云中宫。所谓云中宫，就是云中盛乐宫，是拓跋鲜卑在云中盛乐一带的宫城，既不在云中城，也不在盛乐城。云中城（今内蒙古托克托东北）距盛乐城（今内蒙古和林格尔盛乐城）八十里，云中宫就在两城之中，距两城各四十里，所以称为云中宫、盛乐宫或云中盛乐宫。拓跋嗣就是后来的太宗明元帝。天兴六年（403）拓跋嗣12岁，被父皇封齐王、拜相国，加车骑大将军，此时还没有明确他就是太子。直到天赐六年也就是太祖道武帝末年春（409），道武帝明显感到身体不行，这才确定拓跋嗣为太子，并对他说："昔汉武帝将立其子而杀其母，不令妇人后与国政，使外家为乱。汝当继统，故吾远同汉武，为长久之计。"[10]接着就赐死了拓跋嗣的母亲刘氏。当道武帝平定中山后，掳获了慕容宝的小女儿，入充掖庭。我们前面说过，慕容部妇女白皙漂亮，结果此女受到拓跋珪的宠爱。左丞相卫王仪等奏请立皇后，拓跋珪让妃嫔们去铸金人，结果慕容氏铸成了，而刘氏失败了，慕容氏就成为皇后。这个事情说明，子贵母死是无条件的，而立皇后需铸成金人，则是第二位的，即使你铸成了金人，但你的儿子被选中当了太子，你也得死。拓跋珪龙驭上宾之后，这两项制度一直都在坚持，直到孝文帝迁都洛阳，这些制度才失效。

（五）一代枭雄令人钦

拓跋珪作为北魏的开国皇帝，确实是英雄人物，他的江山是打下来的。这正如毛泽东所说"枪杆子里面出政权"。还应该说一句：枪杆子才能保政权。没有强大的武装力量，打下江山也得丢江山。作为一个大军事家，拓跋珪能够以少胜多，能够以弱胜强，依靠正确的政治、军事、外交路线发展壮大，确实很了不起。除了前面所说的几次战役外，这里我们再说一次战役，那就是魏秦柴壁之战。为了弄清历史的来龙去脉，可能要多说一点，大家不要嫌啰嗦。

且说秦晋淝水之战（383）后，苻坚退回长安，关内关外各地酋豪见他气数已尽，纷纷起来造反作乱，自谋出路。首先是慕容垂，跟着苻坚到了洛阳，请求巡抚燕代，顺便展拜父母之墓，苻坚答应了。垂于是东下，杀了苻坚将领石越、毛当，又进攻苻坚儿子苻丕于邺城。慕容泓、慕容冲起兵华泽，击败苻坚之子苻睿、苻晖，又击杀坚将姜宁于灞上，遂屯阿房宫，进逼长安。此时大饥，人民相食，而苻坚原来的将领烧当羌姚苌，在苻坚败后，进屯北地（郡名，治富平，今属陕西），自称大将军、大单于、大秦王，率军击败苻坚军，和慕容冲联合，准备进攻长安。城中，过去被苻坚俘虏的前燕皇帝慕容暐在长安城中坐镇遥控城外慕容诸军，被苻坚发觉，处死千余人。此时长安内外谣言四起，说什么的都有，其中“坚入五将久长得”，苻坚听了，很动心，对太子苻宏说：“这话或许是天在启发我。我把你留下兼管军事，不要与贼争利，我出去从垅中一带收兵运粮供给你。”乃率骑数百出城奔五将山而去，并宣告州郡，预期共救长安。仅一个月，苻宏就率母妻宗室男女数千骑出奔五都，假道逃往东晋投降。慕容冲入据长安。苻坚到了五将山（在今陕西岐山东北），姚苌派其将领吴忠包围了他，坚众奔散，独左右数十人在。苻坚从容自在，坐而待之，召厨人进食。俄而兵至，执坚及其夫人张氏和小女儿宝锦，送到姚苌那里，姚苌把他囚禁起来。苻坚自以过去厚待姚苌，今如此，厉声大骂，顾谓夫人张氏曰：“难道让羌奴污辱我儿？”于是自己动手杀了女儿宝锦。姚苌要求苻坚交出传国玺来，可以保命，苻坚大骂说：“你一个羌奴，竟敢威逼天子，我岂肯把传国玺给你？你要当皇帝，有什么天命依据？五胡次序，没有你这位羌奴的名字。违天不祥，岂能久乎？玺已送于东晋，你得不到了。”姚苌又派尹纬说服苻坚，请苻坚和姚苌共同完成帝尧禅让帝舜之事，苻坚斥责说：“禅代

是圣贤之事，姚苌是个叛贼，奈何拟他于古人?”坚既不许以禅代，骂而求死，苌乃缢坚于新平佛寺中，时年四十八。其太子苻宏投降东晋，东晋让他住在江州（今江西南昌），做到东晋的辅国将军。桓玄篡位时，让他担任梁州刺史（治今陕西汉中市东），这样他就参与了桓玄的叛乱。桓玄为东晋军阀，曾以荆江二州刺史都督荆江司雍秦宁梁益八州诸军事的身份，联络地方军阀，反对司马道子、司马元显父子在东晋朝专权乱政，桓玄是盟主，占有了东晋三分之二的土地。司马元显发兵要进攻桓玄，桓玄却顺江而下，攻入建康，杀司马道子和司马元显，不久废晋安帝，桓玄自立为帝，国号楚。此时另一名将刘裕在京口纠集力量，攻入建康，桓玄逃向江陵，晋兵杀桓玄灭桓氏一族，刘裕恢复晋安帝的皇帝名义。苻宏因参与了桓玄叛乱，被处死。苻坚的另一儿子苻丕，苻坚让他任征东将军、冀州牧镇守邺城，被慕容垂围逼，乃离开邺城，率男女六万余口奔往潞川（即潞县，在今北北京市通县东），苻坚骠骑将军张蚝、并州刺史王腾迎丕入晋阳，385年称帝，改元太安。丕让王腾守晋阳，自己率众四万，进据平阳（今临汾市），将讨姚苌，而慕容永请求借道东归，苻丕不许，让其丞相王猛的儿子王永讨伐慕容永，战于襄陵（今山西襄汾县），王永大败而死，苻丕之众离散，丕率数千骑南奔东垣（今河北石家庄东），被东晋将领苻该所杀。苻丕称帝一年而已。苻丕死，其所置雍河二州牧、征西大将军、南安王苻登，为坚族子，与姚苌战于胡奴阜，大破姚苌。闻丕死，即皇帝位于陇东，改元太初（386），置百官，立苻坚神主于军中，载以辎軿（音平，一种有帷盖可载重的车），羽葆青盖（以鸟羽连缀而成的青色华盖），车上插着黄旗，护车之士虎贲三百人，每战必告祭苻坚神主前，缮甲治兵，引师而东，兜牟铠甲上皆刻“死休”二字，表示以战死为志。每战，用长矛钩刃为方圆大阵，知有厚薄，从中分配，人自为战，所向无前。苻登每围苌营，四面大哭，哀声动人，大呼曰：“杀君贼姚苌，出来，吾与尔决，何为枉害无辜！”苌不敢应声。登在位8年，战败牺牲于马毛山，其子苻崇在湟称帝，为乞伏乾归所灭。前秦国从350年立国到394年灭亡，共存在45年，历七主。

却说这姚苌乘人之危，弑苻坚，384年称秦王，385年取长安，称秦帝，393年姚苌死，第二年（394）姚兴继位。姚兴是苻坚以后比较有作为的皇帝，政治比较清明，一是释免平民自卖为奴婢者，改做平民良人，二是简省法律，谨慎断狱，三是奖励清官，严惩贪污，四是大兴儒学和佛教，长安有儒学生员一万多人。又得名僧鸠摩罗什，大译经论，佛教盛行，长安有和尚五千余人。五是有些武功，他即位当年灭前秦苻登，400年击败西秦，西秦降伏（乞伏乾归），成为后秦附属国。403年，姚兴灭后凉，得名僧鸠摩罗什，大兴佛教。但强中更有强手，姚兴与拓跋珪一战，大败输亏，这一战就叫做柴壁之战。

道武帝天兴五年（402）夏，姚兴派其弟义阳公姚平，率兵四万来侵平阳。这件事的起因是，拓跋珪于登国六年（391）年底，发动讨伐铁弗刘卫辰的战役，先大破刘卫辰儿子直力鞮军于铁岐山南，获其器械辎重，牛羊二十余万。又从五原之南金津渡河，直趋刘卫辰的老巢代来城（悦跋城），其国居民骇乱奔走，部落奔溃，刘卫辰父子惊遁，拓跋珪分遣诸将轻骑追之。陈留公拓跋虔南抵白盐池，获卫辰家属，将军伊谓擒直力鞮于木根山（今内蒙古鄂托克前旗西）。刘卫辰亦为其部下所杀，拓跋仪获其尸，传首于行宫。十二月拓跋珪军集中于盐池，自河以南，诸部皆平。清点所获，有众多珍宝畜产，名马三十余万匹，牛羊四百余万头。只有卫辰少子屈丐，亡奔薛干部，成为漏网之鱼。其余卫辰子弟宗室无少长五千余人，皆被魏军杀死投入黄河中，河因血色都被染红。屈丐又作屈孑，逃往薛干部。薛干部首领太悉伏（佛）把他保护起来，魏国向太悉伏要这个人，太悉伏不送。登国八年（393）八月拓跋珪亲征薛干部帅太悉伏，正好太悉伏

出击曹覆，拓跋珪乃屠其城，掳获太悉伏子珍宝，徙其民而还。太悉伏闻之来赴不及，投奔姚兴，屈丐随之。姚兴的高平公破多罗没弈于，妻之以女。屈孑身高八尺五寸，兴见而奇之，拜为骁骑将军，奉车都尉，常参军国大议，宠遇超过某些功臣勋贵。姚兴之弟济南公邕对姚兴说："屈孑天性不仁，难以亲近培养，宠爱他过分，我对此有疑虑。"姚兴说："屈孑有济世之才，我正要用他的本领才干，和他共平天下，有何不可？"乃以屈孑为安远将军，封阳川侯，让他帮助没弈于镇守高平（今宁夏固原，西汉置，其城险固，汉时号称第一城，东汉隗嚣将领高峻拥兵据此城，汉将耿弇等围攻一年不克）商议以义城和朔方杂夷及卫辰部众三万配之，以防边衅。姚邕固谏以为不可。姚兴问："你何以知其气性不好？"姚邕说："屈孑奉上傲慢，对下残暴，贪暴无亲，轻为去就，宠之越过界限，最后一定成为边害。"姚兴这才改变主意，给的官小了，以屈孑为安北将军，五原公，配以三交五部（今陕西宝鸡市西）鲜卑二万余落，镇朔方（治今内蒙古鄂尔多斯右翼后旗，按《水经注》，此城为苏武之父苏建所筑）。此时道武帝派军攻击没弈于和屈孑，没弈于弃部众，与屈孑奔秦州（今甘肃天水），魏军追到瓦亭（今宁夏固原东南瓦亭关），长安震惧，商议大举进攻北魏。其臣下大多数人不赞成，姚兴坚持要出兵。天兴五年（402）夏，姚兴派他弟弟义阳公姚平，率众四万来侵平阳（今山西临汾），包围乾壁（今山西襄汾县襄陵东南）两个月，乾壁因为守军太少而且失去了井，被攻下。同年六月，拓跋珪发兵讨姚平，派毗陵王拓跋顺等三军六万骑为先锋。七月，车驾亲征，八月，到了永安（今山西霍州市）。姚平招募勇将，率精骑二百来挑战，被魏国先锋将长孙肥所擒，匹马不返。姚平于是退出乾壁逃走，拓跋珪率兵急追，姚平到达柴壁，一看摆不脱追兵，立即固守柴壁（今山西襄汾县汾城东三十里柴庄）。柴壁也是一处坚固堡垒，拓跋珪指挥众军包围了柴壁。姚兴也组织大股部队赶到柴壁来救姚平。

拓跋珪听说姚兴要来，就增筑了两道围墙，内以防姚平之出，外以防姚兴之入。又截汾河湾架设南北浮桥，在两岸筑围。精选骑兵步兵三万人，渡过蒙坑（今山西襄汾南）。魏军在蒙坑南四十里，迎击后秦军。姚兴军早晨出发北行，到达蒙坑南，没来得及安营，魏军突然来到，姚兴军恐怖惊扰，难以组织有效抵抗，拓跋珪让拓跋顺以精骑冲击兴军，俘获后秦甲马数百，斩首千余级。姚兴军南退回十余里，拓跋珪也返回柴壁，姚平竟然不敢出，但使人烧围墙数百步而已。拓跋珪知道姚兴锐气已挫，乃南绝蒙坑之口，东堵新坂之隘，只守住天渡，屯驻贾山，让姚平水陆两路都断绝，魏军可坐甲而擒他。魏军又缘汾带岗树栅栏数十里，让马牧者不要进入战地，保护他们。九月，姚兴从汾西北下，以沟壑为壘以自固，并将数千骑登两岸窥视魏国军营，并把柏材捆束起来从上流放下，想撞垮魏军修的浮桥，魏军把那些木材捆用钩子钩去作了烧柴。姚兴回自己营壘去了，拓跋珪估计他一定要攻击西面围墙，就命部队赶快修壕堑，增高增深。晚上姚兴果然来攻，梯子短够不着顶，弃在壕堑中撤走了。姚兴又分其众，临汾水为营，叩逼水门，与平相望，拓跋珪又把水截断，姚兴军内外隔绝，士众丧气。姚平粮尽窘急，晚上将突西南围而出，兴则列兵于汾西，举烽鼓噪，与平接援。拓跋珪则拣精锐战士，屯于汾西，固守南桥，绝塞。姚兴夜闻声音，指望姚平力战突免，平闻外鼓，指望兴攻围引接，所以都只高声呼叫，虚相应和，莫敢逼近围堑。平引不得出，穷迫无路，乃领两个小老婆投水而死。姚兴的安远将军不蒙世、扬武将军雷重等四千余人，也随姚平投了水。拓跋珪将士泅水钩捕，没有倖免的人，平众三万余人，皆斂手受执，姚兴的尚书右仆射狄伯支，越骑校尉唐小方，积弩将军姚梁国，建忠将军雷星、康崖，姚兴本家侄子伯禽以下四品将军四十余人，都被擒捉。姚兴远来赴救，自观其将士处于死地而不能挽救，举军放声长号，震动山谷，数日不止。兴在柴壁之战中屡次遣使请和，拓跋珪都没有答应，双方

班师各回各国都。

这是一次阵地战、壕堑战、攻防战，拓跋珪能够巧妙地利用地形地势打赢这场战役，显示了卓越的军事指挥才能，令人叹为观止。他的杰出的军事家的地位，于此可见一斑。他的一生，经历了大大小小数十次战役，可以称之为拓跋珪开国兴魏之战，其中最重要的战役大概七八次。其复兴代国与扩张方略，首先是灭刘显，夺得雁北大同全地区，其次是征讨刘卫辰，夺取朔方即今呼和浩特鄂尔多斯地区，一俟基础强大，后方无虑，然后全力攻后燕，先取晋阳，东出井陉，分道进攻中山、信都、邺三大镇，进而控制河北全局，跨有中原腹地。其攻刘显刘卫辰，则东连后燕，借邻力以奠国基，及攻后燕，则西和后秦，睦邦交以取全功。平河北，又与后秦对垒，则发生柴壁之战，对拓跋珪来说，不过是小试牛刀，然对后秦君臣，则精神打击是很大的。兴死，子姚泓继位，东晋刘裕伐秦，俘姚泓，带回建康斩之，后秦亡。后秦自公元384年立国，公元417年灭亡，共传三代，凡三十二年。

家家都有本难念的经，姚秦的日子不好过，拓跋魏的日子也很难过。下面我们就来讲英雄的道武帝，也因为自己不慎，服药自残，导致宫廷政变之种种惨状。

（六）五种石头坏大事

道武帝作为一个推动历史前进的伟人，功劳是很大的。他开创的北魏王朝，完全不同于五胡十六国政权。那些政权都是短命的，最短的只有两三年，超过六十年的只有一个，还是无人理睬偏远小国（前凉）。北魏从道武帝386年复国，到孝武帝于534年分裂，国家分裂为东魏和西魏，经过了一个半世纪，还从439年开始，维持了北中国一个世纪还多4年的统一。还有更重要的，北魏不仅是一个政权，一个国家，还是中国历史上连汉族都承认其正统性的朝代。南北朝，南方是宋齐梁陈四个政权，北方则是北魏、东魏、西魏、北齐、北周五个政权。而北方的五政权中，北魏存在149年，东魏存在17年，西魏存在24年，北齐存在28年，北周存在25年，北方的五个政权仍是北魏最大最久，也只有北魏可以代表北朝。朝代和国家是有区别的，有的国家就不能称朝代，因为正统性不够。三国的曹魏还可以称为魏朝，与汉朝并称则为汉魏，与晋朝并称则为魏晋，而刘备的蜀汉就不能称为蜀朝，刘备自称继承汉的正统，可又没有人称它为汉朝。孙吴也没有称为吴朝。它们可以称蜀国和吴国。南宋人贬斥曹魏的正统性，吹捧蜀汉的正统性，但终究翻不了这个案。

就让朱文公带着他的愤愤不平在地下喋喋不休去吧！

由此可见拓跋珪的不简单，他可是北魏王朝的开拓者！

但是北魏王朝的开拓者可惜也和众多的皇帝，甚至众多的小民一样，有许多天生的毛病，一是寡人有疾，寡人好色。这本来也是众多皇帝的毛病，否则为什么皇宫之中宫女成千上万？所谓“后宫佳丽三千人”，在人数上已缩小了许多倍。许多人说，孟子说“食色性也”，其实这话不是孟子说的，而是告子说的，只不过告子说到了根本处，饮食男女确实是人的本性，连这个也反对，就是提倡宗教的禁欲主义。

帝王、官吏可以用自己的权利多娶老婆，娶好老婆，这在一个实行一夫多妻制的社会里稀松平常，没人会从道德上谴责他们，因为这是符合道德的，也不能从法律上惩罚他们，因为这是法律允许的。但是，即使在这种情况下，乱伦行为也是要受到谴责的，所谓上蒸下报，指的就是乱伦行为，不但被视为不齿于人类，而且即使帝王，也会留下千古骂名，例如隋炀帝奸淫他父亲隋文帝的妃子。但这一条对我们历史上的少数民族是不适用的，他们实行收继婚制，即兄死弟妻

其嫂，父死子妻其后母。那么，他们还有没有类似于汉族的上蒸下报之说呢？恐怕有的。可惜我们这里所说的拓跋珪正犯这样的错误。根据《魏书·道武七王列传》第四，道武帝有十个儿子，分别出自八个老婆。但《魏书·皇后列传》却只有两个皇后的传记，即慕容皇后和刘皇后，而慕容后又没有生过儿子，刘皇后即明元帝的母亲，刘眷之女。《魏书》在《清河王绍传》中交代，清河王拓跋绍的母亲贺氏，正是拓跋珪亲生母亲贺氏的亲姊妹。当拓跋珪在贺兰部避难后，见姨母长得漂亮，就向母亲提出，要娶这个姨母为妻，他母亲反对，理由是：她太漂亮，不吉利，而且她已有了对象了。拓跋珪派人杀了姨母的对象，硬把姨母娶到了手。后来生了个拓跋绍，大概比拓跋嗣小着半岁多，是个孽种，自幼顽劣异常，不服管教，封为清河王。天赐六年(408) 冬十月，拓跋珪与贺夫人发生冲突，把贺氏关了起来，贺氏派人把信息传给拓跋绍，让绍入宫救母，绍与帐下人和宦者数人，逾宫犯禁，左右人高呼“贼至”，拓跋珪觅刀剑已来不及了，当场被儿子弑死。史官认为拓跋绍“大逆”是拓跋珪娶姨母的行为造成的恶果。可见他认为，即使按拓跋部风俗，这也是不应该的乱伦，没有好报。

拓跋珪的第二个缺点，也和众多凡夫俗子一样，相信这世界有所谓的灵丹妙药，可以令人吃了长生不老，至少也能延年益寿。拓跋珪所谓“好黄老”，其实不是喜欢黄老“清静无为”的哲学，好的是东汉以来“三张”张陵、张衡、张鲁或者另一个“三张”张角、张梁、张宝的道教——五斗米道或者太平道。而道教的宗旨就是通过修炼成仙得道，长生不死。由于拓跋珪喜欢道教，天兴中就有仪曹郎董谧向他献《服食仙经》，于是拓跋珪设仙坊，立仙人博士，煮炼百药，把平城西山封起来不让百姓樵采，只允许仙坊砍伐使用。炼出来的药不敢给皇帝吃，而让犯死罪的死囚服食，死囚一服就死，明显是毒药。拓跋珪仍不死心，让他们继续采炼。长生不老做不到，延年益寿行不行？试试吧。当时在汉族官僚士大夫中普遍盛行的是服食五石散，五石散的主料是五种石头，即石钟乳、石硫黄、白石英、紫石英、赤石脂，再配一些辅料，碾成粉末状，一同服下去，故称五石散。据说原是东汉名医张仲景的发明，他发明这东西，原来目的是让人强身健体的，但很长时间无人敢吃，无人肯吃。直到汉末魏初，大名士何晏对其方作了些加减，开始吃起来。此人其实是何进的孙子，其母尹氏为曹操所纳，他自幼便被曹操收养，生活于曹氏宫中，与曹操诸子一起生活。后以才秀知名，美风仪，有文才，好庄老，倡玄言。正始初，曹爽辅政，任他为散骑常侍，迁侍中尚书，与夏侯玄均以清谈著名。清谈就是崇尚老庄，竞谈玄理，不涉时事，士大夫仿效他，成为一时风气。五石散这东西，初吃有些作用，但吃的时间久了，吃的量多了，或者吃得不得法，就要发作，久而成瘾，愈陷愈深，就像今人之吸毒，戒也戒不掉。身体受摧残，一般是肌肉麻痹，神经错乱发狂，直至皮溃肉烂，夭亡早死。因此服五石散是件很危险的事，必须在深知药性的医生指导下方敢食用。此药服了之后，浑身发热，只能吃冷食，喝冷水，因此又叫寒食散。又因服药之后，身体发热，不能多穿衣，除冷食外，还要冷水浇身，但不能喝冷酒，要喝热酒，促进药的散发。所谓散发，就是药力发作了，没有散发还不行，药性郁积下来，有弊无利，因此吃药之后不能休息，就需走路活动，这就叫散发。因而走路又叫行散。因为皮肉发烧，防止皮肤擦伤，必须穿宽大的衣服，穿小了不行。因皮肤易于磨破，穿鞋袜也不行，而要穿屐。因要穿宽大衣服不能换新衣，只能穿旧衣，衣服又不能常洗，身上虱子就多了，所以扪虱而谈在当时被看成是名士做派，风流。王猛见桓温，就是扪虱而谈，还传为佳话。⑪

拓跋珪本来是在草原上长大的，此时见中原士大夫服散，据说能强身健体，于是也赶时髦，服起散来。本来这药料很贵，穷人是吃不起的，但帝王还怕吃不起吗？除非上天摘星星，没有办不到的。刚才

说服这药要在高级医生指导下进行，不然很危险。当初他始服之时，太医令阴羌是他的指导老师，在阴羌指导下，有问题可以解决。自阴羌死后，他仍然按老办法服药，结果药频频动发，天赐六年夏天发作到了高峰。此时灾变屡见，即天文现象中屡出怪异，让他忧闷不安，或好几天不吃，或整晚不睡觉。于是归咎于群臣，喜怒反常，谓百僚左右之人不可信，担心发生天文现象所启示的叛变造反。又追思既往成败得失，终日彻夜自言自语，好似旁边有鬼和他对话。朝臣至前，追念旧恶就被他杀害，其余或者颜色变动，喘息不调，或以走路步伐不合常规，或以言语不畅，都被认为是怀恶在心，变现于外，于是手自殴击，死者皆陈放天安殿前。于是朝野上下人怀危惧，有司懈怠，无心管理朝政，百工偷窃，盗贼公行，人们连门都不敢出。这年的冬十月戊辰这天，他就被拓跋绍杀死了。时年三十九。

注 释

①关于周一良、李凭认为什翼犍收继儿媳贺氏的观点，可参看周一良《魏晋南北朝史札记·崔浩国史之狱》，中华书局 1985 年 3 月第 1 版，第 348 页；李凭《北魏平城时代·皇权初建·道武帝早年经历考》，社会科学文献出版社 2000 年 1 月第 1 版，第 17—25 页。

②《魏书·崔浩列传》，中华书局 1974 年 6 月第 1 版，第 827 页。

③《魏书·崔浩列传》，中华书局 1974 年 6 月第 1 版，第 819 页。

④《晋书·慕容廆载记》，中华书局 1974 年 11 月第 1 版，第 2804 页。

⑤《魏书·崔逞列传》，中华书局 1974 年 6 月第 1 版，第 758 页。按：崔逞之死，有三事焉，均见其列传此页。

⑥《魏书·张衮列传》，中华书局 1974 年 6 月第 1 版，第 614 页。按：张衮本为魏道武帝拓跋珪心腹谋臣，甚见重用。本不识崔逞，竟在帝前称赞逞美。天兴初，后秦姚兴进击东晋襄阳戍，东晋襄阳戍将郗恢请求北魏常山王拓跋遵派兵支援，拓跋遵报告了道武帝。道武帝让崔逞代拓跋遵写回书以答。按《崔逞传》，是命崔逞和张衮二人共为答书。按《张衮传》，

是因张衮曾荐崔逞，崔逞答书称晋帝为贵主，触怒道武帝被诛，张衮则由此为道武帝所疏远，不再信任，归家阖门守静老死。

⑦易中天：《南朝，北朝》，浙江文艺出版社 2015 年 3 月第 1 版，第 49 页。

⑧《魏书·和跋列传》，中华书局 1974 年 6 月第 1 版，第 682—683 页。按：和跋之死因，一为奢淫，二为好修虚誉。然此皆生活作风和道德品质问题，并非触犯刑网之谋逆重罪。拓跋珪以喜怒不常杀人，本为常事，但并非专门擅杀汉族归顺过来的知识分子、士大夫。《魏书·太祖纪》中载道武帝诛杀拓跋鲜卑部落联盟中的勋贵旧戚很多，其擅杀，于汉族降附来的士大夫和鲜卑旧人，其实不分彼此，只要触怒其龙鳞，就有可能被诛杀。《魏书》列传第十六，与和跋同传的奚牧、莫题、庾业延、贺狄干、李栗，都因小过被拓跋珪所诛杀。

⑨《魏书·太祖纪》，中华书局 1974 年 6 月第 1 版，第 37 页。

⑩《魏书·太宗纪》，中华书局 1974 年 6 月第 1 版，第 49 页。

按：此处道武帝所言汉武帝将立其子而杀其母，即汉武帝欲立皇子刘弗陵而赐死其母钩弋夫人事，见《汉书·外戚传·孝武钩弋赵婕妤传》。然据此传，汉武帝并非直接赐死钩弋，乃是在她从侍于甘泉宫时，故意找茬责备，使其忧惧而死。忧伤过度，是可以致人于死的，此即一例。钩弋赵婕妤之子刘弗陵，即汉昭帝。昭帝之母称钩弋赵婕妤，是因为生而两手皆拳，武帝过其家乡河间，自披之，手即时伸，因号拳夫人，封婕妤，因其姓赵，故称赵婕妤，居钩弋宫，又称钩弋夫人。婕妤又作倢伃，汉宫女官名，妃嫔称号，汉武帝始设。

⑪《晋书·苻坚载记》附《王猛传》，1974 年 11 月第 1 版，第 2930 页："桓温入关，猛被褐而诣之，一面谈当世之事，扪虱而言，旁若无人，温察而异之……"又北魏崔鸿著《十六国春秋》，其《前秦录·苻坚》附《王猛》，亦有此节文字，与晋书《苻坚载记》附《王猛传》全同，当是《晋书》抄自《十六国春秋》。见清汤球辑补之《十六国春秋》，齐鲁书社《二十五别史》第 11 卷《十六国春秋辑补》。

三　都城建设志凌云

大同作为北魏皇都、辽金西京、明朝王城和九边重镇，既是历史文化名城，又是中华大古都。此章只谈北魏平城的辉煌。

（一）九都郁秀表一枝

2010年9月19日至9月22日，中国古都学会2010年年会在著名古都大同召开。来自全国各地的众多学者相聚大同，经过实地考察、学术研讨，就古都大同的历史文化内涵、在中国古都中的地位及文化遗产保护与利用，形成了广泛共识，主要是：

古都大同是1982年国务院批准的第一批24座历史文化名城之一，有着数百年的建都史，在中国古都发展进程中占有重要地位。古都大同是北方少数民族拓跋鲜卑入主中原建立的北魏王朝的首都，此后在辽、金和元初又是王朝的西京。其中北魏在此建都97年，之前作为大代南都63年，作为都盛乐时的北魏南都12年，作为迁都洛阳之后的北京49年，作为辽、金、元初西京244年，共465年。

古都大同在中华民族和中华文化的形成与发展中有着重要贡献，它是民族融合的大平台。在北魏时期，大同作为国都，成为以鲜卑族为主体的北方各少数民族与广大汉族民众相互融合的中心。在此后的辽、金以及元初，西京大同又成为广大汉族民众与契丹、女真、蒙古等少数民族相互融合的重要场所，从而在中华民族多元一体的历史发展进程中占有突出的地位。

古都大同又是中国都城建设的重要里程碑之一。北魏平城建设中许多重要规则和设计理念，影响到北魏洛阳、隋唐长安的都城建设，甚至波及域外的日本、新罗。目前，大同的城市框架基本保留了古都概貌，为中国学术界对古都研究提供了珍贵样本。

古都大同又为我们留下了丰富的历史文化遗存，如北魏云冈石窟，北魏平城遗址，北魏金陵、方山文明太后陵遗址，灵泉宫、灵泉池、鸿雁池，北岳恒山悬空寺，辽金古建筑群华严寺、善化寺，明清大同府城垣、里坊以及代王府、九龙壁等遗迹，它们或成为世界文化遗产，或为国家、省级重点文物保护单位，其内涵之丰富，形式之多样，工艺之雅致，在众多的中国古都中是不多见的。

古都大同还是中国文化发展的一个重要环节，在中国传统文化发展进程中，儒、释、道三教的相互融合占有突出的位置。以北魏平城为中心的佛教发展，促成了儒、释、道三教的激烈碰撞和融合，为中国文化的多元化发展起到了承前启后的重要作用，特别是它留下来的古代艺术珍品，无论是云冈石窟的五万多尊石雕，还是辽金华严寺、善化寺的彩绘泥塑，都是大同古都文化的重要组成部分，是中华民族文化独特的结晶。

有鉴于此，与会专家普遍认为，基于中华民族形成与发展多元一体的基本认识，中国古都学研究理应更加重视包括鲜卑、契丹、党项、女真等在内的各个民族的历史与文化，重视各民族政权都城的独特历史地位。其中大同作为国务院批准的第一批历史文化名城，我国历史上主流王朝北魏的首都、辽金的陪都，拥有丰富的都城文化内涵，在中国古代历史上占有特别重要的地位。常务理事会讨论中提出，古都大同以其在中国历史发展中的重要地位，堪跻中国大古都之

列。这一观点获得了与会学者的热烈响应。

以上是《中国古都学会关于大同古都文化保护与发展的宣言》（简称《大同宣言》）[①]的前半部分，我把它抄在这里给大家，就是表明大同作为中国大古都或者说中国九大古都之一的地位，是经2010年9月22日中国古都学会全体理事会议通过的《大同宣言》正式确定的。著名史学家史念海先生曾作过统计，认为中国共有大小古都约220处。其中影响广泛深远者，又往往被古都学者们称为大古都。每一个大古都都是大品牌，它至少是一朝一代或几朝几代中华历史上古代王朝的浓缩。大古都一定是历史文化名城，而历史文化名城并不都是大古都，大古都是包含在历史文化名城之中的。迄今为止，大概确定了西安、洛阳、北京、南京、开封、杭州、安阳、郑州、大同、成都十大古都，而历史文化名城已达117座。历史文化名城与大古都的确定，认定机构与认定方式也不相同。历史文化名城，是根据《中华人民共和国文物保护法》，在专家学者论证的基础上，由国务院审核和颁布，这是政府行为；而大古都的确定，则是一种学术行为，政府并不直接参与，当然也离不开政府支持，由中国古都学会通过并经国内史学家承认方可。中国先后有四大古都说、五大古都说、六大古都说、七大古都说、八大古都说、九大古都说、十大古都说，这里就不一一介绍了。

（二）三个阶段大手笔

城市的出现是人类历史步入文明阶段的重要标志。一般认为，进入文明阶段有五条标准，即有城邑、有农业、会烧陶、有文字、有管理，这五条虽非缺一不可，但至少也得有三条相符合。拓跋鲜卑在从野蛮进入文明的道路上是奋起直追的，怀着一种时不我待的心情迎头赶超。一般说来，邦国时代都城的格局为两城制，即宫城和京城，帝国时代都城的格局是三城制，即宫城、京城、郭城，然而由于历史的惯性，两汉、魏、晋的洛阳实行的仍是两城制，直到北魏平城，才第一次出现了三城制，开创了建城史上的新局面，这是平城（大同）的骄傲，也是北魏王朝对中国建城史的卓越贡献。

从纵的方面看北魏平城的城市建设大致可以分为三个阶段。

第一阶段为道武帝拓跋珪时期。拓跋珪其人我们已经作过详细介绍和评论，这里不再涉及这部分内容，只说他修筑魏都平城的事。在天兴元年（398）秋七月迁都平城之前，所谓的平城，虽然久已被魏国占领，但拓跋魏当时并未对此城进行大的修建，只是维持秦汉以来它的固有状貌。苻坚灭代后，曾于平城设护乌丸府。坚败，护乌丸府自然不存。魏王拓跋珪即位后，命勇将拓跋虔镇守平城。皇始元年三月，慕容垂来寇桑乾川，此时拓跋虔兵员太少，率麾下邀击，失利而死。这个城就是汉平城。拓跋珪初来乍到，当然是只能把宗室眷属安置在汉平城中。汉平城很小，大约边长六七百米。下面我们就把拓跋珪搞平城建设的有关史料罗列在一起，然后加以分析。

天兴元年（398）秋七月，迁都平城，始营宫室，建宗庙，立社稷。八月，诏有司正封畿，制郊甸，端径术，标道里，平五权，较五量，定五度。冬十月，起天文殿。十有一月辛亥，诏尚书吏部郎中邓渊典官制、立爵品、定律吕、协音乐，仪曹郎中董谧撰郊庙、社稷、朝觐、飨宴之仪，三公郎中王德定律令、申科禁，太史令晁崇造浑仪、考天象，吏部尚书崔宏[②]总而裁之。

天兴元年十二月己丑，帝临天文殿，太尉司徒进玺绶，百官咸称万岁，大赦，改年。

天兴二年（399）春正月，初祠上帝于南郊，以始祖神元皇帝配，降坛视燎，成礼而返。

天兴二年三月，以所获高车众起鹿苑，南因台阴，北距长城，东

包白登，属之西山，广轮数十里，凿渠引武川水注之苑中，疏为三沟，分流宫城内外，又穿鸿雁池。三月甲子，初令五经群书各置博士，增国子太学生员三千人。秋七月，起天华殿。八月，增启京师十二门，作西武库。冬十月，太庙成，迁神元、平文、昭成、献明皇帝神主于太庙。十有二月天华殿成。

天兴三年（400）三月，穿城南渠通于城内，作东、西鱼池。秋七月，起中天殿及云母堂、金华室。

天兴四年（401）五月，起紫极殿、玄武楼、凉风观、石池、鹿苑台。

天兴六年（403）冬十月，起西昭阳殿。

天兴七年（天赐元年，404）冬十月，大赦，改元，筑西宫。

天赐三年（406），太祖欲广宫室，将模邺、洛、长安之制，运材数十万根。以（莫）题机巧，征令监之。召入，与论兴造之宜，题久侍颇怠，赐死。六月，发八部人，自五百里内缮修都城，魏于是始有居邑之制度。

六月，发八部五百里内男丁筑灅南宫（按，当为平城宫），门阙高十余丈，引沟穿池，广苑囿，规立外城，方二十里，分置市里，经途洞达，三十日罢。

天赐四年（407）秋七月，筑北宫垣，三旬而罢，乃还宫。

天赐六年（409）四月，雷震天安殿东序，帝恶之，令左校以冲车攻殿东西两序屋，毁之。

以上就是道武帝拓跋珪定都平城后指导和组织城市建设的记录。我们可以从中看出如下几点：

一是道武帝领导平城城市建设的重点就是建设平城宫，也就是后来所说的北魏王朝宫城。为什么？当时最迫切的任务就是使皇后、皇妃、皇子、皇孙住有所居，使朝廷能在宫殿中办公并接见群臣，布置诏令。所以他陆续盖起天文殿、天华殿、中天殿、天安殿四座大殿，并建西昭阳殿安置后妃，并使西昭阳殿单独成区，称为西宫，或者说把西昭阳殿置于西宫之中，因为当时宫城之东迫近御河，向东已不能大扩展，而向西则全是空地。皇子皇孙则安置在东宫之中，虽然文字上没有出现东宫字样，但云母堂、金华室、紫极殿、玄武楼其实乃东宫中建筑。他已经把宫城南门造好，门阙就是宫城前双阙，当时就有十多丈高，后来增至二十九丈。天赐三年六月发八部（四维四方）五百里内男丁筑平城宫，主要打墙筑宫垣立宫门，北、东、南三面宫垣大约全部筑就，汉平城就包在东宫之内，成为东宫的一部分，而西宫垣仍是空缺，为宫城向西扩展留下余地，后来宫城共设七门，很可能拓跋珪当时就设计好了。

二是规划设计好了外城即皇城的格局。对宫城来说，皇城在它之外，当然是外城，实际上它在宫城之南，外城方二十里，布置了里坊和市场。径途洞达，就是道路纵横宽敞。方二十里，以我推测，应是南北长六里，东西宽四里，而不会是正方形，每边长五里。早在天兴二年，拓跋珪就定下了京师即皇城十二门的位置，每面三个门，这样城里三条南北大街和三条东西大街就有九个交汇区，这九个交汇区的专门名称就叫“衢”。唐朝人写的《云中古城赋》（见清乾隆版《大同府志》）就说云中古城即平城“九衢四达”，这是他们亲眼见了的。如果按照皇城南北长六里东西宽四里计算，则京师的面积就是二十四平方里。这是说面积。从西周到两汉，城邑中居民聚居的基本单位也叫里。《魏书》既然说道武帝规立的外城周长二十里，又分置市里，则当时道武帝所设民居基本单位称里不称坊。从原则上说，方三百步为一平方里。但实际上大小不等，大的里面积应该有一平方里，小的里也就半平方里。至于一个市，秦汉以来相传，“凡四里为一市”，即四个里允许设一个市，每个市方二百六十六步。里由于大小不一，里中的住户就多少不一了，一般一里五十户左右，多的可能达到一百户左右。由于北魏皇城是内城性质，中部沿中轴大街都是官署，从北到

南有序，位高权重的官署一般越靠北，离皇宫越近，取圣旨越方便，估计皇城北垣下皇城根的里会很大，住的都是高级官员的眷属家小。中轴线旁官署两边的里同样如此，官员上下班方便。每一个里都是南北向的狭长形，四面有墙围着，有南门和北门，称为南闾和北闾。南闾和北闾中间有甬道相连，甬道中间又设一岗称作阎，闾是里门而阎是里中门，出入都得经过门卫，称为监门。里的长官称为里正或里典，他们的职责是监督居民登记户口，通知居民按时服劳役，居民财产被官府抄没封存要在场作证，居民患疠（瘤形麻风病及其他传染病）要及时带上病人上报并请官府医生诊断防止居民传染等。麻风病人必须送到政府所设的“疠迁所”实行隔离。看管里门的官监门，是最下层的官员了，例如战国时魏国大梁人张耳、陈余，在秦军攻破大梁后，逃亡于陈（今河南淮阳），两个人都作里的监门以求口饭吃。又如秦汉之际陈留高阳乡郦食其，因家贫无业，落魄难以生存，为里之监门吏。里门的两端通巷，巷通街。里的内部，以北为尊，中间一条甬道，甬道左边称闾左，所住一般是贫贱之人，右边则称闾右，一般是有钱和地位高的人。闾左和豪右相对。至于真正高官，如太尉、司徒、司空、东汉魏晋的高官，相当于宰相，他们的住宅，并不由里门出入，而是面临街道开门，这种住宅叫做第。这种第常出于皇帝特赐，称为甲第、大第、第第一，第第一的意思就是最高级的第。王莽为太傅，号曰安汉公，皇帝以故萧相国甲第为安汉公第。这种赐高官的做法一直从汉代传至魏晋南北朝，北魏也是如此。

但是《南齐书·魏虏传》说：“其郭城绕宫城南，悉筑为坊，坊开巷。坊大者容四五百家，小者六七十家，每闭坊搜检，以备奸巧。”按照这个说法，平城京城内、郭城内的民居单位不叫里而叫坊。坊与防通，防原是指四周有围墙的区域，据《太平御览》卷 157 引《汉宫阁名》：“洛阳城故北宫有太子坊。”又引《晋宫阁名》：“洛阳有显昌坊、修成坊、绥福坊、延福坊、休征坊、承庆坊、桂芳坊、椒房坊、舒兰坊、艺文坊。”但这个记载表明最早的坊虽起于东汉魏晋，但却都是宫中贵族的住处。从迁都洛阳后所修的北魏洛阳城划分为320个里，而此处《魏书·太祖记》叙述道武帝在京城（皇城）划分“市里”的记载看，我认为整个北魏，无论迁都前后，居民区的单位叫里不叫坊。《南齐书·魏虏传》大概是把南朝首都或通都大邑的居民区单位名称移置于北魏，以为北魏都城也像他们一样把居民区单位称为坊。不过萧子显的描述很值得注意，他告诉我们两点，第一，北魏郭城在宫城之南，换言之，宫城在郭城之北，郭城之中包着京城即皇城，但却不包含宫城。京城的北垣也就是郭城的北垣，并没有在京城北垣和宫城南门之间另加一道郭城北垣，而且实际上也完全不可能，宫城南门外有观阁、双阙（象魏）、社稷、太庙，出宫城南门有甬道直通京城北门，怎么能允许叠床架屋，再横亘一道北郭墙呢？所谓的北郭墙，中间一段就是皇城北墙，但因北郭墙要比皇城北墙更长才对，于是在皇城北墙东西两端加以延长，与南郭墙等长而已。第二，北魏平城、皇城包在郭城之中，郭城之内全都辟为里坊（姑且用这个含糊词，不影响事情的实质），但里的大小却大相径庭，大的容四五百家，小的六七十家。我认为皇城之内，除官署和朝廷官员住宅外，平民大概是百工首领，而皇城之外，郭城之内，住的大概就是百工了。自古以来，在邑居者为里，郊外为村，农民住在城里，有许多不方便之处，城中村是一种今天的特殊现象，古代是没有的。

三是道武帝拓跋珪建成了国都平城的给排水系统。天兴二年三月，就从武州川（今十里河）引水进入鹿野苑，分为三沟，分流于宫城内外。这是一处水源。一年以后又穿城南渠通于城内。城南渠实际就是《水经注》所说的“如浑水分为二水，一水西出南屈”的那条水，现今学者们称为如浑西水，《水经注》并没有这样的称呼。对这道渠，《魏书》称为城南渠，城南渠的含义就是流往城南的渠。城南渠并不是从城南流向城中（包括皇城和宫城）的渠。平城的地势西北

高而东南低，水是不可能由东南流向西北的。《水经注》说："如浑水又南，分为二水，一水西出南屈，入北苑中，历诸池沼，又南迳虎圈东，魏太平真君五年，成之以牢虎也，季秋之月，圣上亲御圈上，敕虎士效力于其下，事同奔戎（周穆王时，有勇士名高奔戎。穆王出巡，有虎在蒹葭中，穆王的禁卫军中有勇士高奔戎请求让他去捕虎，定可把虎活捉了来而不使虎受伤，后来果真如此，事见《穆天子传》），生制猛兽，即所谓"袒裼暴虎，献于公所"也，故魏有《捍虎图》也。（捍虎图是指王睿，睿为文明冯太后所宠幸，在朝任侍中，吏部尚书。太和二年，孝文帝和冯太后以及百僚临虎圈，有一虎逃逸出来，上了门阁道，几乎要到皇帝太后面前了，侍御之人惊惧披靡，王睿夺过武士之戟，朝虎刺去，虎乃退去。王睿因此晋爵中山王。王睿死，太后亲临哀恸。葬城东，孝文帝登城楼观葬，并于都南立中山王祠。又下诏褒睿，在各殿殿壁绘王睿捍虎状，让高允为赞。京师士女造新歌，称《中山乐》众人传唱。）又迳平城西郭内，魏太常七年所城也。城周西郭外有郊天坛，坛之东侧有郊天碑，建兴四年立。其水又南，屈迳平城县故城南，《史记》曰'高帝先至平城'，《史记音义》曰在雁门，即此县矣。王莽之平顺也。魏天兴二年迁都于此。太和十六年，破安昌诸殿，造太极殿，东、西堂及朝堂，夹建象魏、乾元、中阳、端门、东西二掖门，云龙、神虎、中华诸门，皆饰以观阁，东堂东接太和殿，殿之东阶下有一碑，太和中立，石是洛阳八风谷之缁石也。太和殿之东北，接紫宫寺，南对承贤门，门南即皇信堂，堂之四周，图古圣、忠臣、烈士之容，刊题其侧，是辩章郎彭城张僧达、乐安蒋少游笔。堂南对白台，台甚高广，台基四周列壁，阁道自内而升，国之图箓秘籍，悉积其下。台西即朱明阁，直侍之官出入所由也。其水夹御路，南流迳蓬台西。魏神瑞三年又建白楼，楼甚高竦，加观榭于其上，表里饰以石粉，皜曜建素，赭白绮分，故世谓之白楼也，后置大鼓于其上，晨昏伐以千椎，为城里诸门启闭之候，谓之戒晨鼓也。又南迳皇舅寺西，是太师昌黎王冯晋国所造，有五层浮图，其神图像皆合青石为之，加以金银火齐，众彩之上，炜炜有精光。又南迳永宁七级浮图西，其制甚妙，工在寡双。又南，远出郊郭。”[③]这就是平城国都的另一处水源，它直接经过了城中的各个重要标志之旁，最后向南远出郊郭，岂非就是城南渠？要之，水是人类生命的保证，拓跋珪下大力解决了平城的生命之源，说明他非凡的洞察力和剑及屦及的执行力。

四是道武帝完成了皇都平城的皇家园林苑囿主体工程。他建造了鹿野苑，该苑面积巨大，南因台阴（南到宫城北墙），北到长城（汉长城平城段），东包白登，绵延到西山，长宽各数十里，在如此辽阔的范围，穿池挖沟，种树植卉，养鱼饲鹿，后来的皇帝把它分成了东苑、西苑、北苑三部分，北苑又简称鹿苑。又穿鸿雁池，即今天我们所说的文瀛湖[④]、小东海。魏收因为没到过平城，经常混淆鸿雁池和旋鸿池，旋鸿池即魏晋时参合陂，在今内蒙古兴和西北，如浑水东源，《魏书》中凡记皇帝“幸旋鸿池，遂幸崞山”的话，其实都是“幸鸿雁池，遂幸崞山”，也就是先看文瀛湖，然后到浑源去，顺理成章。

五是道武帝初步完成了皇家都城的礼制性建筑。他即位的天兴元年，就曾立坛诏告祭天地，《魏书·礼志》记下了祭告之词。天兴二年正月祭天地于南郊。天兴三年正月祭天地，就完全正规化了，郊天于南郊，也就是立天坛于南郊，以始祖神元皇帝配享，其坛圆形，四重台阶，壝埒（即矮土墙）三道。坛上天位在正中，面南，神元帝在天位之东，面西，其余五精帝，即东方青帝，南方赤帝，西方白帝，北方黑帝，各于其方，只有中央黄帝，因上帝在中，只好把它设在西南的位置上。日月五星、二十八宿、天一、太一、北斗、司中、司命、司禄、司民在第一道围墙外，第二道围墙内，各因它们的方色立神位。其余从食的神一千多位，都在第二道围墙外，第三道围墙内。祭祀的用品，跪拜的草垫子用干草编成，玉用四块上圆下方的长形玉

版，币用束帛（帛为丝织物总名，生帛有缟、素、绡、绢，熟帛曰练，束帛为五匹），牲用黑色幼犊，器用是陶制的匏。祭祀时，上帝和神元帝用黑色牛犊一个，五方帝共用黑色牛犊一个，日月等则共用一头牛。所谓祡，就是现场黑牛犊、牛，按祭祀的次序杀死，献上祭品供养后，在坛南巳地，从阳也，将上述祭品置于柴火之上，然后点燃焚烧。其祭地仪式，称为瘗地，仪式同于祭天，以神元窦皇后配，五岳名山在第一围墙与第二围墙内祭，四渎大川在第二围墙与第三围墙内祭，分别在中壝内和外壝内。后土、神元后用黑公牛一头，玉用两珪，币用束帛，五岳等用牛一。祭毕瘗祭品于坛北亥地，从阴也。其后祭天地的地方固定下来，冬至祭天于圆丘，夏至祭地于方泽了。又在宫城之南左边建成宗庙，瓦屋五间，始、太、高三祖各一间，用神主，岁五祭，二至、二分、腊日（冬至后第三个戌日）。又置太社于宗庙之右，设太社、帝社、太稷三坛，方坛四陛，于二、八月戊日，以太牢祭之，皆为有司代祀，皇帝不亲临。春分祀日于东郊，秋分祀月于西郊，一用骍牛，一用白羊，亦为有司代祀。皇帝于春分之日耕籍田，祭先农。所谓先农，指最早教民耕种的农神，或谓即炎帝神农氏，或谓是周的始祖后稷。祭先农之制，与皇帝亲耕籍田在同一天进行。所谓籍田，又写作藉田，相传天子千亩，诸侯百亩，由甸师氏为天子管理，届时天子前来，执耒耜亲耕数垅，然后就交给农夫去完成，所以它的本意是凭藉农夫完成此田的耕种，因称藉田。这块田地的收获，供天子用来祭祀祖先和神灵。天子耕罢籍田，就要在先农坛上祭先农，杀一只羊作祭品。这个礼仪，耕籍田祭先农周代就有，但设坛而祭，汉族政权说是始于刘宋元嘉二十五年宋文帝，也就是北魏太武帝太平真君九年，公元 448 年。我认为其说不确，应始于道武帝天兴二年。即公元 399 年。既然年年都按制度祭天祭地祭日祭月祭先农，而且都要杀牲，设坛而祭是必然的。

六是道武帝在宫城之比，单设了一座北宫。《水经注·濛水》⑤如浑水条："如浑水又南，迳北宫下，旧宫人作薄所在。"薄又作暴。薄室又作暴室。宫人有错，罚来此处，染练织作，暴晒布料衣物。这也是模仿汉代宫掖的设施。

七是道武帝在国境内建设了一些离宫别馆，例如繁畤宫、灅南宫、豺山宫、河南宫、云中宫等。

第二阶段为明元帝拓跋嗣、太武帝拓跋焘、文成帝拓跋浚时期，经历了三个皇帝。

拓跋嗣（392—423），字木末，北魏第二代君主，拓跋珪长子，活了32岁，在位15年。此人是拓跋珪长子但不是嫡子，即不是皇后所生。道武帝的皇后是慕容氏，慕容宝的小女儿。道武平中山，慕容宝弃城而遁，道武帝掳获该女，纳入妃嫔，得幸。其时拓跋珪早已有了刘夫人、贺夫人等（拓跋珪有八个夫人、十个儿子），生了儿子拓跋嗣、拓跋绍。但因喜欢慕容氏，经过铸金人，立慕容氏为皇后。慕容氏无子。拓跋嗣是独孤部首领刘眷之女所生，登国元年（386）其母刘氏就与拓跋珪成婚，先生女儿华阴公主，登国七年（392）生拓跋嗣云中宫。云中宫既不在云中城（今内蒙古托克托县古城子），也不在盛乐城（今内蒙古和林格尔盛尔镇），而是在此二城之中间，距两城各四十里（见《水经注》）。此宫为昭成帝什翼犍所筑。天赐六年（409）十月，拓跋珪被另一儿子拓跋绍杀死。拓跋嗣在文武大臣支持下平息政变，即皇帝位，时年18岁。拓跋嗣的政绩主要有以下几点：

第一，落实政策，平反冤假错案。由于拓跋珪晚年的错误，许多官员蒙受损失和被罢免。拓跋嗣下令"公卿大臣先罢归第不与朝政者，悉复登用之"，全部官复原职。许多官员冤屈而死，如卫王拓跋仪，乃封拓跋仪之子拓跋良为南阳王，拓跋仪之弟阴平公拓跋烈晋爵为阴平王，高凉王拓跋乐莫改封平阳王。让南平公长孙嵩、北新侯安同继续了解臣民冤屈，简贤任能，落实政策。

第二，访问部曲和民间疾苦，抚恤穷乏。他刚即位，就让郑兵将

军、山阳侯奚斤巡行郡县，访贫问苦，加以赈济。不久又下诏说："衣食足，知荣辱，夫人饥寒切已，唯恐朝夕不济，所急者温饱而已，何暇及于仁义之事乎？王教之多违，盖由于此也。非夫耕妇织，内外相成，何以家给人足乎？其简宫人非所当御及执作伎巧，自余悉出以配鳏民。"又命北新侯安同等持节巡行并、定二州及诸山居杂胡、丁零，问其疾苦，察举守宰不法，其冤穷失职、强弱相陵、孤寒不能自存者，回来报告。神瑞二年（415）六月，幸东城，亲自问民疾，接见地方长老，复租一年。又到上谷，问百年，访贤俊，复其田租。京师发生饥荒，安排百姓去河北就食。泰常二年（417）十一月，复诸州租税。泰常三年（418）三月，以范阳去年遭水灾，复租税。八月，雁门、河内大雨水，复租税。他在出巡中，所过一般是要复其租税的。

第三，多次派人巡行州县，调查地方官员贪赃枉法事。例如神瑞元年（414）冬十一月，诏使者巡行诸州，校阅守宰资财，非自家所赍，悉簿为赃，都按赃物对待。又下诏天下，让百姓知悉，他们可以到京师有关部门控告他们的父母官。

第四，寻访天下贤才俊逸量才录用。永兴五年，分遣使者巡求俊逸，凡有文武才干临疑能决，或有先贤世胄，德行清美，学优义博，可为人师者，令赴京师，随才叙用，赞助庶政。

第五，整军经武，加强国防，抵御外敌入侵。他那时仍是北有柔然，南有刘宋，东有冯跋，西有后秦，不得不设防。

第六，继续其父拓跋珪发展农业的政策。永兴五年（413）秋七月，奚斤等破越勤倍泥部落于跋那山西，获马五万匹，牛二十万头，乃徙其二万余家于大宁，给耕牛农具等计口授田。

第七，实行太子监国制度。拓跋嗣也像他父亲，服食寒食散，因而频年发动，不堪万机，乃向崔浩问计，崔浩建议他早定太子，让太子早点参与朝政。他听了这话，因此拓跋焘很早就介入朝政，增加历练才能。

第八，拓跋嗣的城市建设，在他执政时期，“穿鱼池于北苑”，“起丰宫于平城东北”，“立太祖庙于白登之西”，“筑宫于白登山”，“起灅南宫”，再筑鹿野苑，“筑平城外郭，周回三十二里”，“广西宫，起外垣墙，周回二十里”，其中，再筑鹿野苑，使皇家园林更加美轮美奂。立平城外郭，也就是筑就了郭城，郭城周长三十二里，刚好把皇城也就是京城环抱其中。京城二十里，共开十二门，每面三门，其西中门曰延秋，东中门曰阳和，南中门曰广夏，北中门曰顺德，其他的门史籍没有留名，或许是在正门名下各加左右加以区别，如延秋左门、延秋右门、延秋中门，这就是它们的名称了。这皇城的规模、门名、市里格局，拓跋珪时就定下来了。明元帝拓跋嗣在皇城之外修筑了郭城。据我考证，郭城周回三十二里，是东西宽七里，南北长九里，东西南北各开一门，共四门，东郭墙在今御河以东的东塘坡上，西郭墙应在今新开里一带，南郭墙在今迎宾路南，北郭墙在宫城之南，与皇城的北墙是一道墙，前面我已说过了。这样这个城就比现在的大同城要大好多倍了。以外郭城说，北魏国都可称为七九城。东汉魏晋的洛阳城，由于它是两城制，即宫城和京城，宫城包在京城中，只是个六九城，即长九里宽六里。北魏平城是三城制，宫城是独立的，反而是京城包在郭城里，郭城为七九城，已大于洛阳的六九城。前面我们说过，道武帝拓跋珪时，平城宫即平城宫城的西墙并未完工，留下来是准备向西发展宫城。明元帝拓跋嗣“广西宫”，向西扩展了宫城的西部，并筑完了西宫墙，形成了一个周长二十里的宫城。有人说这个周长二十里说的还是北魏皇城的周长二十里，这是一种强词夺理。还有人说，“广西宫，起外墙，周回二十里”之后不久，明元帝即撒手人寰，因而并未搞成功。这更是无知妄说。明元帝只要布置下去就会有人认真完成的。更何况继位人是明元帝太子拓跋焘，他决不会让父亲布置的任务打水漂。“克绍箕裘”历来是我们的古训。

明元帝拓跋嗣的基本建设还有一项浩大工程，就是他泰常八年

(423) 二月开始，修筑了东起赤城、西至五原的北魏长城，这道长城长约二千余里，除了修筑高墙，还“备置戍卫”，估计当有城堡和烽燧之类的建筑，目的显然是防备柔然的入侵。

魏太武帝拓跋焘（408—452)，字佛狸，魏太宗明元帝长子，天赐五年（408）生于东宫，母为杜贵嫔。拓跋焘生于平城皇宫东宫。出生后因体貌瑰异，受到祖父道武帝的宠爱。杜贵嫔是魏郡邺人，阳平王杜超之妹。她以良家子选入太子宫，有宠，生拓跋焘。丈夫拓跋嗣即位，始拜贵嫔。她卒于泰常五年（420)，其时拓跋焘尚未被立为太子，因此她的死可能是正常死亡，并非由于子贵母死制度。直到泰常七年（422)，拓跋焘才和拓跋丕、拓跋健、拓跋崇、拓跋俊诸兄弟一起被封为王，拓跋焘的王爵名为泰平王，其时他已十五岁。不久以太子位监国，代父摄政，总揽国政。泰常八年（423）十一月明元帝崩，同月拓跋焘即位，是为世祖太武帝。太武帝的功业，主要是统一北方黄河流域，结束了五胡十六国以来（304—439）中国 135 年战乱纷争的局面，太武帝的武功也达到最高峰。此人和道武帝一样，是北魏杰出的皇帝。其伟大主要表现在如下几个方面：

第一，痛击柔然，使其损兵折将，国力衰落式微。太武帝刚即位的始光元年（424)，蠕蠕闻明元帝驾崩，儿子即位尚幼，立即发动对北魏的大规模战争。蠕蠕首领牟汗纥升盖可汗大檀，亲率大军六万袭云中，杀掠吏民，攻陷云中盛乐宫。太武帝亦亲率大军抵御，从平城出发，三日二夜至云中，双方激战，大檀骑兵包围太武帝五十余重，马头相次如堵墙，士卒大惧，太武帝颜色镇静自若，众情乃安。先是大檀之弟大那，因与前可汗杜宠争位，败而奔魏，大檀以大那之子於陟斤为部帅，魏军射死於陟斤，大檀恐，撤兵而去。始光二年（425）冬十月，太武帝亲率大军，分五路出击蠕蠕，诸军至漠南舍辎重，轻骑带十五日粮，绝漠讨之，大檀部落惊骇北逃。神䴥二年（429）四月，太武帝练兵于南郊，将袭大檀。公卿大臣都不想出征，术士张渊、徐辩以天文现象说服阻止太武帝，太武帝听了崔浩的计策，决定出兵。会使臣从江南回，称宋文帝刘义隆欲犯河南，对使臣说："你们赶快回去告诉你们主子，归还我河南之地，即当罢兵，否则我将尽我将士之力。"太武帝听了大笑说："小王八羔子，自救不暇，有何能为？就能来，若不先破蠕蠕，便是坐待寇至，腹背受敌，不是上策。我已经定了。"于是车驾出东道向黑山（今内蒙古四子王旗南），平阳王长孙翰从西道向大峨山，同会于蠕蠕王庭。五月到漠南驻扎，舍弃辎重，轻骑奔袭，到达栗水，大檀之众，向西逃窜。大檀之弟匹黎，先前管蠕蠕东部，将要去大檀那里，碰上了长孙翰军，长孙翰纵骑冲击，杀其大人数百。大檀闻而震怖，带领族党，火烧庐舍，绝迹而逃，莫知所至。于是部落四散，窜伏山谷，畜产布野，无人收看。太武顺着栗水西行，经过汉将窦宪故垒。六月，车驾到了兔园水，此地距平城三千七百里，分军搜讨，东到瀚海（今蒙古国大戈壁），西接张掖水（今甘肃武威），北渡燕然山（今蒙古国杭爱山），东西五千余里，南北三千里，高车诸部杀大檀种类，前后归降三十余万，俘获其首领及戎马百余万匹。这年冬十月，太武帝振旅凯旋于京师。这次战役魏军还袭破东部高车，得降人数十万落，马牛羊百余万头。魏帝迁柔然、高车两部到漠南魏边镇上从事耕牧，缴纳贡赋。太平真君十年（449），太武帝准备南伐刘宋，先讨伐柔然。正月，高阳王拓跋那出东道，略阳王拓跋羯儿出西道，太武帝和太子拓跋晃从中道出涿邪山。柔然处可汗吐贺真新立，恐惧远遁。九日，魏军第二次集结，分兵出击，诸军期会地弗池。吐贺真倾全国之力，军资也很多，包围拓跋那军数十重，拓跋那掘长围坚守，相持数日。吐贺真数次挑战不利，因为拓跋那军人数不多，但坚持固守，疑大军将至，解围夜去。拓跋那引军追了九日九夜，吐贺真更加害怕，弃了辎重，越穹窿岭远遁。拓跋那收其辎重，引军还，与车驾会于广泽。略阳王拓跋羯儿尽收其人户畜产百余万。从此吐贺真单弱，远窜，边疆息警，蠕蠕怖威

北窜，不敢复南。

第二，进军夏国，使其兵挫地削，最后灭亡。夏是赫连勃勃创建的，我们前面说过，道武灭铁弗部刘卫辰，卫辰子勃勃逃往后秦姚兴，姚兴部下没奔于妻之以女，姚兴让没奔于和屈孑镇守五原朔方。屈孑袭杀没奔于，并其众，自称大夏天王，年号龙升，置百官，姚兴这才后悔不已。屈孑姓铁弗，遂改为赫连氏，意为辉赫与天连。刘裕攻姚兴之子姚泓，擒姚泓，灭后秦，留自己儿子刘义真镇守长安，自己回建康策划篡位去了。屈孑伐刘义真，大破之，积人头如山丘，号曰“骷髅台”，僭称皇帝于灞上，年号昌武，定都统万城（今陕西靖边县白城子），勒名于城南，颂其功绩。以统万为北都，长安为南都，性暴虐，视民如草芥。当发民夫十万人修筑万城时，城土必须蒸熟，以铁锥刺城墙，刺入一寸，即杀筑城之人，刺不进去，又杀刺墙之人。试验弓箭和铠甲亦如此，射甲不入即斩弓人，射甲能入即斩铠匠。看群臣不顺眼即杀之。屈孑死，子赫连昌立。太武帝听说赫连勃勃死了，诸子相攻，关中大乱，于是以轻骑一万八千过黄河袭昌，时值冬至，昌方宴飨，王师忽至，上下惊扰。魏军进了统万城，掳掠出城，并攻占长安。第二年（427），魏军攻下统万，赫连昌逃往上邽（今甘肃天水西）。428 年，魏神䴥元年，魏国俘获赫连昌。太武帝因为赫连昌是他大舅子，让侍中古弼把赫连昌迎到平城，在西宫门里为他盖了住宅一处，给他的车马只比皇帝低一等，又把昌平公主下嫁给他，封为常忠将军、会稽公，改封秦王。其后因谋反伏诛。

昌弟赫连定，勃勃第五子，凶暴无赖。赫连昌失败之时，赫连定奔平凉（今甘肃平凉市），自称皇帝，年号胜光，尝登阴盘山，望其本国，哭着说：“先帝如果当初以我继承大业的话，怎能出现今天的情况呢？使老天给我些岁月，当与诸卿建晚年复兴大业。”俄而有群狐数百鸣于山间，定命射之，无所获；赫连定当时非常憎恶此事，说：“这也太不善了，咄咄天道，我们还能说什么呢？”因与宋文帝刘义隆连和，以恒山为界，恒山以东属刘义隆，恒山以西属赫连定，遣其将攻鄜城（今陕西洛川县东南鄜城，鄜音敷）被北魏将领始平公隗归打败。赫连定亲率数万人东下攻归。太武帝率军抵平凉，赫连定返回来救平凉，结方阵以自固。太武帝四面围其阵，断其水草。赫连定不得水，引众下原，太武帝命武卫将军丘眷击之，定之众溃散，定本人负伤而逃，单骑遁走，西保上邽。神䴥四年（431）夏五月，太武帝西幸云中，六月，赫连定北袭沮渠蒙逊（北凉），过河时为吐谷浑慕瑰军所袭，俘赫连定。延和元年（432）二月，吐谷浑慕瑰将赫连定送至平城。后参与赫连昌谋反，亦被诛。

第三，赫赫武功的太武灭北燕、北凉，我们就谈简单些。皇始二年（397），魏军攻中山，后燕皇帝慕容宝逃至和龙。慕容盛、慕容熙相继称帝。天赐四年（407）慕容宝养子（本高丽人，故姓高）慕容云杀慕容熙称帝，即位后复其高姓。天赐五年（409）汉人冯跋杀高云，据龙城，自称燕天王，史称北燕。冯跋在位25年死，弟冯弘立。太延二年（436），太武帝灭北燕。

北凉是匈奴族酋长沮渠蒙逊所建。道武帝天兴四年（401），沮渠蒙逊杀吕光叛将段业，占领张掖，自称张掖公。明元帝永兴四年（412）占姑臧（今甘肃武威），自称河西王。神瑞二年（415），他向东晋称臣。汉人李氏建立西凉国，沮渠蒙逊视之为仇，全力对付西凉，泰常五年（420），蒙逊灭西凉，占有西凉七郡，交通西域诸国，财物丰富，战争较少，在境内大兴佛教。在姑臧南百里山崖（今武威天梯山）大开石窟造佛像，千变万化，使人惊骇。西域僧人昙无谶，在姑臧译出《大般涅槃经》等十余部，对佛学有重要贡献。他自称有役使鬼神医治百病，多生儿子的秘术，沮渠蒙逊使女儿、媳妇到昙无谶处学男女交接术，淫风盛行，号昙无谶为圣人。太武帝听说有此圣人，派人来索要，说是要和他讲道，如其不送，就兴兵来讨伐。沮渠蒙逊拒绝了，并且杀死昙无谶。延和二年，沮渠蒙逊死，儿子沮渠牧

虔继位。太延五年（439）魏灭北凉。至于太武帝南征刘宋事，我们就不说了。总之太延五年（439），北方就完全统一了。

第四，太武帝对国都平城的一系列城市建设。始光二年（425）三月，把旧东宫改建为万寿宫，起永安、安乐二殿，还建设了临望观、九华堂。始光三年（428）二月，起太学于城东，祀孔子，以颜渊配。延和三年（434）秋七月，新建设的东宫完工，备置屯卫，相当于西宫卫士的三分之一。太延二年（436）八月诏广平公张黎发定州七郡一万二千人通莎泉道。此外，太武帝拓跋焘为防御柔然入侵并保卫平城，在平城之北，阴山以南，自西而东，设置沃野（今内蒙古五原县东北）、怀朔（今固阳县西南）、武川（今武川县西土城子）、抚冥（今四子王旗东南土城子）、柔玄（今兴和县台基亩东北）、怀荒（今河北张北县）六个军镇，合称六镇。也有的说六镇有御夷而无沃野，不足据。御夷确实也是军镇，在今河北赤城县独石口东，但不在六镇之数内。我认为太武帝对于平城城市建设最重要的贡献，一是建设了新东宫，将东宫搬离了平城皇宫，放到了现在南郊区水泊寺乡之古城村。正因为这个新东宫规模不小，其卫戍人员，竟然相当于西宫城三分之一，东宫搬离后，自然整个皇宫就成为新西宫了，它在御河之西，当然可称西宫。而新东宫则在御河东。新东宫卫戍人员相当于搬离后西宫人数三分之一，可见新东宫面积不小。宫城周回二十里，以三除之，新东宫周长在六七里之间，已相当于一个古县城，无怪乎历史地理学家们都把御东古城说成汉平城。可他们没有认真读《水经注》如浑水条，该条明明说汉平城在如浑水西，为什么视而不见呢？连谭其骧先生及其弟子都这样认为，他们编绘的中国历史地图集，就是这样标注的。太武帝所设六镇亦为中国军事史上，大同地方史上一处极其重要设施，不可不注意。后来北魏衰亡，六镇在孝文帝迁都洛阳后的卑下地位是个关键。六镇之流民起义一发而不可收，北魏也就灭亡了。六镇起义的失败，和东汉末年黄巾起义有相似之处，起义本身失败了，但它们的溢出效应却一发不可收拾，最终导致了东汉和北魏的灭亡。

第二个阶段的第三个人物文成帝拓跋浚。拓跋浚鲜卑小名是乌雷直勤，太武帝拓跋焘的嫡孙，太武帝太子拓跋晃的儿子。其母郁久闾氏，蠕蠕种，郁久闾氏在孝文帝改胡姓时改为闾氏。根据《魏书·外戚传》，闾毗在太武帝时投降北魏，不知靠谁的帮助，将妹妹闾氏送到了太子拓跋晃宫中，《魏书·皇后列传》，说她少以选入东宫，太平真君元年生了拓跋浚。根据《魏书·高宗纪》，她是在兴安元年（452）十一月甲申薨逝的，其时他儿子文成帝已当皇帝一个月，薨逝的原因是自然死亡，还是宫中另有一人操弄大权，按“子贵母死”制度赐死了闾氏，史书并未明说。李凭认为这是高宗文成帝的乳母常氏所为，常氏为了除掉政敌，自己独掌宫掖并干预朝政，趁着文成帝年少（13虚岁）自幼又由常氏抚养长大，宗爱欲害皇孙时常氏又有保护之功，告诉他按照太祖道武皇帝的规定，儿子当皇帝，亲生母亲必需死，谁不执行规定谁的皇帝就当不成，文成帝被唬住了。常氏又去深宫，请太武帝皇后如今的皇太后赫连氏颁发懿旨，赐死文成帝之母闾氏。除去了妨碍自己前进的绊脚石。

拓跋浚是太武帝拓跋焘嫡孙，在此二人之间，还应有太武帝的太子当皇帝，然后才能轮到皇长孙继承皇位。是的，这里面确实很蹊跷，很可疑。原来太武帝因自己军务繁重，很早就让儿子拓跋晃实行太子监国。延和元年（432）正月，他立赫连氏为皇后，立拓跋晃为太子，同时赐死了拓跋晃的母亲贵嫔贺氏，见《魏书·世祖纪》，与《魏书·皇后列传》不同。太平真君四年（443）冬十一月下诏，让皇太子副理万机总统百揆，五年正月实行，并让侍中、中书监、宜都王穆寿，司徒、东郡公崔浩，侍中、广平公张黎，侍中、建兴公古弼，“辅太子以决庶政”。太子监国的结果，是在拓跋晃周围，形成了一个所谓的“东宫集团”，为拓跋晃所倚重，这些人包围着太子，实质上为了自己的利益专权擅政。而在拓跋焘的左右，又聚集宦官宗爱为核

心的一群小人，经常侦察拓跋晃东宫集团的所作所为。向拓跋焘打小报告，添油加醋，数黑论黄，引起拓跋焘对太子的强烈疑忌。两宫之间流言蜚语很多。太平真君十一年（450）九月，舆驾南伐，让皇太子北伐，带兵屯于漠南，而让吴王拓跋余留守京师，这是前所未有的安排。十月，车驾止于枋头（今河南浚县西南淇门渡，古淇水口。东汉建安九年，曹操欲攻袁尚于邺，先于淇水口下大枋木以成堰，遏淇水东入白沟。以通漕运，因号其处为枋头，魏晋南北朝军事要地。后曾改为永昌县，汲郡治。），诏殿中尚书长孙真率骑五千从石济渡，防止宋将王玄谟逃走。这王玄谟就是在宋文帝刘义隆面前吹嘘讨伐北魏，可以一举消灭北魏政权，宋军直抵狼居胥山，就像西汉元狩四年（前 119）霍去病出代郡塞击败匈奴，封狼居胥（即今蒙古国境内肯特山）山一样立功荣耀。王玄谟当时是个彭城太守。宋文帝元嘉二十七年（450）宋大举伐魏，他受命为宁朔将军，受辅国将军萧斌节度，率主力军渡河攻滑台，围城二百余日不下，所部军纪松弛，任意杀戮抢劫，大失民心，又固执拒谏，将士多怨。及魏太武帝大军来救，他兵败夜遁，萧斌欲杀之，经沈庆之力谏乃免。太武车驾济河，玄谟大惧，弃军而逃，宋军溃散，追蹑斩首万余级，器械山积。萧斌弃济州（治碻磝城，今在平西南）退保历城。太武帝到了东平，命诸将分道并进，征西大将军永昌王拓跋仁自洛阳出寿春，尚书长孙真趋马头（今湖北公安西北马头城，与长江中江津戍相对，为江防要塞），楚王拓跋建趋钟离（今安徽凤阳东北临淮关），高阳王拓跋那自青州（今山东青州市）趋下邳（今江苏睢宁县西北古邳镇东三里），车驾则走中道，十一月到彭城，抵盱眙，十二月抵淮河，做筏子数万渡淮河，盱眙守将臧质闭城拒守不敢出。宋将胡崇之率二万人援盱眙，被北魏燕王拓跋谭击破，杀胡崇之，斩首万余级，淮南皆降。永昌王拓跋仁攻悬瓠（今河南汝南），拔之，获宋将赵淮，送到平城斩之。过定项城破刘义隆将刘康祖，斩之，并虏其将胡盛之、王罗汉等，传首行宫。当月，起行宫于瓜步山，诸军同日临江，所过城邑，望风崩溃，降者不可胜数。刘义隆献百牛，贡方物犒军，又请进女于皇孙以求和好。太武帝认为师婚非礼，许和不许婚，派散骑侍郎夏侯野报之。让拓跋浚为书以致通问。正平元年春正月，大会群臣于江上，班赐各有差，文武受爵者二百余人，丁亥班师。

太武帝此次南征，实际原因主要是宋朝侵入魏地所引起。宋朝打着收复失地的招牌发动战争，似乎自己总是正义的一方。其实不然，汉族为何丢了黄河流域？还不是因为汉族政权腐败无能的缘故？丢了黄河流域，即历来称为中原的地方，偏安于江左，实际已无资格代表华夏民族，因为此时黄河流域，才是炎黄子孙的根本。东晋南朝史书记载，凡对北方用兵，只要有点胜利，就沾沾自喜，实足见其不自量力而已。可笑的是，现代有的史家，也站在南朝立场上，讥讽北朝，如说在王玄谟败，不说范斌弃济州而逃往历城，说宋将薛安都大破魏洛州守军，收复陕城和潼关，首先这收复二字就很刺眼，但又说因王玄谟败，宋文帝召还薛安都军，这不等于白消耗军力？又说太武攻徐州、盱眙皆不克，只好南行到瓜步，为何不说王玄谟攻滑台二百余日不下？魏太武帝攻盱眙，三十日未下，向宋将臧质求酒，臧质给他一壶尿，太武帝大怒，魏兵之尸体与城平，仍不能攻下，只好忍辱退去。这臧质只会恶作剧，毫无幽默感，最后还不过是宋王朝的叛贼，有什么值得炫耀的？况一壶酒不给，最后自己的主子用百头牛犒劳魏军，为何不说？宋帝要把自己女儿许配人家皇孙以求和，何其卑下软弱也？这种历史观是错误的，以今天说，不利于中华民族大团结。以往日说，夸大北魏的阴暗面，掩盖南朝的腐败相，还振振有词，可怜可怜。鲁迅先生说得好，将沦为异族的奴隶之苦告诉国人是必要的，但要十分小心，千万不要使大家得出这样的结论，到底还是不如做我们自己人的奴隶好（大意）。真是一针见血。拓跋焘在回军过程中，就得到太子拓跋晃大量侵占南征掠获物的信息，很不高兴，而且他相

信了宗爱等人的谗言，认为拓跋晃正密谋篡位。于是定下计策，宣称皇帝驾崩，召皇太子赴军迎丧。当皇太子到达大军驻地鲁口（今河北饶阳），营外气氛死寂一片，拓跋晃以为父亲真死了，可是一进行宫，拓跋焘立即出现，喝令将他拿下囚禁起来，据说将他上了铁床。这是一种刑罚，非大逆谋叛不如此。于是大军回到平城，拓跋焘开始直接审查此案，案件还没有结，拓跋晃就忧伤过度，一命呜呼。最后审查情况表明，拓跋晃和他的东宫人士只是多贪占了一些战利品，此人一向贪财好色，但对于一个皇帝接班人来说，多拿了些财物，多占有了几个美女，都是稀松平常的事，错在他不等父亲回来就自作主张。拓跋焘把儿子一路囚禁折磨，到平城后又关在死囚牢里，把所谓的东宫人士都处决了，这使拓跋晃认为自己难逃一劫，死期至矣，极度恐惧忧虑而死了，正平元年（451）六月薨逝，时年二十四。《魏书》说是“薨于东宫”实际是死于诏狱，诏狱即奉诏令关押犯人的牢狱。太武帝调查数月没有找出儿子谋反的证据，反倒送了儿子一条小命，后悔不已。对身边向他讲太子坏话的群小十分不满，难免露出要严惩他们的意思，可是宦官宗爱这家伙十分机警，不等太武帝下手，有天晚上太武帝多喝了点酒，沉睡不醒，宗爱立即下手，把太武帝杀害于永安宫，时为正平二年（452）三月，距太子之死八个多月，太武帝时年四十五岁。中常侍宗爱矫皇后令，秘不发丧，又杀死东平王拓跋翰，迎南安王余而立之，大赦，改元永平，尊皇后赫连氏为皇太后，然后发丧。拓跋余因自己不是按次序而立的，内心不安，厚赏群下，取悦于众。又贪杯好酒，为长夜之饮。尤其好狩猎，出入无度，边方有难告急，他也不处理。宗爱位高权重，内外害怕，拓跋余怀疑宗爱要政变，夺了宗爱的权，宗爱愤恨，趁拓跋余祭庙，把他也杀了。文成帝即位后，葬以王礼，不以皇帝对待，谥曰隐，即南安隐王。⑥

南安王余被杀后，大臣陆丽、源贺等决议定策立皇孙，诛宗爱，源贺时任殿中尚书，部署禁卫军防守皇宫内外，让陆丽把隐藏在北苑的皇孙找来，源贺开宫门，让拓跋浚登皇位，下令处死宗爱。一场政变就此平息。

高宗文成帝活了26岁，在位14年，即生卒年（440—465），在位（452—465）。文成帝的伟大功绩是开凿了云冈石窟，这些我们将在有关云冈的章节中论述。

第三个阶段是献文帝和孝文帝（冯太后）阶段。献文帝是文成帝长子，母曰李贵人，梁国蒙县（今河南商丘市东北，汉晋皆属梁国）人。献文帝庙号显祖，谥献文，字万民，鲜卑族名第豆胤。他生于文成帝兴光元年（454），卒于孝文帝承明元年（476），在皇帝位5年，当太上皇6年，活了23岁。他在位时对都城建设基本无作为，故不谈了。他的儿子高祖孝文帝拓跋宏，献文帝皇兴元年（467）八月生于平城紫宫，皇兴五年（471）秋八月即皇帝位，受内禅，时年五岁。在位28年，太和二十三年（499）四月，崩于南征途中谷塘原之行宫，时年33岁。孝文帝迁都洛阳前，在平城安邦治国的一系列实践，大部分是和祖母冯太后共同完成的，我们将在今后的专章中论述，这里不谈了，只谈他迁洛前在平城搞的都城建设。

1.承明元年（476）七月，起七宝永安行殿。

2.太和元年（477）正月，起太和安昌二殿，七月己酉二殿成。

3.太和元年七月，起朱明门、思贤门。

4.太和元年九月，起永乐游观殿于北苑，穿神渊池。

5.太和三年（499）正月，坤德六含殿成。同月乾象六合殿成。

6.太和三年六月，起文石室、灵泉殿于方山。

7.太和四年（480）七月，改作东明观。九月东明观成。

8.太和四年九月，思义殿成。

9.太和五年（481）四月，建永固石室于方山，立碑于石室之庭。又铭太皇太后终制于金册，又起鉴玄殿。

10.太和六年（482）七月，发州郡五万人治灵丘道。

11.太和七年（483）十月，皇信堂成。

12.太和十年（486）九月，诏起明堂、辟雍。

13.太和十二年（488）九月，起宣文堂、经武殿。

14.高祖乃诏有司营建寿陵於方山，又起永固石室，将终为清庙焉。太和五年起作，八年而成，刊石立碑，颂太后功德。

15.太和十四年（490）冬十月癸酉，葬文明太皇太后于永固陵。

16.太和十五年（491）五月，经始明堂、改营太庙。七月，谒永固陵，规建寿陵。十月，明堂、太庙成。十一月，迁七庙神主于新庙。十二月，迁社于内城之西。

17.太和十六年（492）正月，宗祀显祖献文皇帝庙于明堂，以配上帝。遂升灵台，以观云物。降居青阳左个，布政事。每朔，依以为常。

18.太和十六年二月，坏太华殿，经始太极。

19.太和十六年四月，幸皇宗学，亲问博士经义。

20.太和十六年九月，大序昭穆于明堂，祀文明太皇太后于宣室。

21.太和十七年（493）三月，改作后宫，帝幸永兴园，徒御宣文堂。

孝文帝在平城国都的建设：一是建大朝堂太极殿，另外在宫城和北苑新建了一些宫殿，二是搬迁太庙、太社；三是新修明堂，这三件是孝文帝时期的大事。永固陵和万年堂现在仍存，为国家重点文物保护单位。明堂，2000 年发现了遗址，2008 年后又在原址上复建了一个明堂。

（三）开启洛阳导隋唐

北魏王朝平城宫的建设和整个都城的建设，在中国古代建城史上具有示范意义。大致说，有如下两点，值得注意：

一是从此开启了帝都三城制的格局。北魏平城是宫城在外，而把京城套在郭城里面，属于一种过渡性质，但此后的帝城，就是一个郭城把宫城、京城都套在里面了，最显著的是迁都洛阳后修筑的北魏洛阳城。北魏洛城的宫城被套在京城里，而京城又被套在郭城里，是三城相套的格局。可参看宿白所绘《北魏洛阳郭区复原图》，见其论文《北魏洛阳城与北邙陵墓》一文，《文物》1978年第7期。此后，就是隋代大兴城，隋文帝开皇二年（582）命高颎、宇文愷等人，在汉长安故城东南龙首塬上建设。大兴城分为宫城和皇城，这二者叫做内城，内城之外就是郭城。这是先制定整个规划，然后陆续建成的。先建宫城，再建皇城，最后建成郭城。唐长安城是在隋大兴城的基础上增筑的，它表面上分为内城和郭城，内城位于郭城北部正中，近正方形，东西宽2820米，南北长3335米，内城的后半部是宫城，南北长1482米，面积4.2平方公里，前半部分为皇城，南北长1843米，面积5.2平方公里，整个内城，包括宫城和皇城，总面积和汉魏洛阳故城相当，宫城和皇城之间，并无隔墙，只有一道横街相隔着，可参看扬宽《中国古代都城制度史研究》十三《唐代长安、洛阳的城郭布局》。

二是北魏平城之后历代帝都都设有完备的给排水系统。北魏洛阳是在郭城西北将谷水和金谷水合流，在郭城的西北角外先分为两渠，沿着北郭墙和西郭墙分流，然后在华林园西北角上，北郭水又分为二水，一水进入华林园，在华林东南穿出向南再向东，分为两股远出郊郭在鸿池陂聚合，另一水沿北郭墙、东郭墙南流，再向东注入鸿池陂。这种东西二水分流又合流，西水经过城中，解决了城中居民用水和园池灌溉，这与北魏平城大同小异，是平城水利灌溉对洛阳的直接影响。

注释

①《中国古都学会关于大同古都文化保护与发展的宣言》，2010年9月22日中国古都学会全体理事会议通过，其全文可参看《中国古都系列丛书·古都大同》杭州出版社，2011年8月第1版。

②崔宏，字玄伯，北魏初名臣。由于后来孝文帝名宏，史官为避讳，称崔宏为崔玄伯，这就是陈垣先生所谓“避讳改前人名”几种情形中的“避讳称前人字”。今人早无必要为古人避讳，仍应称崔宏。

③《水经注校证·水经注卷十三·漯水》，中华书局2007年7月第1版，第313页。

④文瀛湖又名文莺湖、小东海，在明清大同城东水泊寺乡。以其又名小东海考之，当作文瀛湖为是，盖东海有瀛洲也。

⑤漯水，《水经注》卷十三言其“出于累头山，一曰治水。泉发于山侧，沿波历涧，东北流出山，迳阴馆县故城西，县，故楼烦乡也，汉景帝后三年置，王莽更名富臧矣。皇兴三年（469），齐平，徙其民于县，立平齐郡。漯水又东北流，左会桑乾水，县西北上平，洪源七轮，谓之桑乾泉，即溹涫水者也。”见陈桥驿《水经注校证·水经注卷十三·漯水》，中华书局2007年7月第1版，第310页。据此，则漯水既指一条大河，即今流经山西、河北的桑乾河，又指桑乾河的南源恢河。古人只称这条大河为漯水、治水，而不称其为桑乾河，古人所说的桑乾水只指从桑乾泉发源至其进入大河的那一段。漯水之称，是因为它发源于累头山。

⑥拓跋余是太武帝拓跋焘小儿子，母为闾左昭仪。《魏书·蠕蠕传(补)》：延和三年（434）二月，“遣使人纳吴提妹为夫人，又进为左昭仪。”按，柔然为北魏塞外民族，迄为北魏劲敌。本姓郁久闾，其最早首领名木骨闾：柔然乃其部落自号，音转为茹茹。魏太武帝侮辱敌国，改其号为蠕蠕，是一种带有歧视性的称呼。其王室姓郁久闾，简称为闾。拓跋余为闾氏所生，他在正平二年（452）三月太武帝驾崩后，被中常侍宗爱扶上帝座，改元永平，同年十月又为宗爱所弑，在位仅半年。文成帝即位，不承认他的皇位正统性，谥为南安隐王，但在拓跋魏王朝历史上，他仍须算为一帝。

四 社会转型费仔肩

北魏王朝作为一个边塞民族建立的王朝，其起点是比较低的。五胡之中，其他民族已经跨过了奴隶制阶段，进入了或正在步入封建社会，拓跋鲜卑才刚刚进入奴隶社会，并在这个制度下浅吟低唱，流连欣赏。待到曲终人散，才发觉周围的像模像样的民族，已经走完了奴隶制，正在风情万种地表演于中华民族的舞台，于是蓄势奋发，急起直追，先把奴隶制做足做完，然后找准拐点，立即转型，走上了封建化的道路。由于中国的奴隶社会不如欧洲的奴隶制典型，很多历史学家还不承认华夏族经过奴隶制，故此我们解剖拓跋部的奴隶制，以及它如何从奴隶制转型为封建制，就具有重大的认识意义和学术价值。

（一）行国渐变为住国

拓跋鲜卑部落无论在大兴安岭还是南迁至呼伦湖，其实都处于父系氏族部落联盟时期，只有在迁到匈奴故地以后，从拓跋力微开始，情况才发生很大变化，父子世袭的情况明朗化了，部落军事首领的权力大起来了，纪年制度也出现了，产生了把部落联盟改制为国家的条件和必要。其一是对外的掠夺战争出现了。力微出生于汉灵帝熹平三年（174）卒于晋武帝咸宁三年（277），活了104岁。力微元年是公

元220年，即他真正掌握部落大权之年，在位58年，也就是卒于公元277年。查《魏书·序记》拓跋力微部分，他吞并没鹿回部，又杀死不肯参与祭天的白部大人，自此以后“诸部大人悉皆款服”，这显然是武力征服的结果。力微死，其子拓跋悉鹿立，后来谥为章皇帝，“诸部离叛，国内纷扰”，意味着发生了一系列部落内部的战争。公元295年，力微少子禄官立，分其部众为东、中、西三部，分别以其本人、猗㐌、猗卢统之，当年猗卢“出并州，迁杂胡北徙云中、五原、朔方，又西渡河击匈奴、乌桓诸部”。297年，猗㐌“度漠北巡，因西略诸国”，经过四年战争，301年降伏二十余国而还。这一系列战争，都是掠夺性战争，特别是“迁杂胡”和“西略诸国”，掠夺性再明显不过了。显然力微之后，战争的掠夺性备受重视了。其二是出现部落最高军事首领世袭制。原始社会的最高军事首领是由选举产生的，但自洁汾传子力微，力微传子悉鹿，悉鹿又传其弟拓跋绰等，不管是父死子继还是兄终弟及，总之世系分明了，而且有了纪年，表明军事首领已固化为一个宗族的世袭权力。这正同掠夺战争的经常化分不开。掠夺战争加强了最高军事首长的权力，习惯性地由同一宗族、同一家族中选出他们的后继者担任，选举制就转变为世袭制了。人们最初是容忍，接着是要求，最后便是这个家族认为自己的世袭理所当然了。这就为部落组织转变为国家机构奠定了基础。其三是贫富差别、阶级对立和阶级斗争明朗化了。掠夺战争可以获得大量财产和人口，这些战争掳获物如何分配？当然是在战争中奋勇当先者分得多，孱弱后进因而对胜利贡献小的人分得少。这就造成贫与富的差别。久而久之，阶级就出现了。部落首领及其子弟在对外交往中是代表整个部落和对方打交道的，例如力微儿子沙漠汗两次到洛阳参观学习，魏晋皇帝每次都赏赐大量金帛财物，用牛车百辆运载而回，这些财物当然是部落军事首领力微家族的财富了，岂能整个部落平均分配？部落中的权势富豪通过掠夺战争获得大量俘虏，俘虏变为奴隶，为主人畜牧劳作，增加主人的财富，于是部落之人，富者愈富，贫者愈贫，阶级对立出现了。掠夺的人口成了剥削对象。此时拓跋部中，已出现了“家世货利，赀累巨万”的富人。于是部落中原来的机构就逐渐脱离自己的人民、氏族部落中的根子，异化为反对自己人民的一个独立的统治与压迫机构。上述拓跋部从力微到猗卢约百余年，正是如此，拓跋部的氏族机构逐步转化成它自己的对立物国家机器。力微时，其部落内部已出现了“执事及外部大人”等职务分设，猗㐌、猗卢时更收容了大批汉人文士帮助自己治国理政，即所谓辅相等，还受到晋王朝的封赐。到公元 308 年时猗卢总摄三部以为一统，拓跋国家已初具规模。公元 310 至公元 314 年，猗卢又先后接受了西晋政权代公、代王的封号，又新获西晋陉北五县之地，新生的拓跋鲜卑国家，正式获得了西晋政权的承认。于是大举修筑城郭，加强对内部的统治。正在这个时候，国内发生了被徙杂胡的暴动，主要是因为石勒擒王浚而斩之，气焰甚盛，拓跋国境内有匈奴杂胡万余家，很多是石勒同种，听说石勒攻破了幽州，想要响应石勒，阴谋作乱，发觉之后被诛灭。公元 315 年，猗卢就有了严刑峻法的措施。这表明猗卢的强化法治，正是代国国家机器获得强化的标志。从此以后，“诸部民多以违命得罪”。“凡后期者皆举部戮之，或有室家相携而赴死所，人问‘何之?’答曰‘当往就戮’。其威严伏物，皆此类也。”以致“死者以万计”。残酷的奴隶主专政的表现暴露无遗。拓跋族的国家，正是奴隶主首领个人独裁专制的国家。猗卢时期拓跋族内部新旧两派势力激烈斗争，同样符合国家形成必然出现的氏族贵族激烈反对这一共同规律。其实早在拓跋力微时期，拓跋部中新旧势力的斗争就开始了。守旧的贵族势力在晋并州刺史卫瓘的调唆和贿赂下，阴谋杀害了沙漠汗，企图阻挡历史车轮的前进，但这是不可能的。这里涉及如何看待奴隶制度的问题，我们可能认为，奴隶制是不道德的，它是奴隶主用残酷野蛮手段剥削压迫奴隶血汗的制度。是的，这是人类进入文明时代所必经的血与火的野蛮

年代。人类从动物开始，为了摆脱动物状态，人类最初使用的是野蛮的、几乎是动物弱肉强食般的手段，这就是历史真相。历史从来不是在温情脉脉的田园牧歌声中前进的，相反，它经常是无情地践踏着千万具尸体而行步的。战争就是这种最野蛮的手段之一。别说拓跋鲜卑，就是华夏民族的早期，也就是原始社会的晚期，“自剥林木而来，何日而无战？太昊之难，七十战而后济（相传为东夷部落首领，东夷共分九支，故亦称九夷，其最大一支，首领即太昊，为夷人之祖，活动中心在陈，即今河南淮阳，后沿淮河北岸向东发展，转趋黄河下游，控制济水流域一带，建立任宿、须句、颛夷等小国）；黄帝之难，五十二战而后济；少昊之难，四十八战而后济（传说继太昊而起的东夷首领，太昊以龙为图腾且以名官，少昊以鸟为图腾且以鸟名官。其活动中心在奄，下分二十四小支，活动于今山东半岛大部分地区，与太昊活动地区相连。春秋末年，郯子朝鲁，提及少昊氏以鸟名官。由于宗支繁衍，遍及于今苏北与江淮地区，相传代夏受命的商部族即为其直接后裔）；昆吾之战，五十战而后济（昆吾，夏的同盟国，已姓，在今河南濮阳县西南，濮阳即古昆吾国。夏衰，昆吾为汤所灭）；牧野之战，血流漂杵。”（罗泌《路史》前纪卷五）大概从炎黄时代直至殷周，大规模的经常性的氏族、部落之间的兼并战争，即屠杀、掠夺、奴役、压迫和剥削，便是社会的基本动向和历史的常规课题。暴力是文明社会的助产婆。炫耀暴力和武功，是氏族、部落、部落联盟大兼并的早期奴隶制这一整个历史时期的光荣与骄傲。308 年，拓跋部终于被猗卢所统一，国家机器加强了，不过随之而来的新旧势力的斗争也强化了。猗卢和其子六脩的斗争，表面看是由猗卢废嫡立幼所引起，本质上是加强王权与反对王权的斗争，是氏族或部落贵族对刚刚形成的拓跋鲜卑国家的破坏，不过这种破坏，改变不了拓跋部建立国家的社会基础和历史趋势，所以经过二十多年的反复较量博弈，到公元 338 年，拓跋什翼犍继位为世袭国王时，称建国元年，正式有了年号，进一步加强了国家机器，设置了比较完善的行政系统，“始置百官，分掌众职”，建国二年还制定了保护私有财产和镇压反叛者的法律，规定：“当死者，听其家献金、马以赎；犯大逆者，亲族男女无少长皆斩；男女不以礼交皆死；民相杀者，听与死家马牛四十九头，及送葬器物以平之；无系讯连逮之坐；盗官物，一备五，私则备十。法令明白，百姓晏然。”[①]财产关系、阶级关系、统治者与被统治者的关系，都在法令中得到明显体现，这就使拓跋国家获得进一步巩固。苻坚灭代，代虽灭亡（376），但代的社会基础仍未动摇。所以十年之后，拓跋珪才有可能趁淝水之战后前秦混乱之机恢复代国，旋改为魏国，故此拓跋珪的魏国其实是猗卢、什翼犍以来拓跋国家的恢复、延续和发展。

（二）隶人滔滔天下是

公元386年，拓跋珪正式建立北魏政权。论拓跋珪的血统，他是什翼犍的王孙，直接后代，论其建国地区，开始也不超出拓跋猗卢以来的领域，即今蒙南、晋北、冀西北地区，即所谓的代地；国号开始仍称代，后改为魏；社会基础也无变化，因为在前秦灭代的十年中，前秦并未直接统治代国。[②]这一切都表明拓跋珪的北魏，是拓跋猗卢至拓跋什翼犍时期发展了的奴隶制国家的恢复和延续。此后拓跋珪、拓跋嗣、拓跋焘祖孙三代，不可避免地接受汉族封建经济的影响，特别是重视农工商业，使之与畜牧业一起成为拓跋帝国经济结构的重要部分，但从整体上看，无论是生产力和生产关系，以及二者结合的生产方式，都是奴隶制性质的，那么，这些奴隶从何而来呢？

第一，战俘奴隶。在征服性的战争中，把俘虏来的大量战俘作为“牲口”，和牛羊驼马等畜牲，按照等级和战功，颁赐给将士群臣，这

在魏初《三帝本纪》中屡见不鲜。北魏由一个代地小国，发展到统一黄河流域的大国，是在一系列征服性的战争中完成的，其中掠得大量战俘、牲口和杂畜、财宝并以之作为赏赐物的重大战役，就不下二十余次。在这里我们就不再一一抄书作誊文公，只想指出几点，一是每次大战之后，都有全面颁赐将士和从臣之举，这表明北魏统治者主要是通过大规模的战争获取财富和劳力的，具有我们前面所说的奴隶主以野蛮的掠夺战争为手段，以弱肉强食为信条，积聚大量财富的特点，这正是奴隶主阶级的共性。二是每次战争俘虏来的人口，或称“生口”，或称“男女”，而且与牛羊驼马等并列看待，说明战俘不过被看作“会说话的畜牲”，这正是古今中外奴隶主看待奴隶的眼光，表明这些战俘自被俘之时起就成为奴隶。三是每次赏赐，除牲畜外，就是战俘，例如“赐征还将士牛马奴婢各有差”，说法虽不尽相同，意思永远一样，形成一个公式。这些都说明北魏前期，三代帝王，依靠暴力手段掠夺奴隶以及用奴隶充作赏赐的做法，同历史上奴隶制国家的君主毫无二致。这些战俘自颁赐之后，就成了上自皇室下至普通拓跋士卒的奴隶，各自有主，生杀大权完全操在主人手里了。

第二，掠卖奴隶。掠卖奴隶就是奴隶主通过劫持绑架手段强制平民成为自己的奴隶，或乘人之危让遭遇天灾人祸的平民卖身为自己的奴婢。在奴隶社会中，这种事稀松平常，弱势群体得不到法律保护，因而掠卖奴隶的数量必然也是惊人的。《魏书·邢峦传》说，崔亮向世宗奏劾邢峦在汉中掠良人为奴婢[3]，官府杀了民户户主，将其子弟家属变为奴婢身份，出路无非是两条，一是做官奴婢，为官府服劳役终生，二是被官府卖与私家作奴婢。又《魏书·崔光传》说，皇兴初(467)，有同郡二人，并被掠为奴婢。可见这种掠为奴婢的事，不但确实存在，而且发展到很严重的程度。

第三，种族奴隶。北魏前期大量的征服性战争，往往把被征服的部落举部内迁，或者虽不内迁，但即于其地建国有牧场，有多个部落慑于压力，“举部内附”。不论何种情况，这些部落仍保留他们原有的组织形式，甚至他们的部落首领仍被任用为领民酋长，对北魏王朝“世修职贡”，即世世代代为北魏王朝服务，或直接在皇家牧场上充当“牧子”。这样，一个一个种族或一个一个部落就成为北魏王朝的奴隶，这就是种族奴隶制了。他们与被颁赐给将士从臣的私家奴隶不同，他们仍然有家庭，有部落，甚至还有特定区域的牧地，可以在区域中自由放牧。但其身份却是皇家牧奴，接受北魏朝廷管辖，平时还有专门将帅督查他们。根据魏初《三帝本纪》的记载，拓跋珪到拓跋焘时期，“内徙”“内附”“举部内属”的部落不下几十个，据我的统计，一共41次，其中道武帝16次，明元帝17次，太武帝8次。这些内徙、内附、举部内属的部落，有匈奴独孤部、纥奚部、纥窦邻部、山胡部、屠各部、卢水胡、河东蜀、氐、西河胡、丁零、高车、朔方尉迟部、蠕蠕斛律部、越勤倍泥部、河西胡、河东胡、冀定幽徒河、河西羌、吉城羌、武都氐、三城胡、上洛巴、上郡屠各、陇西休屠、北部民、吐谷浑。这些人中，凡原来的少数民族游牧部落，成分十分复杂，其内附、内属、内徙后的分布地区，遍于漠南北、河东西、关中、陇西、代北京畿等地，其组织形式大都保存了原有的部落形式，以各族原有的部落首领为首领或领民酋长，有的部落因人数众多，为防反叛，还专门设有护军将领，如《太宗纪》记泰常三年（418）正月明元帝“诏护高车中郎将薛繁，率高车、丁零十二部大人众北略至弱水”，[④]这明显可以看出，被征服的高车、丁零，设有专门将领“护高车中郎将”监督他们，每当北魏统治者巡幸高车等族部落时，他们都要赶到巡幸地区接受检阅。《魏书·世祖纪（上）》，神䴥四年（431）十月，太武帝“巡幸漠南，十一月丙辰，北部敕勒莫佛库若于，率其部落数万骑，驱鹿数百万，诣行在所”[⑤]，便是例子，太武帝高兴，“大狩以赐从者，勒石漠南，以纪功德”。这些部落首领需要“世修职役”，其旧役不得取消。即如蠕蠕部，后来壮大反叛，还被看

成是国家边隶，北边叛隶。《魏书·崔浩传》记崔浩劝太武帝讨伐蠕蠕，说："蠕蠕者，旧是国家北边叛隶[⑥]，今诛其元恶，收其善民，令复旧役，非无用也；漠北高深，不生蚊蚋，水草美善，夏则北迁，田牧其地，非不可耕而食也，又高车号为名骑，非不可臣而畜也。"拓跋焘接受崔浩建议，大举用兵，"凡所俘虏及获畜产车庐，弥漫山泽，盖数百万，高车等蠕蠕种类归降者三十余万落。"北魏的国有牧场因而扩大了，种族奴隶也增加了。再以北魏征服夏国看，《魏书·食货志》说："世祖之平统万，定秦陇，以河西水草善，乃以为 牧地，畜产滋息，马至二百余万匹，橐驼将半之，牛羊则无数。高祖（拓跋宏）即位之后，复以河阳（今河南孟县）为牧场，恒置戎马十万匹，以拟京师军警之备。每岁自河西徙牧于并州，以渐南转，欲其习水土而无死伤也。而河西之牧弥滋矣。"根据《北齐书·白建传》，知大同盆地之南，"代忻二州"，北魏时也是牧场，养精马数万匹。国有牧场如此之多、大，那么在国有牧场从事畜牧劳动的牧子、牧户之多可想而知。

第四，隶农"新附降民"或"新民"。所谓"新附降民"或"新民"，指的是拓跋鲜卑在征服汉族政权，或虽是少数民族而汉化较早的政权掳掠来的原来从事农业生产的农民。北魏消灭了那里的统治者，占领了那里的郡县，却把那里的农民掳掠来，让他们离乡背井，到北魏统治者的根据地代地或者说平城京畿郊甸来从事农业生产，目的是发展这里的农业，给北魏国都提供粮食，解决皇都的吃粮问题。他们在自己的家乡，原来是自耕小农或租住地主土地的佃农，到了这里，没有土地和农具，当然不能进行任何生产。北魏统治者想出的办法，是发给他们劳动资料，即耕牛、农具，并计口授田，按人头分配土地，让他们去耕种，向国家缴纳租赋。从表面上看，他们还和从前一样，但在不知不觉中，他们的身份已发生了变化，就是由自耕农变成了隶农也就是农业奴隶。隶农的名称，我国古代春秋时就有。《国语·晋语一》:“其犹隶农也，虽获沃田而勤易之，将不克飨，为人而已。”他们作为北魏国家的隶农，必须把大部分农产品上缴国家，仅留少部分糊口，他们自己则被固定在国有的小片土地上，动迁不能，而他们的身躯，也属于皇家，自己无权支配，这不是奴隶是什么？天兴元年（398）道武帝攻克后燕国都中山和重镇邺城、信都，撤军时“徙山东六州民吏及徒河、高丽杂夷三十六万，百工伎巧十余万口，以充京师（平城）”，尚未到达平城，“车驾自中山幸繁畤宫”，即到今山西应县魏庄南马庄之离宫，在那里就定了“给内徙新民耕牛，计口授田”的政策，此后三帝一直执行这个政策。拓跋珪、拓跋嗣、拓跋焘三个皇帝的本纪中，多次看到他们把外地农民徙到平城一带作为农奴的记录，其对象有江南流民、河南流民、江南百姓、龙城之民、凉州之民、青徐之民、江南降民等。这些隶农与国家的关系，很类似曹魏屯田政策时期的民屯，国家对他们实行的是半军事化管理。正是这些“新民”“新附降民”，解决了当时平城作为150万人口的大都市的粮食问题，不足部分则从河北、河东就近运输过来。当然，平城地区的粮食生产者，除了民屯外，还有军屯，后面我们还要说。我说《木兰诗》所写木兰从军的事迹，就发生在北魏平城一带。这些奴隶平时进行农业生产，战时就得出兵，自带盔甲、战马、兵器，在某地集中，大军一齐进发。⑦

第五，大量存在以户为单位的全家奴隶，称为“隶户”。隶户不是单个的奴隶，而是全家都做奴隶。《魏书·安同传》说，“太祖班赐功臣，同以功居多，赐妻妾及隶户三十。”同书《李先传》说，明元帝即位时，“赐（先）隶户二十二”;《北史·黄眉传》也说，明元帝“赐（黄眉）隶户二百”。《魏书·司马楚之传》谓太武帝时，楚之“从征凉州，以功赐隶户一百”。

第六，僮隶和奴婢，虽与隶户称谓不同，但实质相同，其身份也是奴隶。《魏书·奚斤传》说，“凉州平，（奚斤）以战功，赐僮隶七十

户。”同书《卢鲁元传》谓，太武帝时，“鲁元常从征伐，出入卧内，每有平殄，辄以功赏赐僮隶，前后数百人”。僮隶既以户计，又以人计，僮又有年幼之意，那么僮隶以户计时，可能是指一对年轻夫妇，以人计时，或许是指单个青年。奴婢是关于奴隶的一般性称呼，男为奴，女为婢，是丧失自由受人剥削为人服无偿劳役的人，无年龄区别，因而有的以户计，有的以人计，《魏书·李顺传》称，李顺从太武帝平北凉，“赐奴婢十五户”。奴婢、僮隶、隶户之所以以户计，证明当时确实存在有家庭的奴隶。奴隶有家庭，是中国奴隶和外国奴隶的最大不同。我国很早就有“奴产子”[8]的概念。

第七，北魏社会的杂户营户制度。杂营户制度是奴隶制生产关系在官府手工业中的反映。北魏统治者用军事组织形式控制百工技巧，使之另立户口，不属郡县，同一般的自由民区别开来，称为杂户、营户，其管理者为杂营户帅。百工伎巧本来应当是自由民，但由于他们有手艺，是统治者奢侈品、工艺品的制造者，统治者硬是把他们控制起来，使他们的人格和身份完全扭曲了。另一方面，有些需要大量人力才能完成生产过程的手工业部门，统治者又大量使用刑徒、战俘充当劳动力，配隶各州充当营户，例如道武帝天赐元年（404）五月，“置山东诸冶，发州郡徒谪造兵甲”。这就是让刑徒采矿炼铁造兵器。刑徒战俘从事手工业劳动，和百工伎巧混杂起来，进一步降低了百工伎巧的身份，使他们和从事手工业的刑徒战俘一起称为“杂役户”“百杂户”，身份低下，世代隶役，必待放免才能成为自由人。《魏书·世宗纪》说，景明二年（501）九月“免寿春营户为州民”就是这种放免的例子。足见在放免之前，杂营户与奴隶无甚区别的。

总之，北魏道武、明元、太武三帝时，奴隶数量很大，社会主要生产是由各种不同类型的奴隶承担的，这个时代正是北魏奴隶制的高峰期。当时的政治中心、经济重心，都是在代地、平城京畿郊甸，而不在中原。

（三）塞源绝流太艰难

北魏前期的奴隶制剥削压迫，必然引起奴隶们的反抗和斗争。从拓跋珪即皇帝位的天兴元年算起，到太武帝的崩年永平二年为止(398—452)，半个多世纪中，各种类型各个民族人民的起义斗争不下二十余次，其中有种族奴隶的反抗，有隶杂营户的叛乱，有新附降民逃亡，不一而足。显然，此时再维护奴隶制度，不仅不合社情民意，也不适合北魏统一整个黄河流域后，广大中原地区早已实行的封建经济和政治制度。于是北魏统治者高宗文成帝、显祖献文帝两朝，坚持推动奴隶解放和社会转型，采取了一系列措施。

一是杜绝奴隶的来源。拓跋珪、拓跋嗣、拓跋焘时，每次大小征服性战争后，总是以各种方式，强制迁徙被征服地区的居民，把他们变为牧子、隶户、杂户、营户、降民、奴婢，并把他们在国家贵族、从臣、将士之间按各种差别进行分配。但是到文成帝和献文帝父子两代，从文成帝兴安元年（452），到献文帝皇兴五年（471），一共 20 年，哪怕算上他当太上皇的五年(471—476)，一共 25 年，北魏北征蠕蠕、南取徐土以及镇压国内暴乱的战争，也有十余次，但打胜之后，颁赐生口的事，却只有两次，而且规模很小。《魏书·高宗纪》载兴安二年（254）十二月，文成帝“诛河间鄚（今河北任丘）民为盗贼者，男年十五以下为生口，颁赐从臣各有差”。另一次是显祖献文帝皇兴年间，大将军慕容白曜用兵徐土，以战俘中有名望者迁之于桑乾郡桑乾县（今山西朔州市朔城区东神头镇西影寺村），号为平齐民，自余悉为奴婢，分赐百官。将人作为奴隶分赐群臣的事，如此之少，也许与这二位皇帝的性格纯诚仁爱有点关系。文成帝五岁时，随祖父太武帝北巡，车驾在前，他在后，碰到一个管奴隶的武官（虏帅），

把一个奴隶带上足械（即桎在足曰桎，在手曰梏）准备惩罚，文成帝忙说："奴今遭我，汝宜释之。"武官当下解开绳索放走了这个奴隶。[⑨]献文帝在成为太上皇后的延兴三年（473）十二月，田猎中，猎鹰逮住一只鸳鸯，另一只鸳鸯悲哀地叫着，上下飞着不走。献文帝问："这悲鸣的鸟是雄是雌？"左右人说："应当是雌鸟。"问何以知，回答说："阳刚阴柔。"献文帝忙命放鸟，并下诏禁止地方官员向朝廷贡鹰鹞，任何人不准畜养。[⑩]由于文成帝和献文帝杜绝以战俘为奴隶分赐百官，奴隶的主要源头被堵了。与此同时，文成帝下了禁止掠卖人为奴隶的命令，并将此规定作为法律条文纳入了《盗律》。《魏书·刑罚志》引《盗律》说"掠人、掠卖人和卖人为奴婢者，死。"文成帝曾经下过诏书，指出民遭饥寒而卖儿鬻女者，买家不许容留，都要送还其父母。但有的人不执行，靠着自己有势力包庇，或和卖家商量通融，让官府不要立即检查，结果是良家子息仍为奴婢。于是文成帝第二次下诏，谁不送还就以掠人论罪。这就从第二个源头上堵住了奴隶的产生。对于农民因饥寒而自卖为奴婢者，虽与掠卖不同，也在禁止之列，并限期取赎。

二是文成、献文二帝对汉族集中的中原地区的生产关系进行调整。代北地区的所谓"新附降民"是隶农，在文成献文二帝时还没有触动，但他们先易后难，首先调整中原地区统治者对农民的剥削方式。这些地区，魏晋时以租调力役为主，大量农民是自耕农。但由于北魏奴役制的推行，对这些地区农民的剥削也加重了，租调力役之外，往往又有戎马、力役、从军的横征。文成、献文先后下诏七八次，或派中央官员组成巡视组巡行州郡，考察是否有农不垦植、徭役不时的情况，发现问题当下解决，"蠲诸烦苛"，"去诸不急"，"杂调减省"，并"牧守莅民，侵百姓以营家业者"，正其刑罪，或不许"州镇守宰，侵使兵民，劳役非一"，或规定"诸有杂调，一以与民"。这与过去官府侵渔百姓的做法，形成鲜明对比，表明北魏统治者开始重视因推行奴隶制给中原地区的汉族带来灾难，从而具有清除奴隶制影响的性质，也意味着对中原地区原有封建生产关系的承认。因此文成、献文二帝所采取的措施，是由奴隶制向封建制的逐渐过渡，而过渡的正式完成是在孝文帝和冯太后的太和改制。

（四）奴主终须地主化

北魏文明冯太后是北魏伟大的政治家和改革家。她所领导和进行的改革，历史上称为“太和改制”，太和是孝文帝的年号。由于当时是冯太后临朝称制，所以平城时期的太和改制是以冯太后为主导，孝文帝为辅佐进行的。冯太后去世不久，孝文帝即迁都洛阳。他在洛阳又采取了一系列政策措施，完成了拓跋鲜卑的彻底汉化。史学家们往往从正统观念出发，贬低冯太后在这场改革中的作用，而抬高孝文帝的作用。又因为孝文帝迁洛之后又在洛阳采取了一些汉化的措施，汉族出身的史学家对他的汉化政策，从大汉族主义出发而大唱赞歌。我认为实际上只有在平城进行的改革，才是具有深刻社会历史意义的改革。孝文帝在洛阳推行的措施，实际上是一种民族融合运动，可以从民族融合的角度给以高度评价，但却不是改革，不应把改革和民族融合混为一谈。这里我从孝文帝和冯太后的太和改制完成北魏封建化的角度，论述他们的历史功绩。

第一，冯太后和孝文帝为完全杜绝奴隶的来源并进一步释放原有奴隶，采取了清除奴隶制残余的激进措施。太和年间，孝文帝和冯太后把俘虏赏赐群臣的事，只有两次，说明以战俘充赏赐的做法基本停止，此时更多的是以布帛、田宅作为赏赐物，而所获战俘明令释放为自由民。太和十五年（491）、太和十八年、太和十九年，孝文帝都有释放战俘的做法，说明这时的战争不再以掠夺战俘做奴隶为目的，而

成了为争夺土地而战。换言之，此时的战争已由奴隶主掠夺奴隶的手段变成了封建主掠夺土地的工具。关于掠人、掠卖人和卖人为奴婢者死的禁令，在孝文帝时得到了严格执行，有案可查。《魏书·高祖纪》载太和九年（485）八月，孝文帝下诏说："今自太和六年以来，买定、冀、幽、相四州饥民良口者，尽还所亲，虽聘为妻妾，遇之非理，情不乐者亦离之。"至于掠卖人者，虽官吏也要惩处。例如道武帝儿子京兆王拓跋黎的曾孙元继，世宗时为青州刺史，因以良人为婢，为御史所弹，坐免官。

第二，孝文帝放宽了对百工伎巧、隶杂营户的管控，让他们成为自由手工业者和工匠，让百杂之户逐步摆脱了奴隶式身份，变成了封建关系下的编户齐民。

第三，改革屯田制的剥削形式，即原来计口授田的"新民"及其后代，也就是屯田民、隶农，他们与官府对分农稼，即粮食产品公私各按比例收获，后来就把新民耕种的土地归了他们自己，把新民也当编户齐民看待了，这样畿内新民就同各州郡牧守管辖的个体小农一样，都封建小农化了。也只有在实行了这一政策后，才能在全国范围内推行均田制，以法律为杠杆实现全国范围内农民的封建小农化和奴隶主贵族的封建地主化。这个内容，我们将在下一章中介绍讨论。

注 释

①《魏书·序纪》，中华书局 1974 年 6 月第 1 版，第 12 页；《魏书·刑罚志》，中华书局 1974 年 6 月第 1 版，第 2873 页。

②据《魏书·太祖纪》和《魏书·燕凤列传》，苻坚灭代后，听从燕凤建议，"使刘库仁、刘卫辰分摄国事"。又同书《刘库仁列传》说："苻坚以库仁为陵江将军、关内侯，令与卫辰分国部众而统之。自河以东属库仁。"又同书《刘卫辰列传》："坚遂分国民为二部，自河以西属之卫辰，自河以东属之刘库仁。"以上分别见中华书局 1974 年 6 月第 1 版，第 19 页、第 604 页、第 610 页、第 2055 页。

但《晋书·苻坚载记》则谓，代国亡之后苻坚“散其部落于汉障边故地，立尉监行事，官僚领押，课之治业营生，三五取丁，优复三年无税租。其渠帅岁终令朝献，出入行来为之制限。”似为一种督护制，仍非直接派官吏治理也。

③《魏书·邢峦列传》，中华书局 1974 年 6 月第 1 版，第 1446 页。按：《邢峦传》说，侍中卢昶与邢峦不睦，卢昶与元晖俱为世宗宣武帝宠臣，而御史中尉崔亮又是卢昶一党，卢昶、元晖令崔亮弹劾邢峦，崔亮于是上奏邢峦在汉中掠良人为奴婢。邢峦害怕，就以他在汉中所得梁朝巴西太守庞景民溜化生等二十余口赠给元晖。于是元晖在世宗面前替邢峦说好话，世宗没有追究邢峦。邢峦掠良人为奴婢必是事实，否则何必得知消息就紧张害怕，赶忙行贿呢？

④《魏书·太宗纪》，中华书局 1974 年 6 月第 1 版，第 58 页。

⑤《魏书·世祖纪》，中华书局 1974 年 6 月第 1 版，第 79 页。

⑥《魏书·崔浩列传》，中华书局 1974 年 6 月第 1 版，第 816 页。

⑦《山西大同大学学报》（社会科学版），2009 年第二期，《木兰诗始于北魏平城末期京畿考》，第 42 页。

⑧《史记·陈涉世家》：“秦令少府章邯免骊山徒、人奴产子，悉发以击楚大军，尽败之。”中华书局 1982 年 11 月第 2 版，第 1954 页。

⑨《魏书·高宗纪》，中华书局 1974 年 6 月第 1 版，第 111 页。

⑩《魏书·释老志》，中华书局 1974 年 6 月第 1 版，第 3038 页。

⑪《魏书·刑罚志》，中华书局 1974 年 6 月第 1 版，第 2880 页。

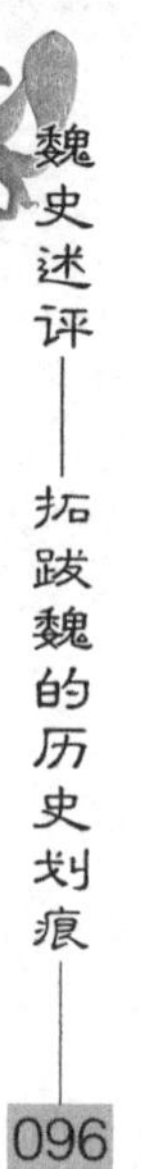

五 千古一后谥文明

北魏文明冯太后（442—490），长乐信都（今河北冀县）人。北燕国君冯弘的孙女，北魏雍、秦二州刺史冯朗之女，北魏文成帝皇后，献文帝时皇太后，孝文帝时太皇太后，卒谥“文明”。中国历史上杰出的女政治家，成效卓著的女改革家，将文化滞后的马背民族拓跋鲜卑引入先进文化门槛的重要代表人物，并由此推动了南北朝时期黄河流域的民族大融合，为后来出现强盛的大唐帝国开了先河。伟人不等于完人，冯太后的毕生事业，她的优秀品质和性格缺点，既都是那个时代的产物，也和她个人的遭遇有极大关系。要了解这个不寻常的女人，请读者诸君阅读下文。

（一）冯天王孙女蒙难

北魏太武帝神䴥三年（430）八月，北燕天王冯跋重病在宫，命其太子冯翼主持国政。但宠妃宋氏很不乐意，想让自己的儿子冯受居继任天王，[①]乃矫诏下令，严禁宫内外出入，有事由守门宦官传递，并让亲信人胡福执掌宫门禁卫。但胡福其实并不忠于宋氏，将其阴谋泄漏给了冯跋之弟冯弘。冯弘时任中山公，掌握军权，带了壮士数十人，直闯宫禁，扬言要清君侧，实际上是要夺权。宫内警卫不战而散，宋氏让人关上阁门。但冯弘的家童库斗头勇猛异常，越墙而入，径直闯入天王冯跋卧室，射死一名宫女，天王冯跋大受惊吓，当下就断气而亡。冯弘立即控制整个皇宫，镇压了反抗者，并宣布自己即天王位，召集百官举行朝贺仪式，由他登基。仪式将开始时，太子冯翼率东宫卫士前来反抗，被冯弘掌握的将士打散。冯翼逃回东宫，冯弘派兵包围东宫，勒令冯翼自杀。冯跋的一百多个儿女和宫中妃嫔，都被冯弘处死了。朝臣们看到大势如此，都随大流顺从了冯弘。

消息传到魏国，魏太武帝拓跋焘且惊且喜。惊的是北燕的宫廷政变过于突然，喜的是这下找到了讨伐北燕的借口。他马上宣布冯弘弑兄屠嫂，窃权篡位，大逆不道，穷凶极恶，表示自己要为捍卫正义，发兵讨伐冯弘这个恶人。于是下诏命各部将士，都到平城阅兵。延和元年（432）年六月，太武帝在阅兵后，让只有五岁的儿子拓跋晃录尚书事，留守平城管理国家，又派左仆射安原、建宁王拓跋崇等带大兵屯驻漠南（蒙古高原大沙漠以南地区），防备柔然入侵，他自己御驾亲征，攻打北燕。

太武帝大军到达燕国西北濡水之滨（今滦河上游闪电河），又命大将奚斤发幽州（今北京）民夫和丁零部民远送攻城器械，由南道向龙城（北燕国都，今辽宁朝阳市）会合。太武帝大军进抵辽西，北燕天王冯弘惊慌失措，派官员用牛酒犒劳大军，但已毫无意义。北燕石城郡太守李崇见势不妙，率龙城以西十郡守将投降魏国。魏军浩浩荡荡杀奔龙城郊外，将龙城团团围住。冯弘派数万人出城挑战打反击，都被魏军击灭。冯弘尚书高绍率万余家据保羌胡固，被太武帝击破，高绍也被杀。北燕带方郡[②]、建德郡[③]、冀阳郡[④]也都先后被魏军攻破。太武帝正要集中兵力一举拿下龙城，忽然云中镇将朱修之从太武帝征讨龙城，率领部下叛变投奔冯弘。太武帝见龙城久攻不下，决定撤兵回国，临行将北燕六郡百姓三万余家徙至北魏幽州[⑤]。魏军撤走，北燕国内又发生内讧。冯弘原配嫡妃王氏，生三子，即冯崇，长乐

公；冯朗，广平公；冯邈，乐陵公。冯弘不立王氏为皇后，而立宠妃慕容氏为后，以慕容氏之子冯王仁为太子。为防止王氏争权，把长子冯崇派到辽西肥如（今河北迁安东北）镇守。冯朗和冯邈已看出国势险恶，他们二人的处境也不妙，于是在一起商量说："魏大军虽已退去，早晚还会卷土重来，燕是小国，抵敌不住，国家将亡，妇孺皆知。可父王总是听信慕容氏谗言，看来我们兄弟的死期快到了。与其坐以待毙，不如行动起来自找出路。"于是从龙城逃出，奔到辽西，找到长兄冯崇，说明来意。冯崇也觉有理，下决心投降北魏。适逢北魏也派使者来找冯崇，向他陈说利害，崇立即派其弟冯邈随魏使入朝。太武帝派鸿胪李继持节，拜冯崇为侍中，都督幽平[⑥]二州东夷诸军事、车骑大将军，领护东夷校尉，幽平二州刺史，封辽西王，食辽西十郡，可以授文官尚书以下，武官征虏将军以下。冯弘得知冯崇降魏，派将军封羽率众围崇，太武帝派永昌王拓跋健带兵救崇，封羽失败，以凡城[⑦]降魏，拓跋健徙燕民三千家返魏。冯弘派其尚书高颙向北魏请罪，并请以自己的三公主充太武帝后宫。太武帝答应了，但同时下令要冯弘将太子冯王仁送至平城做人质。后燕三公主也是冯弘原配王氏所生，王氏久已失宠，三个儿子也都投降魏国，冯弘要将三公主献于魏宫，王氏无可奈何。但太子冯王仁为冯弘宠妃慕容氏所生，为冯弘所钟爱，接到太武帝要冯王仁做人质的诏令，冯弘很不情愿，慕容氏也顿足号哭，坚决不肯。大臣刘滋力劝冯弘送太子入侍魏朝，被冯弘杀死。冯弘打发三公主上路，送出龙城西门，怅然而返。燕国三公主到达平城后，叩见太武帝，这三公主姿质艳丽，加上冯家重视教育，三公主自幼读书知礼，言语姿态大方得体，魏宫美女如云，却很少有人能企及三公主者。太武帝大喜，封三公主为左昭仪，地位仅次于皇后。魏国宫廷在孝文帝太和十五年（491）前，有皇后、左右昭仪、贵人、椒房、中式等五个等级。由于冯弘不遣太子，太武帝派乐平王拓跋丕讨伐他，燕国损兵折将，土地被掠夺，国力日渐削弱，君臣畏惧，惶惶不可终日，想不出什么好办法。大臣们劝冯弘将太子送去魏国做人质，冯弘不听，与高丽联系，想让高丽奉迎自己，拥戴自己继续称帝。太延二年（436）三月，太武帝又命令平东将军娥清、安西将军古弼，率精骑一万再讨北燕，冯弘迫急，求救于高丽，高丽派大将葛蔓芦以步、骑两万人迎接冯弘。到辽东，高丽派使者慰劳冯弘君臣，使臣说："龙城王冯君来到我国郊野，士马辛苦了！"冯弘很生气，因为高丽使者的话明显是贬低他的地位，不把他当成君主，也不把高丽当成北燕属国，而是两者平等。冯弘乃以高丽宗主国的口吻下诏答复并责备高丽，高丽很不高兴，把这个流亡朝廷安置到平郭县（今辽宁盖平县），不久又迁到北丰县（今辽宁沈阳西北）。冯弘过去就看不起高丽，以宗主国对待高丽，把高丽看成自己属国，现在寄人篱下，忍气吞声。高丽王夺走了他的侍从，让他儿子冯王仁在高丽朝廷做人质。冯弘既怒又恨，策划投奔南朝。太武帝让高丽把冯弘送到平城，高丽开始不肯，但后来发觉冯弘要投奔南朝，就把冯弘君臣杀死于北丰，子孙同时死者十余人，北燕灭亡。

冯弘长子冯崇，因很早就率两弟投降北魏，北魏给以很高待遇，见前所述，但《魏书》无传，其后来如何，不知其详。二子冯朗龙城陷落前后，到达北魏平城，官至秦雍二州刺史、西城郡公，在长安生一子一女，子冯熙，女即后来的文明冯太后。冯朗之弟冯邈，也是与两兄一起投奔北魏者，其官职仕宦亦不详，史无其传，只知他以乐陵公身份随北魏皇帝讨伐柔然，因战败投降柔然（蠕蠕）。大约就因这一投降事件，连累家族，其兄冯朗也被诛，冯朗子冯熙，被乳母带着逃到了羌族地区躲藏，冯熙之妹史失其名，小说戏剧家为之虚拟，多为无稽之谈，今按熙字，形声字，从火，本义为暴晒，引申为光明、兴盛、和乐等。以此推之，冯太后之名，当为润字，从水，本义为滋润，引申为光泽、光润。盖冯朗为儿女起名，受阴阳观念影响，男为阳，女为阴，男为火，女为水，具有和乐、和润之意。冯润被难，冯

家男子能找到者俱被杀，女子被押解到平城宫为婢，冯润当时还只是个孩子，就这样千里跋涉来到了平城。

（二）太武帝父子遭殃

文明太后冯润生于太武帝太平真君三年（442）。太平真君十年（448），太武帝讨伐蠕蠕，冯润的叔父乐陵公冯邈，随太武帝出征，但在与蠕蠕的作战中失踪，是降是亡不得而知。偏有冯邈部下副将逃回，为开脱自己责任，竟称冯邈投降蠕蠕，致令部众散亡。太武帝听后大怒，依律将冯家男子抄斩，女子送入宫中为奴婢。冯润其时年仅八岁，在家中一老妪的照料下，被朝廷士兵押往平城宫。此时太武帝的冯左昭仪，即来自北燕的冯弘三公主，已是半老徐娘，阳春三月在宫中闲坐，见阉官押一行妇女进入庭院，其中有一老妪，面目依稀是从前北燕国宫女，还侍候过三公主本人，但此时当然老了许多。冯左昭仪急忙盘问老妪，老妪果然是北燕宫女，她把北燕国被魏国反复围困，天王逃往高丽后被杀，她随二公子到长安为官的经过说了一遍。又说到因三公子出征蠕蠕不知下落，冯家被抄斩，她陪着二公子女儿押解来京的话叙说一番。三公主边听边哭，对老妪讲明自己就是三公主，如今是这魏宫中左昭仪。“你们不要怕，一切有我哩。”她一把拉住冯润，搂在怀中，伤心痛哭不已。她立即让主事阉官把这一老一少留在自己宫中，和自己一起生活。老妪管杂物，是昭仪的心腹，而侄女冯润，则跟着姑母读书学文化。昭仪对她要求很严，每天都须做完功课，否则不许休息。好在冯润自幼曾跟着母亲王氏学了些《女诫》之类的书，有一定基础，又极其聪明，进步很快。

且说太平真君十一年（450），南朝的刘宋皇帝刘义隆，由于国力强盛，就想着收复北方，进攻北魏。遇上太武帝这个对头，本来就是好战之徒，两虎相争，战火燃烧起来。宋军兵分两路，东路宁朔将军王玄谟，向北渡河攻碻磝[⑧]、滑台[⑨]，直指洛阳；西路中兵将军柳元景，攻弘农[⑩]、陕城[⑪]，直逼长安。两路都士气高昂，捷报频传，宋文帝十分高兴。但北魏太武帝却采取避敌锐气以逸待劳的战术，不动声色。宋将王玄谟是个贪图小利的小人，他对欢迎宋军的汉族百姓，献粮献草者不予奖励，反而要他们再出布匹，贡献大梨八百，供宋军享受私分。有的汉人要求加入宋军队伍，王玄谟不把他们组成义军，却分配他们为自己的亲信将领服差役，这些人大失所望，纷纷逃离。王玄谟久攻滑台不下，直至九月中，宋军师老兵疲，秋风袭来，衣衫单薄，蜷缩艰苦。太武帝部署军队，于十月初率大军过黄河，号称百万，鼓角雷动，呐喊声响彻云霄，宋军吓得屁滚尿流，王玄谟难以组织抵挡，赶快撤退，魏军乘胜追击。宋军被杀不计其数，军械、粮草丢弃者堆积如山。魏军发起总攻势，太武帝乘胜南下，命诸军分道并进，共分五路，永昌王拓跋仁领一军自洛阳趋寿春（今安徽寿县），尚书长孙真领一军趋马头（今安徽蚌埠西南），楚王拓跋建率一军趋钟离(今安徽凤阳东)，高凉王拓跋那率一军从青州（今山东青州市）趋下邳（今江苏邳县南），太武帝亲率主力从东平（今山东东平）趋鲁郡邹山（今山东邹县东南）。除拓跋仁外，其他四路魏军势如破竹，所过无不残破，陆续抵达长江北岸。拓跋仁为何不能先期到达？原来他率八万骑兵，一路攻拔悬瓠（今河南汝南）、项城（今河南项城），在寿春北尉武亭与宋军激战一日，近抵寿春。但寿春位于淮水南岸，为南朝中部门户，兵家必争之地，城高池深，拓跋仁急攻不下，只得屯军城下，伺机再攻，乃分遣部众，焚掠马头[⑫]、钟离[⑬]。他亲率一队军马掠地，行至寿春城南蒙县（今安徽六安东）。此县城甚小，拓跋仁进入城中，县令早已逃去，他行不多远，发现一处深宅大院，大门紧闭。他命兵士砸开大门，闯入院中，把门丁抓来，一问，方知是宋朝济阴[⑭]太守李方叔之宅，李方叔在任所，家中留下六子二女，来不

及逃避，只好躲在宅中。拓跋仁让军士将李家人全部搜出，正要带走，忽而抬头，见众人之后躲闪着两个年轻女子，拓跋仁命军士将二女拉出，只见二女身材窈窕，面庞美丽，十分动人，拓跋仁顿觉神魂颠倒。那二女急忙跪下，拓跋仁亲手扶起，二女何等聪明，早已明白拓跋仁心意，不等问话，其中一女说道："奴家是家中长女，年方十八，今日事已至此，别无所求，只求保全家人，奴家甘愿随将军驱使。"拓跋仁大喜，立即释放其全家，并留一队魏兵为李家把守门户，以防其他魏军骚扰，然后美滋滋地带上李家二女返回军营。自此以后，拓跋仁与李家二女朝欢暮乐，左偎右抱，乐不可支，竟至耽误军事。寿春城守军不明就里，只知魏军攻势渐缓，却不知是李家二女之功。拓跋仁沉湎酒色，忽然中军来报，有皇帝使者宣诏。其诏语言严厉，切责拓跋仁行动迟缓，要他立即带兵会师江滨。其实太武帝并不知拓跋仁行动迟缓的真正原因，可拓跋仁自己心虚，只得放弃寿春不攻，带上李家二女，启程南下。

十二月中，北魏各路大军会师瓜步（今江苏六合）。太武帝下诏，命魏军拆毁江边民居，以木料造船，木料不够，又命捉拿壮丁，砍伐江边芦苇荆棘，制造筏艇，积极准备渡江，扬言要攻下建康（今江苏南京），灭亡刘宋王朝。

其实此时魏军，已经疲惫不堪，南下时号称百万之众，但鲜卑拓跋部人只占少数，大部分是丁零、匈奴、乌桓、氐羌等游牧民族和汉人。布阵之时，拓跋鲜卑居中，其他各部人居于外围，各部之人互有怨气。行军作战，则让汉人为前队，行动迟缓，即以骑兵驱迫辗挤。汉人无退路，只好拼命向前，有的干脆逃亡。魏军南伐，不带粮草，一路只是烧杀抢掠补充军需。所过州县，杀死汉民无数，男子被杀，女子被奸污，连儿童也不放过，好多儿童被魏兵刺在长矛上，舞矛以为戏乐，残忍至极。魏军所过之处，赤地无余，因而他们连粮草也无处抄掠了。大敌当前，宋文帝刘义隆站在石头城上遥望江边烽烟，追悔莫及，深悔自己不该贸然北伐。急命建康戒严，封锁长江，自采石矶（今安徽当涂西北）到暨阳（今江苏江阴东）六七百里之间，陈舰列营，严阵以待。南岸汉民闻北岸汉民被屠戮的惨状，纷纷拿起刀矛，准备与魏军决一死战。太武帝侦知江南情况，不敢贸然南进了。正平元年（451）正月初一日，他在瓜步山上大会群臣，班爵赐位，赏赐有功之臣后，班师回朝。然后点燃沿江所有烽火，劫掠当地居民，焚毁庐舍房屋，启程北返。

太武帝一生喜欢带兵打仗，因此经常外出不在朝廷。于是他也学习自己的父亲明元帝拓跋嗣，实行太子监国制度。太武帝太子拓跋晃，于延和元年（432）被立为太子，时年五岁。同年太武帝征讨北燕，让太子录尚书事[15]。太延五年（439），太子监国，时年十二岁，太平真君五年（449），总百揆[16]，时年22岁。录尚书事已经独揽大权，无所不总。总百揆是总领百官的意思。从他监国直到总百揆后，他的权势大大膨胀起来，在他周围逐渐形成了一个东宫集团，这个集团以仇尼道盛、任平城为中坚，结党营私，朝野议论很多，太武帝很疑忌这股势力。太武帝身边，又有以宗爱为首的一群阉竖小人，经常向太武帝打些关于太子的小报告，说些太子的坏话，并和仇尼道盛等争权。太武帝出征刘宋前，已经对太子不满意，特意把他打发到漠南防备柔然，而让吴王拓跋余留守平城。太武帝撤兵北还，太子拓跋晃也就从漠南撤军，先于太武帝回到平城。太武帝南征一路掳掠来的珍宝美女，陆续送回平城，太子晃贪财好色，顾不得许多，不经太武帝批准，就弄到东宫中自己享受去了。宗爱党羽留在平城者，将此信息派人传与太武帝军中的宗爱，宗爱又报告太武帝，太武帝大怒，临了宗爱还给太子上道膏药说："太子之所以如此大胆，是因为有童谣传唱：虏马饮江水，佛狸死卯年。太子以为陛下回不到平城了。"佛狸是太武帝小名，正平元年即辛卯年。太武帝于是诈称发病而死，派人奔向平城，让皇太子前来迎丧。拓跋晃信以为真，便带领有关大臣南

下。太武帝大军屯鲁口（今河北饶阳），太子迎丧的队伍赶到后，却不见皇帝灵柩，也不见部队有举丧迹象，正在疑惑，已被军士围住，此时太武帝突然出现，一声喝令，军士将太子拿下，众大臣求情，太武帝并不理睬。回到平城，太武帝立即下令搜查东宫，果然搜出了大批珍宝美女。太武帝见状，心中虽然不快，但他心中明白，太子并不是真要造反，反对父皇。如果是那样，太子完全可以带兵由漠南回到平城即位称帝，并派兵拒绝父皇回到平城。但他没有那样做，而是毕恭毕敬去迎父皇之丧，这说明他根本没有反父皇的意思。至于把一些珍宝美女拿到了东宫，我拓跋鲜卑就是靠劫掠他人起家的，太子贪些财宝美女，也没什么了不起。但他将太子置于诏狱，继续调查。中常侍宗爱没想到竟是这样结果，他想太子是何等样人，决不好惹，倘不除掉，早晚要报复自己。但眼下太武帝怜恤太子，除掉太子已不可能。既然这样，不如转而除掉太子身边党羽，可以减轻后患。自己常在皇帝身边，以后再找机会向皇帝进谗。于是他对太武帝说：“陛下南征，太子有违教训，固然不该。但主要责任不在他，而在于他的那些身边人。”太武帝一听有理，就问是哪些人教唆太子，宗爱就说：“给事中仇尼道盛和黄门侍郎任平城，一向怂恿太子，不但招引太子截财夺宝，还调唆太子猜嫌其他皇子。他们对陛下让吴王留守平城不满，恐怕以后兄弟之间要生事。”太武帝听了，当然担心，兄弟相争，有关社稷，必须处理。于是他令宗爱带人逮捕了仇尼道盛和任平城等一干人，并以皇帝名义，将他们一起杀了。这一逼，吓得太子坐卧不安，不知如何是好，猜测皇上下一步就是废黜他，改立吴王余为太子，于是太子忧郁成病，竟成疢疾，未几就一命呜呼，时为正平元年（451）六月十五日，时年二十四岁。太子晃一死，太武帝很后悔，但他是刚愎自用之人，不愿明言，只好心中悲痛，下诏追谥拓跋晃为景穆太子。宗爱也没料到这一手竟逼死了太子，心中虽喜，但又忐忑不安，料想太武帝早晚会醒悟过来怪罪自己，那就要大祸临头。一不做，二不休，干脆连皇帝也杀了吧。于是在正平二年（452）二月五日，他趁太武帝饮酒过量醉卧永安殿，也只有他一人侍奉，狠下杀手，结束了太武帝的性命。第二天清晨小阉官入侍，见状大惊失色，狂呼奔出，宗爱早在外厢观察动静，急急走出故作惊愕，连忙喝住小宦官，不使他喊叫，然后派人叫来左仆射兰延、侍中吴兴公和疋、侍中太原公薛提，四人共同商议立谁为君。四人先达成一致，秘不发丧。皇帝太子皆死，没有顾得上确立嗣君，由谁接任意见不一。太武帝共有十一子，封王者六人，当然应从此六人中选择。长子晃即太子，已死；次子名伏罗，封晋王，也于太平真君八年（447）去世；三子翰，封秦王，后改封东平王，官拜侍中、中军大将军；四子谭，先封燕王，后改封临淮王，官拜中军大将军；五子建，封楚王，改封广阳王；六子余，封吴王，后改封南安王。兰延、和疋与东平王拓跋翰关系密切，他们强调，太子、晋王皆亡故，按顺序应立东平王翰，宗爱与南安王拓跋余关系好，反对立东平王，力主立南安王余，可南安王排行老六，继位理由不足。薛提认为太子虽死，但有皇孙拓跋浚，皇孙浚为太子嗣子，当立皇孙浚。四人争议不已。兰延、和疋认为自己道理最充足，愤然出宫，请来东平王，安顿在永安殿侧室。他们打算召集群臣，依众人之势拥立拓跋翰。但宗爱下手更快，他潜出宫去，秘密由便门把南安王接到永安殿，又把太武帝皇后赫连氏请出，要她主持仪式，立南安王拓跋余为君。赫连后无子，现成太后当然愿当，仪式举行完毕，拓跋余一夜之间成为新君，只等第二天早朝登基了。第二天清晨，宗爱以赫连皇后懿旨召兰延、和疋、薛提三人入宫，三人一向不把宗爱放在眼里，因而毫无戒备，突然从斜刺里杀出三十多个宦官，手持棍棒，将三人围住绑了，斩于殿堂。三人大骂宗爱，但已噬脐不及了。东平王翰听得人声嘈杂，走出侧室一看，大惊失色，径往后宫永巷逃去，被宗爱的党羽追上，斩于永巷之中。这些事做完，宗爱传皇后懿旨，请群臣入谒，奉拓跋余登位，群臣不

服，但也只好俯首下拜，高唱万岁，拓跋余照例昭告天下，改元永平，尊赫连皇后为皇太后。随后，谥太武帝为太武，庙号世祖，盛棺装殓，运其灵柩于盛乐金陵安葬。拜宗爱为大司马、大将军、都督中外诸军事，领中秘书，封冯翊王，奚弼为司徒，张黎为太尉。宗爱劝拓跋余拿出府库财帛，犒赏群臣，收买人心。宗爱想起东平王已死，其余各王无足轻重，但皇孙拓跋浚却是祸根，遂派亲信赴东宫搜查皇孙准备杀害，但却不见踪影，只得暂时放下，然后明察暗访。

朝廷中发生上述这么多大事，冯左昭仪与其姪女冯润并不完全了解，她们只是影影绰绰听得些风声，但却无法证实。从太平真君十年(449)到永平元年，又经过整整三年，冯润已经十一岁了，知识文化大有长进，政治见识也增多了。

（三）常保姆春风得意

宗爱在皇宫中搜查皇孙未果。这皇孙拓跋浚就是拓跋晃长子，自幼就聪明过人，很得祖父和父亲宠爱。生于太平真君元年(440)六月，生母为郁久闾氏，自婴儿始，即交由乳母抚育，生母与皇子、皇孙分离，并不得召抚其子。故拓跋浚自幼即由乳母常氏哺乳长大。常氏是辽西人，太延年间，魏军屡讨北燕，在一次战役，常氏被魏军俘获，送到平城宫中做宫婢。适逢冯左昭仪，听其口音为辽西人，遂认为同乡，兼得昭仪照拂。常氏本为有夫之妇，入宫前已有身孕，不久腹中彭彭，左昭仪很犯难，孩子生下来如何出脱？恰在此时，东宫来报，太子妃郁久闾氏已有身孕，需要及早物色乳娘。赫连皇后责成左昭仪负责此事。左昭仪大喜，与常氏商量好，及期生子后溺死，以待皇孙或公主降生。果然郁久闾氏生下拓跋浚，左昭仪就通过皇后把常氏送到东宫乳哺皇孙。她在东宫乳养皇孙，尽心尽力，很有声誉。太子死后，宗爱派人到东宫搜寻皇孙，常氏带着皇孙躲了起来，宗爱党羽落空。但常氏担心皇孙安危，到皇宫向冯左昭仪求救，冯左昭仪让他把皇孙扮成小公主模样带入皇宫，躲在冯左昭仪处。皇孙拓跋浚得以认识左昭仪的侄女冯润，两个孩子得以相识，并共同生活了一段时间。后来左昭仪又把皇孙设法送到北苑，由北苑的苑吏看护和领养。

且说宗爱立起南安王余为皇帝，这拓跋余根本不是做皇帝的料，他厚赐群臣，以为可以把大家的心收买下来，于是放下心来，将太武后宫美女悉数找来，日夜歌舞作乐。又好出外狩猎，不把政事放在心上。宗爱则肆无忌惮地独揽大权，对待公卿如同犬羊。大臣们敢怒不敢言，有位悄悄对拓跋余讲秦二世和赵高的事，劝他提高警惕。拓跋余还有些头脑，于是开始削弱宗爱的权力，宗爱十分敏感，决定抢先下手。到了祭奠东庙（白登山祖庙）之日，即每年十月一日都要祭祀，这天（正平二年十月一日，公元425年10月29日）拓跋余由宗爱陪同前往，在东庙中，宗爱指使小黄门贾周把拓跋余杀死了。羽林中郎刘尼也参与了这个阴谋活动，刘尼劝宗爱立皇孙拓跋浚。宗爱说："你是大傻瓜，皇孙若立，难道会忘掉正平时的事了吗？"刘尼问他想立谁，宗爱说回宫后从诸王子中选个好的立起来。刘尼恐怕有变，报告了殿中尚书源贺，源贺当时和刘尼都负责皇宫保卫，就和南部尚书陆丽商量，共谋立皇孙拓跋浚。源贺找到常氏，要她说出皇孙下落，常氏告诉了，源贺和长孙渴侯严兵守卫，陆丽与刘尼负责迎皇孙，陆丽见到皇孙，把皇孙抱到马上，驰入京城。刘尼驰还东庙，大呼曰："宗爱大逆不道，杀南安王，皇孙已登大位，有诏，宿卫之士可皆还宫。"众人都呼万岁，源贺与长孙渴侯登上台阶，把宗爱、贾周擒住，勒兵入城，奉皇孙于宫门外，入登永安殿，即皇帝位，这就是北魏高宗文成帝。登基大典是由长乐王、选部尚书拓跋寿乐主持的，登基后陆丽以文成帝名义诏命大赦，改元兴安。又诏命诛杀宗爱、贾周，夷三族，其余三十名阉宦也都依法处死，朝廷上下欢声

雷动。

文成帝即位时年仅十四，朝廷之事听命于陆丽等大臣，宫中之事便任由乳娘常氏安排。常氏将文成帝抚养成人，宗爱乱政时常氏有保护皇孙之功，如今的荣耀自非昔日可比。此时她不禁想起了冯左昭仪的种种恩惠和平素的开导，而且今后她管理后宫也得向冯左昭仪讨教。于是在文成帝即位的第二夜，常氏就去请教冯左昭仪。冯左昭仪得知宫中大权落到了常乳娘手中，心中一惊一喜。惊的是宫廷政变的结局竟会是这样，喜的是自己的心腹人执掌宫掖，自己已无再出头之望，但自己的侄女出头却似乎有了某种保障，于是她向常氏耐心指授方略，慢言慢语地对常氏说道："您今日富贵起来，如何当好您的角色，本朝就有一个绝好的榜样供您仿效。太宗明元皇帝在朝之时，有一贵族人家犯法，丈夫被诛，妻子没入宫中为婢。妻子母家姓窦。本人德行温顺，举止有礼，受到太宗信任，诏命她为世祖太武皇帝保姆。太武帝自幼丧母，窦氏辛劳操持，将他抚养成人。后来太武帝即位，对窦氏感恩戴德，先尊她为保太后，后来索性尊为皇太后，对她尽心孝顺，不亚于对待亲生母亲。太武帝将窦太后之弟窦漏头封为辽东王，恩宠备至。于是窦太后权势日隆，不但执掌宫中权力，而且还参与国政。太武帝西征凉州，柔然乘机来犯平城，窦太后亲自主持朝廷议政，好不威风。"她顿了一顿，继续说道："宫中都知道，窦太后是喜怒不形于色的人，谁也猜不透她在想什么。有一天她到崞山游玩，看见风水甚好，就对随从大臣说：'我曾母养当今皇帝，倘若人死之后还有灵魂，一定不会是下贱之鬼。可是我在先帝那里没有位次，只是一名保姆，后人不会因我而违背礼法，允许我死后葬于先帝陵园。崞山景致挺好，将来把我葬在崞山上吧。'后来窦太后去世，太武帝果然在崞山为太后建寝庙，树碑颂德，按照太后的意志将她葬在崞山了。"常氏听罢冯左昭仪这番话，眼前顿觉一亮，答道："我明白了，昭仪你太好了！"这一夜，冯左昭仪与常氏谈了整整一个晚上，当晚她就住在左昭仪宫中。

第二天，也就是文成帝即位的第三天，文成帝按常乳娘的吩咐，先下诏拜长乐王拓跋寿乐为太宰、骠骑大将军，都督中外诸军事，录尚书事，又拜长孙渴侯为尚书令、加仪同三司[17]。长孙渴侯心里不悦，捕杀宗爱本是他与陆丽、刘尼、源贺所为，长乐王拓跋寿乐只是现成的援立之功，位置竟在他之上。拓跋寿乐也不识相，一向以宗室大臣自居，如今处于最高权势，便骄横跋扈，只字不提陆丽等人的功劳。兴安元年（452）十月三十日（公历11月27日），拓跋寿乐与长孙渴侯为封赏功臣之事，在朝廷争吵起来，互不相让，愤愤而出，文成帝制止不住。第二天，两人又在朝廷争吵，文成帝似乎已经料到，当即喝令赐死，除去了两个显赫的贵族。十一月八日（12月5日），广阳王拓跋建、临淮王拓跋谭，原因不明地同日死于王邸之中。至此，太武帝膝下王子都已死尽。

文成帝即位时，文成帝生母郁久闾氏还在人世。因为文成帝并不曾被立为太子，所以她并没有按“子贵母死”的制度被处死。文成帝即位三十天时，十一月九日（12月6日），常乳娘以赫连太后的懿旨，按“子贵母死”制度，宣布赐文成帝生母郁久闾氏死。郁久闾氏被剥夺了抚育儿子的权利已经十多年了，好不容易儿子即位当了皇帝，她十分高兴，指望母子相亲相爱，共享天伦之乐，没想到有人算计她，她在万分痛苦中饮鸩自尽了。常氏利用道武帝为北魏宫廷定下的陋规，除去了妨碍自己前进的绊脚石。

十一月二十六日（12月24日），文成帝下诏，追尊其父太子拓跋晃为景穆皇帝，母亲郁久闾氏为恭皇后，尊乳娘常氏为保太后，又下诏把拓跋余所拜司徒奚斤、太尉张黎贬为外都大官。此二人本为太武帝老臣，拓跋余即位为借重两人威望而给以重用。如今被黜，心怀不满，但又口不慎言，不久被家人告发，皆被处死。

经过一番明争暗斗，时局终于稳定，至十二月十三日（453年1

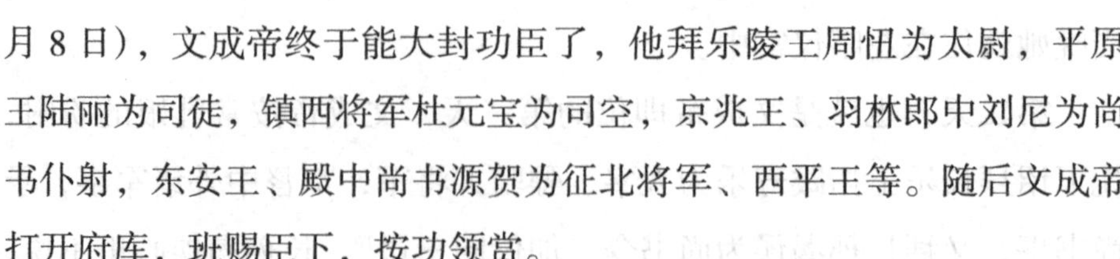

月 8 日)，文成帝终于能大封功臣了，他拜乐陵王周忸为太尉，平原王陆丽为司徒，镇西将军杜元宝为司空，京兆王、羽林郎中刘尼为尚书仆射，东安王、殿中尚书源贺为征北将军、西平王等。随后文成帝打开府库，班赐臣下，按功领赏。

保太后常氏见文成帝已封赏完毕，心中安定下来，想起冯左昭仪的恩惠，不知该如何封赏才好。正在思虑，忽有官人来报，冯左昭仪大病不起。保太后大吃一惊，即刻赶到昭仪宫中，只见昭仪脸色蜡黄，上气不接下气。昭仪微睁开眼，见保太后驾到，想要坐起，身子却动弹不了，太医向保太后禀告道：“昭仪此病乃多年忧郁积压而成，平素身体就弱，经不住隆冬风寒，如今医生已无力回天，请太后安排后事。”保太后是明白人，她往昭仪床前一凑，只见昭仪两行眼泪顺颊流下，随后举起一个手指。保太后点头，顺着手指看去，那方向站着的正是昭仪侄女冯润，已经长大，风姿绰约，但也已经哭成了个泪人。保太后回过头本想安慰昭仪，但见昭仪已咽气，只好吩咐有司迅速安排昭仪后事。昭仪死后，常太后很快把冯润选为贵人，以报昭仪恩。兴安二年（453）正月七日，文成帝下诏尊保太后为皇太后。文成帝封常太后之兄常英为散骑常侍、镇东大将军，赐爵辽西公，弟常喜为镇军大将军，赐爵带方公；皇太后的三个妹妹都封县君，皇太后的妹夫王睹为平州刺史，赐爵辽东公。常太后的祖父、父亲、母亲都追赠了官爵。文成帝派太常卢度世持节改葬常太后父于辽西，并树碑立庙，安置百户人家为常家守护陵国。

常太后很想迅速把冯贵人提拔起来，但这孩子实在太小，她被立为贵人时只有十一虚岁。十一岁的孩子，不懂人事不说，还没有进入青春期，如何能吸引异性？常太后只有耐心等待。不料兴安二年（453）正当常太后忙于朝政和宫务，并为冯贵人未雨绸缪时，却出现了一个令常太后颇感棘手的人，而此时冯贵人才十二岁，根本帮不上忙，冯太后只有独撑危局。这个人又是谁呢？那就“姿质美丽”而又处于青春年华的李贵人。

且说有常太后的心腹小宦官林金闾向太后报告说，他在皇帝与大臣议事的永安殿听到了太尉周忸、广平王杜遗和郁久闾若文向皇帝建议，请皇帝在后宫僻静处修一座宫殿供养太后，又劝皇上不必事事烦扰太后。这郁久闾若文是太武帝右昭仪郁久闾氏之兄，南安王拓跋余之舅。常太后心想这些人竟敢算计我。于是兴安元年十二月二十日（453 年 1 月 15 日），太尉周忸就以触犯刑律被处死，同一日，郁久闾若文晋封濮阳王。兴安二年正月七日（453 年 2 月 1 日）广平王杜遗突然死亡，二月十六日（3 月 11 日）司空、京兆王杜文宝以谋反罪被处斩。郁久闾若文和镇守长安的永昌王拓跋仁是密友，同年七月十一日（8 月 30 日），文成帝下诏以谋反罪诛杀了郁久闾若文，以同谋罪赐永昌王拓跋仁死，其家男子诛杀，女子没入宫中为奴。官员带诏书赶到长安永昌王府，宣读诏书，逼令他自尽。永昌王拓跋仁的众姬妾，包括我们前面叙述的他在蒙县掠来的李家二姐妹，都被士兵押解着驱赶上路，往平城进发。李家次女半路得病死于途中，长女活了下来。她们走了一个多月，九月中旬才到达平城。一行人由平城宫南的白楼下走进宫中，说也凑巧，被正在白楼上眺望的文成帝看见了。文成帝年幼，此时只有十五岁，国事及家事都由常太后和陆丽等大臣掌管着。常太后为他选了一位冯贵人，整日逢迎做伴，可文成帝还不甚明了男女之事，又不喜欢冯贵人小小年纪那种察言观色的性格与过于做作的举动。这天闲来无事，带着侍从上楼观看，正见一伙妇女从楼下经过，其中一位女子美丽非凡。文成帝指着那女子问侍从们："这个妇人美吗？"众人都说美，文成帝急忙下楼，向李家长女跑去。侍从们赶紧跟上，吆喝道："皇上驾到，还不赶紧跪下！"众军士和永昌王府众妾都跪下了。文成帝不管他人，径直来到李家长女跟前，将她拉起，领到白楼旁的斋库中。斋库是储放厨房用品的地方，守库人赶忙跪下，文成帝叫他出去，立即把李家长女拥抱起来。文成帝还是

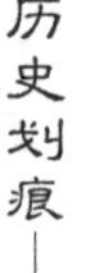

童年，李家长女已是过来人，她帮文成帝脱掉衣服，自己也解脱一番，两人就在斋库中云雨起来。李家长女十分老练，把文成帝侍奉得非常周到，文成帝十分得趣。之后文成帝将李家长女带回宫中，以后两人如胶似漆，文成帝更将冯贵人冷落了。常太后得到报告，就将文成帝唤来劝阻，但文成帝已是色迷心窍，别的事都听乳娘，唯独此事不从，坚决要把李女留在宫中。常太后拗他不过，只好由他。她想等皇帝热恋劲头过后，再来处理这女奴。不想两个月过去，刚十一月，李家长女就有了妊娠反应。常太后不相信此女肚中之物是文成帝龙种，她把李家长女唤来，责令她交代怀孕情况。李家长女一口咬定腹中所怀是文成帝的孩子，怀孕时间是入宫当天，地点是斋库。常太后到斋库查验，守库人不敢讲假话，如实讲述了当时情况，末了他还说，当时他就将那件事，即皇帝和李家女的事，写到斋库的墙壁上了。常太后看罢墙上所记，不再验问。但她想到冯贵人的处境，内心策划着新的办法。

原来拓跋鲜卑定都平城后，还一直坚持一种习惯，每年六七月间，要带着拓跋本部，上至皇帝皇后、公子王孙、宗室贵戚，下至将士官员、平民百姓，到阴山却霜，体验拓跋部原来与大自然亲密接触的草原游牧生活，并讲武驰射，保持马背上民族勇敢善战的尚武精神。常太后想利用这一机会除掉李家长女。他认为李女是南方人，不习惯鞍马劳困，怀着身孕，一定很辛苦，加上不服北方草原水土，在恶劣条件下必死无疑。如果文成帝不愿带李女同去，常太后就会有机会在宫中害死她。兴安三年（454）六月一日（7 月 11 日）在常太后安排下，已怀孕八个月的李女不得不跟文成帝前往阴山却霜。出发三十四天后，七月五日（8 月 14 日），李女在阴山之北分娩，竟顺利产下一个男孩，而且母子平安。文成帝大喜，宣布大赦，改元兴光，就在阴山北册封李女为贵人。又过了三十六天，文成帝携李氏母子，在八月十一日（9 月 18 日）返回平城。见李贵人母子回宫，常太后心中更加愤怒，心想只有最后一个办法了。

兴光二年（455）六月一日（7月1日），文成帝下诏为李贵人所生之子取名弘，并改元为太安。太安二年（456）正月二十八日（2月19日），常太后派人招来李贵人，对她说："你可知我朝太祖道武皇帝立下规矩，为防止母后专权干政，实行子贵母死。你儿子明后天要被立为皇太子，今天就是你的死期。你现在可以做最后一件事，家里还有什么亲戚，需要朝廷照顾，可以一一写下，日后给予优抚。"李贵人听了此话，五雷轰顶，捶胸痛哭，她一边写下仍在南方蒙县自己六位兄弟李峻、李嶷、李诞、李雅、李白、李永的名字，和已在北方的一位宗兄李洪之的名字，每写一个，长哭一阵，全部写完，瘫软在地，常太后命人将她勒死了结。太安二年正月二十九日，常太后命令将作大匠在朝廷铸铜作坊熔炼铜汁，准备模型，要让几位宫妃前去，让铸铜工在她们座位前模型中倾倒铜汁，铸成金人者即为皇后。皇太后吩咐将作大匠必须使冯贵人铸成金人，其余都铸不成，届时太后率妃嫔前来，太后亲自督看，果然冯贵人铸成了金人，太后当场宣布冯贵人为皇后，其余几人无封，扫兴而归。太安二年（456）二月一日（2月20日），立皇子拓跋弘为太子。冯皇后当时才十四岁。

常太后是在兴安元年（453）十一月二十六日（12月24日）被尊为保太后的，在此之后，她又逼死赫连太后，自己当了皇太后，执掌北魏后宫权柄九年。和平元年（460）四月十二日（5月20日）死于平城寿安宫，谥曰昭太后，文成帝遵太后遗令，将她葬于广宁（今河北涿鹿西）磨笄山，在山前立寝庙，树碑立传，置守冢三百家。

（四）冯太后小试牛刀

常太后去世，文成帝二十一岁，正当年富力强，冯皇后才十八

岁，比他更小，没有了常太后的掣肘，文成帝很想有一番作为，舒展自己的抱负。一是励精图治。他整顿吏治，健全制度，并亲自巡行各地，了解民情，惩办贪污，政治状况大为改善，治安转好。经过数年休养生息，农牧业都发展起来，百姓生活改善。二是巩固皇权。他封宗室诸王辅助自己，给予重权，巩固统治。三是加强军备，提高军事实力，他不断演练部队，整军经武，自己带头锻炼打仗的本领。灵丘南山，是太白山分支，名笔架山，文成帝南巡到此，见山峰高四百余丈，乃命群臣仰射山峰，看谁的箭镞能射上山头，群臣都射不上去，最后文成帝命众臣让开，自己轻舒猿臂，猛地向上射去，众人举目仰望，只见那支箭向上直窜，超过山峰三十多丈，箭头转为向下落，看不见了，好大一会，众臣明白皇帝把箭射过山去了，真是神力，于是三呼万岁，事后在射箭处立碑刻铭，以示纪念，称为“皇帝南巡之碑”，今存灵丘觉山寺。和平三年（462）十二月，文成帝定战阵法则十余条，让部队操练。和平四年（452）四月，为激励部众，他在西苑射猎，亲自射倒猛虎三头，令臣下佩服不已。四是积极进行了文化建设。他一即位就恢复佛教，命昙曜在武州山开凿佛教石窟寺，他还让有关部门铸造铜佛像，用去赤金二十五万斤，佛像都和北魏皇帝一样。这些活动和作为，冯皇后也都参加了，例如拜昙曜为师，就是两人的共同作为。她们在性爱方面未必和谐，但在政治谋略、理政方略上，颇有一致处。例如文成帝设置侯官，伺察朝廷诸曹和地方州镇官员，甚至微服杂于官府中，以查官员过失，一旦稍有发觉，就交于有关部门穷究治罪，因而造出很多冤案。这办法可能就是发自冯皇后，因为后来冯太后甚至拿这办法对付过孝文帝，见《魏书·杨播传》。

和平六年（465）五月十一日（6月20日），身强力壮的文成帝却突然死于平城宫太华殿，时年二十六。当时在宫中皇帝身边的两个重要人物，一个是林金闾，一个是乙浑。林金闾是阉官，乙浑是罪囚，都因得常太后赏识做了大官，被文成帝重用。这二人本想搞重大阴谋活动，他们封锁宫门，假传诏令，将正在宫中的尚书杨保年、平阳公贾爱仁、南阳公张天度杀死。宫门禁闭，众大臣十分震惊，殿中尚书、顺阳公拓跋郁大怒，率数百多卫士从顺德门闯入宫中，准备诛杀隔绝宫廷内外的谋反者。乙浑只好说出天子已去世，太子年幼，没来得及接见百官，他立刻就奉太子临朝等一番话。当拓跋郁责问他为何杀杨保年等人，他说这是林金闾所为，与他无干。于是林金闾被大臣们带走杀死了。第二天清晨，乙浑即奉太子临朝即位，这就是李贵人在阴山之北生下的男孩拓跋弘，时年十二虚岁，是为献文皇帝。随后献文帝大赦天下，尊冯皇后为皇太后，二十三岁的冯润终于登上了后宫的最高位置。但在当时，她的地位并不稳固。首先，她和文成帝的夫妻感情并不好，文成帝看出是常太后杀死了自己心爱的李贵人，并把冯贵人立为他的皇后，强迫他接受，因而他内心厌恶这位冯皇后。

所以李贵人死后，文成帝先后宠幸过十几个嫔妃，其中有六个为他生育了儿子，他唯独不宠爱皇后，所以皇后没有为他生育过儿女。其次，常太后在世时，她有一个牢固的靠山，虽然精神苦闷，但贵为皇后的政治地位是一个很大安慰。常太后去世她就岌岌可危了，文成帝的态度是她能否继续荣华富贵的关键。好在文成帝死得早，否则她很可能失掉皇后地位。现在虽然又成为皇太后，但四顾茫然，没有依靠，缺乏亲信，也就不可能有政治作为。第三，朝中大臣很多，有些很势利，不可能投靠她，多数与她并无接触交往，她需要笼络他们，但她既无军权，又无政权，拿什么笼络？思前想后，她想出了一条妙计。

魏朝的制度，皇帝去世三天后，要将他穿过的衣物和用过的器具，在宫殿前空地上，当着百官、嫔妃全部焚烧。五月十四日（6月23日）进行这个活动。文成帝的衣物器具很多，堆积如山，阉官用火点着后，火就燃烧起来，火烧得越来越旺。忽然嫔妃丛中发出一声

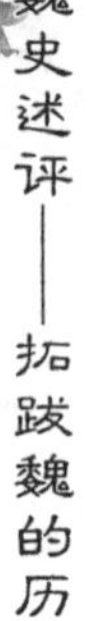

悲号，震惊了低声啜泣哀吟的人们，只见一位素装戴孝的女子猛然扑入火中，她身上的孝服轰然腾起火苗。宫女们立即认出，那是文成帝的冯皇后，当今的冯太后。众大臣还愣着的时候，宫女们已冲入火场，拽出了冯太后，并七手八脚把她身上的火星扑灭了。但冯太后已经被热烟熏昏过去，御医急忙上前抢救，好久时间才苏醒过来，被扶回宫中疗养。当时众大臣就议论纷纷，认为冯皇后才是最忠于先帝的人，有真情实意，有忠肝义胆，这样的人最可信赖，最值得拥护。这伟大的一跳，使冯太后获得朝野上下的广泛赞誉，不但是冯太后这位女政治家发轫云程的开始，也为此后数十年她名正言顺临朝称制奠定了舆论基础。

且说这个乙浑是常太后安插在文成帝身边的人，他见文成帝暴卒，乘机抢了立献文帝的头功。但是他和杀太武帝的宗爱一样，都是在政权中枢玩弄权术的阴谋家野心家。乙浑比宗爱有过之而无不及，他看到北魏皇朝统治集团母寡子幼，宗室诸王虽统兵在外，但并不齐心，可以用中央军各个击破，而朝中大臣忠贞敢当大任者寥寥，于是胆子壮了，想乘此机会夺取政权，篡权而建立自己的王朝。于是他按照自己的计划实行起来，对朝中重臣各个击破。当时平原王陆丽正在代郡（今河北省蔚县暖泉镇）之北的温泉治疗疾病，乙浑派穆多侯召他赴皇帝之丧。穆多侯见到陆丽，反而劝其暂避风头，他说：“主上已经去世，乙浑让我召您回京。乙浑早有无君之心，因为有您这样德高望重的朝廷柱石，他才不敢篡夺。如今您若应命回去，恐怕凶多吉少。不如拖延一段时间再回去，那时朝廷宁静下来了，您也就没有风险了。”陆丽不肯，他说：“岂有听说君父之丧，却害怕祸难临头而不赴的呢？”立刻与穆多侯驰马赴京，岂知乙浑早有准备，他们二人刚进平城，就被军士抓捕，不容分说，将他们斩了。中书侍郎高允，也是文成帝重臣，但乙浑知道高允只会谈文治，不抓军权，也不懂武力对权力的重要，并不怕他，只派人严密监视他。东安王刘尼，乙浑知道他贪杯误事，嗜酒如命，成不了啥气候，就让献文帝拜他为司徒。尚书左仆射和其奴，是个十分圆滑的家伙，典型的见风使舵，乙浑明白，只要自己把住大权，和其奴就会依附过来，他让献文帝拜和其奴为司空，加待中。为使献文帝不怀疑自己，相信自己是他的心腹，乙浑建议献文帝拜其生母李贵人之兄、献文帝亲舅李嶷为丹阳王。为稳住冯太后，使冯太后相信自己公道公平，乙浑让献文帝封冯太后之兄冯熙为昌黎王、征东大将军、定州刺史。这冯熙在其父冯朗当年因其叔父冯邈投降柔然之事牵连而被诛时，即被乳母魏氏带出逃往羌族的姚氏部落，因此幸免于难。冯熙自幼勇敢果决，又在羌族部落中练习骑射得到锻炼，年方十二就在部落中颇有威信。此时冯家之事已经淡漠，魏母见冯熙很有出息，就又把这孩子带回长安，让他拜师学习儒学经典。冯熙于是成长为一个文武全才的青年，尤其精通阴阳术数和兵法。魏母去世，冯熙游学于关中，性格达观随和，朋友甚多。冯熙之妹即是冯润冯太后。冯润当年立为文成皇后时，就请常太后派人察访自己的兄长冯熙。不久使者还报，冯熙健在。常太后、冯太后十分高兴，即命征赴京师。冯熙来到平城，拜冠军将军，赐爵肥如侯，又由常太后主持，尚太武帝太子拓跋晃之女博陵长公主，即文成帝之姐，于是又拜驸马都尉。这次乙浑虽提拔了冯熙，但不让他留在京师而让他出任定州刺史，既想讨好冯太后，但又限制冯家势力坐大，真是用心良苦。把这一切弄妥，乙浑先让献文帝拜自己为太尉，录尚书事，即把军权政权握在手中。两个月后，又让献文帝拜自己为丞相，太原王，位居诸王之上，并亲定事无大小，都由他决断。群臣都很愤怒，但献文帝掌握在他手中，都投鼠忌器，不敢发作。殿中尚书拓跋忍无可忍，带领卫士去诛杀乙浑，乙浑早有准备，反把拓跋郁杀死了。乙浑进一步试探群臣对他专权自恣的反映，他让掌管吏曹事务的扬烈将军贾秀提名，让献文帝封自己的妻子为公主。公主的称号，从来不与庶姓之人，只有帝王之女才可以。乙浑要让自己妻子当公主，

就意味着他快要下手篡位夺权了，贾秀顶撞乙浑说："公主称号不是庶姓之女当得的。你非要你老婆取这个称号，恐怕不会有什么好结果，我贾秀即便被你杀死，也不能做那让世人取笑的事。"乙浑狠狠骂道："老奴才，我杀了你。"但是他并不敢动手，他知道群臣之心并不在他这边。

正当乙浑紧锣密鼓谋划篡位之时，冯太后也在悄悄部署收拾乙浑。冯太后向献文帝的诸位叔父，即文成帝的几个兄弟发出密令，要他们启程进京，按期抵达平城。他们是：征西大将军、阳平王拓跋新成；征南大将军、镇守长安大将、京兆王拓跋子推；征东大将军、镇守虎牢大将、汝阴王拓跋天赐；征东大将军、镇守龙城大将、任城王拓跋云；征东大将军、镇守平原大将、济阴王拓跋小新成。这些人都是文成帝安排的朝廷大员，都有重兵在握。宗室五王如期到齐，乙浑看见这五王带兵到达，内心已经慌张。不知如何应付，但又想不到是冯太后所为。天安二年（466）二月，太后见五王会齐，立即命令兴平子拓跋丕出首告发乙浑造反，大逆不道，然后太后以献文帝名义，派拓跋丕率拓跋贺、牛益得两位将军，带兵收捕了乙浑，把乙浑从家中捆了，连党羽也都逮捕，一齐解至朝廷。冯太后立即大会群臣，当众宣布乙浑罪状，将其处斩。冯太后的果决将朝廷上下震惊住了，几个月来大家心里压着的一块石头猛地被冯太后搬掉了，大家都赞冯太后干得好，在国家危亡时刻救了国家，一齐高呼万岁。冯太后又对群臣说："乙浑嚣顽，大逆不道，专制朝政、擅诛大臣，其罪固然十恶不赦，然而皇帝年幼，大臣怯懦。也给乙浑之徒留下了可乘之机。本宫如今思虑再三，覆辙不可再蹈，故于即日临朝称制，省决万机，待朝堂安定，皇帝政治上成熟，我自当还政。卿等有何意见，可即时奏来。"大臣们都俯伏在地，齐唱"皇太后英明，臣等听命"。太后接着宣布制令："侍中、兴平子丕，诛杀乙浑功劳最大，晋升尚书令，封东阳公。为使朝政顺利运作，须择贤明大臣辅佐，以中书侍郎、梁城侯高允为中书令；以中书博士高闾为中书侍郎，赐爵安乐子；以阳都男贾秀为振威将军，晋爵阳都子，继续掌吏曹事。”又宣布另一道制令：“宗室五王听从本宫之命，带兵进京，对稳定局势起了至关重要的作用。正是因为他们此举，乙浑乱党才不敢公然反抗，终被擒灭。五王襄赞有功，留在京师，辅佐朝政为宜，今以阳平王新成、汝阴王天赐为内都大官；京兆王子推、任城王云为中都大官；济阴王小新成为外都大官。”大臣们见有宗室诸王辅佐朝政，也都很满意。其实太后此举，一方面是安定众臣之心，另一方面是调虎离山剥夺诸王的兵权。太后心中明白，诸王皆文成帝之弟，献文弟之叔，一旦他们在地方反叛，后患无穷。他们新任的职务，看上去勋贵，实质上只有监察权，并无行政权，更无军权，难以对太后构成威胁。两天以后，冯太后又以陆丽长子陆定国为散骑常侍，加征南将军，封东郡王。这陆定国因父亲陆丽有镇压宗爱之功，特受文成帝宠爱，尚在襁褓时就被文成帝带入宫中抚养，和幼小时的献文帝一起游乐长大，两人是发小。六岁时他就任中庶子。这次他因受父亲的恩荫而受封，心中不安，再三辞让，冯太后不许。太后不许的原因，很可能是寄托对已故丈夫文成帝的怀念，也有可能是让献文帝高兴。陆定国请求将爵位让与其弟陆睿，冯太后这才答应。三月，冯太后将源贺从冀州刺史任上调回，升任太尉，陇西王仍旧。源贺在冀州任上已七年，声誉极高，这次太后把他调回朝廷，他十分高兴，便一心追随太后，成为太后心腹人。

从天安元年（466）一月，到皇兴元年（467）六月，冯太后第一次临朝称制约为十八个月，一年半。这期间，冯太后镇压了发动叛乱的中军大将军、长安镇将、东平王拓跋道符的叛乱。这拓跋道符是太武帝第三子拓跋翰的儿子，太武帝被宗爱杀害，侍中和疋等人曾想立拓跋翰为帝，宗爱要立拓跋余，结果拓跋翰被杀。文成帝即位，拓跋道符袭爵东平王，但他对其父没能继承皇位深感遗憾，一直耿耿于怀。冯太后临朝称制后，天安元年派他镇守长安，接替原来镇守长安

的拓跋子推。拓跋道符到了长安，认为这是实现自己抱负，夺得政权的好机会。他对朝廷的估计仍是部分蠢人的看法，即母寡子幼，太后临朝称制名不正言不顺。皇兴元年一月，他起兵造反。但长安镇的将士并不依附他，认为他的造反是以卵击石。拓跋道符见众人不服从，就杀了反对造反的副将以立威，这样反而激怒了更多的将士，他手下的司马段太阳振臂一呼，带领将士们把拓跋道符杀了。冯太后已派大军前往讨伐拓跋道符，途中适逢段太阳一队人马，以盘子盛着拓跋道符的首级要送往朝廷，于是合在一处回到平城。由于拓跋道符以反对太后临朝称制造反，所以引起朝廷中一部分大臣们的窃议，认为太后临朝称制不是拓跋鲜卑的传统，不正当。在这种情况下，冯太后感到了一定程度的压力。恰在此时，十四岁的拓跋弘已经有一名夫人将要临盆生产了，她腆着个大肚子在宫中走来走去，不时找点活儿做。冯太后观察询问了她的妊娠情况，根据自己多年来对宫妃们后来生男生女在怀孕期间的不同表现，断定这女人必定要生个男孩子。如果生了男孩子，这就是献文帝长子，就要被立为皇太子。于是冯太后立刻就有了主意。皇兴元年六月，冯太后召集群臣，对他们说："如今朝廷上下同心，局势稳定，最近又平定了东平王的叛乱。皇帝虽然年轻，但已是快当父亲的人了。有宗室诸王和众位大臣的拥戴，本宫就没有什么不放心的了。现在我决定还政于皇帝，望众卿尽忠辅佐。至于后宫事务，本宫责无旁贷，一切自有安排。"众大臣齐呼万岁以示庆贺，朝廷平静下来。

（五）打冷战献文驾崩

献文帝怀孕的夫人姓李，中山郡安喜县（今河北安国）人。祖父李盖，太武帝时历任殿中尚书，都官尚书，拜左将军，封南郡公。盖卒，长子李惠袭爵，历任散骑常侍、侍中、征西大将军、秦益二州刺史。李夫人就是李惠之女，她仪容端丽，性格娴淑，十八岁被选入东宫侍奉太子拓跋弘。和平六年（465），拓跋弘即皇帝位，皇帝十二岁，李氏二十岁，李氏封为夫人。皇兴元年八月二十九日（467年10月13日），李氏二十二岁，在平城紫宫中生下一男孩，献文帝大喜，又见孩子洁白健壮，更是高兴，于是大赦天下，把天安年号改成了皇兴年号。皇兴三年（469）四月二十六日（5月23日），献文帝为儿子取名宏，再次大赦天下。同年六月三日（6月27日），虚岁三岁的拓跋宏被立为皇太子。自冯太后还政于献文帝，献文帝在治国理政中就不把冯太后放在眼里了，其所作所为也不和这位名义上的母亲商量，他甚至忘记了若不是这个名义上的母亲帮他一把，他早把拓跋鲜卑的江山拱手送给乙浑了。献文帝极力培养重用自己母族、妻族以及妻族的父族，给他们加官晋爵。皇兴元年献文帝拜嫡母李贵人之兄李竣为太宰，晋爵顿丘王。不久又将李竣五弟冯翊公李白晋爵为梁郡王。又任李贵人义兄李洪之为洪州刺史，封汲郡公，征拜内都大官。皇兴二年（468）他拜李夫人之父李惠为征南大将军，仪同三司、都督关右诸军事、雍州刺史，长安镇大将，封南郡王；又拜李惠的岳父、李夫人的外祖父韩颓为襄城王。献文帝当然也不会忘记自己的父辈，皇兴二年以皇叔拓跋桢为征南大将军、中都大官，封南安王；以皇叔拓跋长寿为征西大将军、外都大官，封城阳王；以皇叔拓跋休为征南大将军、外都大官，封安定王。皇兴四年（470），献文帝封皇弟拓跋长乐为建昌王，并拜自己的发小东郡王陆定国为司空。这许多人事关系的重大调整，都没有冯太后什么事，也没有提拔太后的任何亲信。这难免引起太后的郁怒。按照魏国子贵母死制度，三岁小儿拓跋宏既被立为储君（太子），其母李夫人理应赐死。献文帝眼中既没有嫡母冯太后，冯太后当然也就不会把献文帝的感情放在心上，皇兴三年六月，冯太后在拓跋宏立为太子不久，就按规定在后宫赐死了李夫

人，并立即宣布自己亲自抚育太子宏，不再为太子选择保姆。

这样一来，献文帝与冯太后的心结愈来愈重，两人之间陷入了冷战。文成帝去世时，冯太后虚岁二十三，皇兴元年（467）也才虚岁二十五，正当青春，如何耐得住没有情侣的寂寞。皇兴元年六月结束第一次临朝称制之后，已无烦冗的政务，只有后宫的事务归她掌管。后宫事务不多，冯太后早年入宫，对后宫了如指掌，处理起来得心应手，因此她有的是闲暇时间，更感到性苦闷的熬煎。一日，见宿卫皇宫之官中有一位长得年轻貌美，不免心动，令阉官唤入相见。问过姓名，得知是太武帝朝高平公李顺的第三子李弈。其父李顺因受沮渠牧健贿赂，谎言凉州无水草，意欲阻止太武帝讨伐北凉，被崔浩识破，当场揭穿，后来太武帝到凉州，证实李顺撒谎，找个理由处死了李顺本人。但李顺的子弟在朝为官，未受影响。李家是赵郡平棘（今河北赵县）高门大族，经学世家，李弈自幼好学，不但仪容俊美，而且富于文才，谈吐典雅，现任散骑常侍，宿卫监，都官尚书，封安平侯，因职务关系，经常出入宫禁。冯太后自幼入宫，久被文成帝冷落，文成帝死后更是凄凉，从未见过如此才貌出众的青年男子，不觉春心荡漾，按捺不下。于是与李弈愈谈愈亲切，不觉共入帷帐，同欢共枕。自此李弈常常出入太后寝宫，每次欢爱之后，太后都有大量赏赐，宫女、阉官一向畏忌太后威严，谁敢多言？李顺共有四个儿子，长子李敷，太平真君二年（441）被太武帝任为中书教学，为太子拓跋晃讲经，后又任职中散大夫，与李䜣、卢遐、卢度世等讨论机密，为皇帝起草诏书。文成帝时升散骑常侍、南部尚书、中书监，掌管内外秘书事宜，袭父爵为高平公，朝廷大政，无所不关。由于李敷受宠，到献文帝时，李家兄弟亲戚在朝为官者有十几人。由于人多势众，朝臣都侧目而视。李敷的三弟李弈和冯太后相好后，李家就更显赫了。李敷四弟李冏，官亦至中散大夫。李敷二弟李式，为散骑常侍、平东将军、西兖州刺史、濮阳侯。李敷的多年好友李䜣，曾在太武帝时与李敷一起任中书助教博士，参与讨论朝廷机密。李䜣自幼饱览诗书，秉性聪明，口才便捷。后来李䜣受选为文成帝讲授经书，是文成帝老师，文成帝当政后迁仪曹尚书，领中秘书，封扶风公，加安东将军。李䜣之母本为婢女，因此李䜣的兄弟们看不起李䜣，文成帝特意加封其母为容城君。献文帝即位，李䜣出任持节、安南将军、相州（今河北临漳西南）刺史。相州是个大州，只有显贵之臣才能出任此州。李䜣刚来时，为政清廉，判案公道，百姓颂扬，政绩为诸州之冠，受到献文帝的表彰和赏赐。相州为交通枢纽之地，经济繁荣，商贾云集，还有不少胡商自西域来，至此贸易。李䜣逐渐动心，自律不严，终于接受贿赂，开始贪赃枉法。当地民众屡有检举揭发，尚书李敷往往偏袒开托，不加奏闻。哪知纸包不住火，献文帝也听到了告发，于是以槛车征䜣，拷问审讯，李䜣只好一一交待，被献文帝下到死囚牢中，但并未立即执行死刑，献文帝思念他是自己父亲的老师，准备给他留条活命。恰在此时，朝廷有关部门的负责人，因和李敷不睦，就到狱中调唆李䜣揭发李敷以自保。李䜣犹豫不忍，而且他也不知李敷有何罪恶。他女婿裴攸来探监，李䜣把这事说了。他说："我和李敷关系极好，如同一家，主事官员却让我揭发李敷保全自己。我不知如何是好。我知道早晚要死，想自杀下不了手。况且我也不知李敷有啥罪过，如何揭发？"裴攸年轻，道德观念淡薄，一听此话，立刻想到丈人若能脱罪，自己就不会受牵连了。他立刻鼓动丈人说："您可真是糊涂，既有生路，为何要白送性命？关于李敷的罪过，我听说一个叫冯阐的人败死在李敷手里，他的家人对李敷兄弟恨得咬牙切齿，我去找他们，一定能得到李敷兄弟的隐私。"裴攸果然找到了冯阐的弟弟，冯阐之弟求之不得，把李敷兄弟的隐私添油加醋地说了一通，裴攸一一记下，到狱中交给李䜣，李䜣贪生怕死，照抄一遍，呈与办案大臣，将多年友情出卖得一干二净。献文帝曾收到赵郡人范标状告李敷的奏折，如今又见到狱中上报的李䜣的检举，两相符合，认定均为事

实，特别是其中尚有揭发李弈与冯太后私通一事，献文帝亦微有所闻，他认为这下抓住了太后把柄，正好借惩办李敷兄弟打击冯太后。皇兴四年（470），献文帝下诏，以关乱公私罪族诛李敷一门，李敷、李弈、李敷次子李仲良、堂弟李显德、妹夫宋叔珍等，同时伏法。李敷长子李伯和，逃亡年余，被人执送平城，也被杀。只有李伯和的一个小儿子被人藏免。李敷老四李冏逃脱了。李敷的二弟李式，任西兖州刺史，经常担心家门富贵太甚要出祸殃，在西兖州任上，常对管渡口的官员指示说，朝廷有使臣来，必先报告刺史，刺史指示后再渡使臣过河。这天使臣早晨突然来到河边，管渡口的官员要报告刺史，使者欺骗他说："我要南去，不在此州停留，不需要报告刺史。"结果管渡口的官员相信了，把使者渡过了河，使者突入刺史府中，将李式擒获押解平城，与李敷一起被杀。李敷一门在社会上声望很好，突然被族诛，人们无不叹息。当然最气愤的是冯太后，简直是割了她的心头肉。这算是献文帝与冯太后冷战的第二回合，献文帝胜利了。献文帝还下诏称："李䜣贪赃枉法，本应族诛，念其揭发李敷有功，将功折罪，免除死罪，今判刺面，鞭笞一百，配为奴役。"但事后不久，献文帝就起用李䜣为太仓尚书。

冷战的步伐一开启，就不可能停止，何况冯太后这样一个具有钢铁般意志的女强人。她对拓跋鲜卑进入中原过程中的野蛮、残暴、反文明，有着切肤之痛，决心用汉族农耕文化基础上的礼乐文明改造它。但在这个道路上充满着荆棘，她作为一个在异族人占优势的国度中生存的汉族女人，仿佛一叶扁舟划行在惊涛骇浪中。为了首先保住自己以求发展，她决定必须使心肠硬到极点，打破她前进道路上的任何障碍，区区一个献文帝，她根本不放在眼里。很快，冯太后就在政治上采取反击行动，她要使献文帝在皇位上混不下去，不得不退出历史舞台，由她冯太后掌握实权，推行改革。她着手铲除献文帝的保护伞。皇兴四年（470）十二月，阳平王拓跋新成不明不白地死去了。

加上先前不明不白死去的小新成，宗室诸王已经五去其二。前后死去的还有广阳王拓跋石侯。皇兴五年四月，西部敕勒叛，献文帝让汝阴王拓跋天赐、给事中罗云前往讨伐。这西部敕勒就分布在武周塞（今山西左云东）西的山谷中，东距平城不过三十多公里。朝廷命殿中尚书胡莫寒前去招收西部敕勒人为武士，补充天安以来逃亡的军士。胡莫寒向西部敕勒人索取贿赂，西部敕勒人愤怒，杀死胡莫寒及其副将。敕勒酋师见事情闹大，索性率部造反，其他敕勒部也纷纷响应。献文帝命拓跋天赐和罗云前去镇压，敕勒人诈降，罗云轻敌中计，被敕勒骑兵杀死，敕勒人乘胜攻击拓跋天赐军，魏军大败，死亡十之五六，其余大部逃散，拓跋天赐只身逃回平城。献文帝不追究拓跋天赐败迹，将敕勒安抚下来。此时，由于皇兴二年、三年数十个州镇频遭水旱之灾，百姓流亡，国库空虚，而献文帝频频征发百姓打仗，军士逃亡甚众，加上西部敕勒叛乱，离平城近在咫尺，几乎攻到平城。但献文帝在平敕勒之乱后，立即又到阴山却霜去了，将朝政混乱扔下不管。于是朝中大臣又纷纷议论起献文帝的施政能力太差来，怀念起冯太后第一次临朝称制时的从容不迫，政无废事，秩序井然。冯太后有意引导舆论，把人们的看法朝于已有利的方向上引，让她的亲信把她说得神乎其神，而把当前的朝政说得一无是处。在这股风气下，连东阳公拓跋丕、任城王拓跋云等人，也都认为献文帝太嫩，还是冯太后可靠。献文帝从阴山回到平城后，发现舆论方向已变，朝中氛围对自己很不利，群臣们对他的指示并不公然反对，但态度消极，口中答应，行动迟缓，或在执行中消极怠工。他明白这股风的风源，决定坚决反击，顶多自己做不成皇帝，但也决不能让姓冯的女人掌权。于是他把叔父京兆王拓跋子推找来，两人商定，献文帝让位于拓跋子推，献文帝参禅修行。他们认为拓跋子推是文成帝的二弟，与冯太后平辈，他当皇帝，冯太后只是皇嫂，从无皇嫂干政之例，太后势力就会不摧自败。于是献文帝下诏召集御前会议，时间定在皇兴五年(471)

八月十二日（9月12日）。群臣都到齐了，就连屯兵北边的太尉源贺也赶回首都参加会议。献文帝宣布开会，对大家说：“朕即帝位有年矣，然而内心淡薄富贵，平素常有遗世之心。皇叔京兆王子推沉稳仁厚，功高威重，朕愿禅与帝位。此后朕将与沙门共谈玄理，研习佛学。”诸王大臣面面相觑，无人敢出头发言。沉默半晌，献文帝正要下禅位之诏，想不到京兆王子推的异母弟任城王拓跋云，出列奏道：“陛下方隆太平，临覆四海，岂可上违宗庙，下弃兆民？况且父子相传，其来久远，我皇魏实行已久，太子正统，圣德早彰，陛下必欲委弃尘务，则太子宜承正统。若舍弃太子，改授旁支，恐怕违背先帝意志，陛下不可不深思熟虑。”源贺见有人挑头，也出列奏道：“陛下如今舍弃太子，外选宗王，老臣恐怕辈分混乱，实在不妥，后世必然讥笑我朝昭穆混乱，违礼传承，愿陛下深思任城王之言。”东阳公拓跋丕从根本上反对禅让，他出列奏道：“皇太子虽然圣德早彰，然而尚是幼儿，陛下富于春秋，始览万机，普天敬仰，率土归心，奈何不以天下为务，而要独善其身？陛下这样做，何以面对宗庙？何以面对兆民？”献文帝正要发话，只听尚书陆馛出列奏道：”皇太子圣德隆基，不可横议，四海属望，请陛下务必禅位太子，若传他人臣即刻自刎于庙堂之上。”献文帝转头看了一眼宦官赵黑，赵黑只好出列发言，表态说：“臣以死奉戴太子，不知其他。”老臣高允明白，必须给献文帝台阶下，出列奏道：“臣不敢多言以劳圣听，愿陛下思列祖列宗重托，追念周公辅佐成王之事。”献文帝一听，觉得有理，让儿子即位，选好辅佐大臣，不失为制约冯氏的良策。于是叹口气说道：“好吧，就依你们，禅位于太子，请群公尽力辅佐。”他边说边看众大臣，最后把目光停在了尚书陆馛身上，对大臣们说：“陆馛忠贞耿直，一定能尽心拥戴我儿，即命你为太保，与太尉源贺奉皇帝玺绶于皇太子。”皇兴五年（471）八月二十日（9月20日），魏朝廷在太华殿举行了禅位大典。献文帝让只有五虚岁的皇太子立在殿前，其后是两班文武，献文帝亲自宣读诏书道："奉天承运皇帝诏曰：昔尧舜之禅天下也，皆由其子不肖。若丹朱、商均能负荷者，岂搜扬仄陋而授之哉？朕之太子宏，尔虽冲弱，有君人之表，必能恢隆王道，以济兆民。今使太保、建安王陆馛，太尉源贺持节奉皇帝玺绶，致位于尔躬。其践升帝位，克广洪业，以光祖宗之烈，使朕优游履道，颐神养性，可不善欤？"

献文帝读罢诏书，示意儿子接诏。年幼的孝文帝拓跋宏走到父亲跟前，已是泪流满面。献文帝也难以抑制感情，不觉凄然泪下，问道："皇儿，今日是你登基喜庆之日，为何反而落泪？"拓跋宏回答道："代替父亲，令我伤心。"随后接过圣旨，走上御座。陆馛和源贺两位老臣向孝文帝奉上玺绶。孝文帝宣布大赦，改皇兴五年为延兴元年，群臣三呼"万岁"而散。第二天早朝，献文帝又临朝堂，下诏说："朕承洪业，运属太平，淮岱率从，四海清晏。是以希心玄古，志存澹泊。躬览万物，则损颐神之和，一日或旷，政有淹滞之失。但子有天下，归尊于父，父有天下，传之于子。今稽协灵运，考会群心，爰命储宫，践升大位。朕方优游恭已，栖心浩然，社稷乂安，克广其业，不亦善乎？百官有司，其祗奉胤子，以答天休。宣布宇内，咸使闻悉。"这道诏书是颁于天下的，群臣接过诏书，逐级传达。他们又推高允代表所有臣工，出列奏道："昔三皇之世，淡泊无为，故称皇。是以汉高祖既称皇帝，尊其父为太上皇，明不统天下。今皇帝幼冲，万机大政，犹宜陛下总之。谨上尊号太上皇帝。"献文帝答应了，不久他就搬到一个叫崇光宫的地方，在鹿苑之中，宫室所用材料，椽子都没有砍削，仍是原木，台阶也是土的。孝文帝每月到崇光宫朝拜一次，国家有大事随时报告请示。

献文帝让位时才十八虚岁，就称太上皇了，将皇位传给五虚岁的儿子，自己去参禅拜佛，这件事在中国历史上颇富戏剧性，但实际，它是献文帝与冯太后冷战的第三个回合，这个回合两人打平，暂时分

不出胜负。冯太后认识到，除去献文帝的时机还不成熟，自己的政治前途就在教育好小皇帝，把他培养成对自己忠诚无二、言听计从的人，这既是为自己着想，也是为这个国家着想，使这个国家出一位英明的君主，按照汉族英明帝王的标准，带领拓跋鲜卑这个野蛮的征服者融入汉族，走向文明。自此，冯太后一方面让孝文帝学习诗书和诸子百家，成为一个有文化讲文明的青年，另一方面让他在皇帝位子上贯彻汉族贤明君主治国理政的成功经验，改造拓跋魏王朝的陈规陋习。一是调查研究，了解社情民意。延兴元年（471）九月，孝文帝下达《令民极谏诏》，要求在位官员和普通官员都能直言极谏，表示自己对有利于国家的意见和建议都认真听取，尽心采纳。诏书下达后，反响并不热烈，孝文帝觉得，与其等人们上奏，不如叫来询问。延兴二年（472）七月他又下诏，让各县派两名敢反映下层情况而能言善对的人，于九月到达京师，他要亲自了解各地民情风俗、百姓疾苦和守宰治绩。九月份的了解结束后，十一月他又派使臣到各州郡巡视，回京城向他汇报。接二连三的举动，使地方官吏和百姓敢说话了，许多社会问题暴露出来，其中最强烈的是官吏毫无顾忌搜刮民脂民膏的问题。二是采取切实措施逐步解决问题。魏朝官吏贪污成风，无力惩治，有制度层面的原因，也有官员个人品质的原因，但制度层面是主要的。魏朝建国前，作为统治集团的鲜卑拓跋部刚刚从母系氏族社会过渡到父系家长制时代，当它正从父系家长制时代向奴隶制社会过渡的时候，道武帝一举灭亡后燕，建立魏朝，把拓跋部带到了封建制已经充分发展的汉族地区。拓跋部落联盟内的其他各部落，社会发展程度比拓跋部落更落后。道武帝是在奴隶制度的土壤上建立魏国，但拓跋部落联盟，父系家长制时代盛行的掠夺经济和奴隶制中盛行的奴役经济仍占有重要位置。因此在魏朝统治者眼中，老百姓不是奴隶便是掠夺对象。在这种观念支配下，魏国一开始就没有良好的吏治，其军政官员其实都是军人，他们最高兴的事就是发动战争，每次战争他们都跟随御驾亲征的皇帝（这是汉人的叫法，他们内部其实叫可汗的），掳掠对方的牛羊、财富、人民，然后由皇帝论功行赏，按照地位高低、军功大小瓜分掳获物。论功行赏也只是一种瓜分集体掳获物，将士私自所得一律归己。后来随着黄河流域逐步统一，战争日益减少，于是这些人又纷纷到地方任职，大量搜刮百姓，用来上供中央和自己享用。这就产生大量贪官，他们除完成中央下达的赋税指标外，层层加码，把额外搜刮来的财物都装入自己腰包。定州刺史许宗之，在任公开搜刮大量财物，被文成帝判处死刑，斩首于平城南郊[18]。阉官段霸在州刺史任上，侵吞商旅的大量财物和下属的大量财帛，告老还乡，但被告发，受到追赃、免为庶人的处分[19]。镇西将军王斤，是魏初功臣王建之子，在任上残酷劫夺百姓，百姓不堪忍受，一夜之间竟有数千家逃往南方[20]。与官吏掠夺百姓的同时，魏朝的文武臣僚都没有俸禄，好一点的是等候朝廷给以一定赏赐，自己种菜、种田、养殖，大多数当然是掠夺、贪污、受贿了。孝文帝了解了这种情况，他感到压力很大，积重难返，只好请示冯太后，冯太后劝他不要急，整顿吏治要一步一步来，先下一道宽恕诏，对此前有贪腐罪行的暂不追究，记在那里，下次再犯决不姑息，开官员自新之路。其次加强巡访督查，随时处理不公不法之徒。三是明确官员职责，加大考核力度。地方官员职责在冯太后看来，主要是督察农耕、检括户口、督集赋调、治安防盗四项。在冯太后指导下，延兴三年（473）六月孝文帝下宽恕诏，同年十一月开始派使臣巡访各地州郡，以后每半年巡访一次。延兴五年（475）二月下达了考核官员条例。延兴三年二月下诏督查农耕，同年九月下诏检括户口。延兴五年四月下诏督集赋调。四是加强社会治安，保障社会秩序。延兴三年二月孝文帝下诏，规定县令能平定一县之内的盗贼，可以兼管两县，能平定两县之内的盗贼的，可以兼管三县，三年之后可升为郡守。郡守也是这样，依此类推三年之后可升为刺史。冯太后指导孝文帝制定的上述政令，后来成为

太和改制的基础。五是以农为本，保护发展农业。从延兴元年到延兴六年（476），孝文帝从五岁长到十岁。一个十岁的少年，无论天赋多高，都不会对社会有太深刻了解。引导他认识社会的，是那位饱经沧桑的冯太后，她教育孝文帝认识了世态民情，其中最有价值的是，她一反拓跋鲜卑的游牧民族心理，要求孝文帝重视和发展农耕文明，向先进汉族文化看齐，而不是像其列祖列宗那样，努力去保守住穿羊皮裤和饮马奶的风俗习惯。延兴二年（472）三月，孝文帝亲耕籍田，表示对农业的重视。籍田在平城东南，如浑水（今御河）东，药圃之北，水西有明堂。籍田是皇帝亲耕之田，所获奉祀宗庙，按规定天子籍田千亩，籍者借也，借民力以治之，天子亲耕几犁，其余还是农民耕作。所以皇帝虽只摆摆样子，仍是有意义的。接着，孝文帝于延兴二年四月、延兴二年七月、延兴三年二月，连续下达三道重农诏书，要求从事手工业、商业和其他产业的非农业人口一律从事农业生产，各州郡守宰督促百姓种植蔬菜果树，对不愿种植者增加课税。离乡背井的流民要返乡务农，不愿返回本土从事农业生产者发配到边镇充军。县令、郡守、州刺史都要抓农业，率领百姓辛勤耕作，监督农民不能耽误农事。把督率农业生产作为地方长官的重要职能，这在汉族官吏看来是理所当然的，但对那些以战争为本、游牧为业的拓跋部各级统治者来说则是重大的变革。农业生产上不去，是要丢官职的。孝文帝还下诏奖励在农业生产方面安守土地、努力耕耘、子传父业的人家，按汉族农耕文化的称呼，称他们为“孝悌力田者”。六是废除严刑苛法，实行仁政。拓跋鲜卑原先处于野蛮的社会发展阶段，统治者暴虐成性，草菅人命，把世上最可宝贵的人的生命视为可随意奴役和掠夺的对象。进入中原后，出于拓跋部本身的复杂情况和当时中原战乱不已的政治局面，将秦汉魏晋以来的一些严刑苛法吸收到法律之中，两者结合，更形残暴。其中最典型的是族诛和门诛。族诛一般是指诛灭三族，即父族、母族、妻族，但也有发展到诛五族、诛九族的。比族诛轻点的是门诛，门诛是只诛其自家一门，司徒崔浩被灭是族诛，尚书李敷被灭是门诛。冯太后就是门房之诛的受害者，她的叔父冯邈因随太武帝伐柔然没入敌中，结果因被认定投降，连累哥哥冯朗一家，冯朗被杀，冯太后尚幼，没入宫中为婢。几年前李敷被李䜣告发，以关乱公私罪判处门诛，冯太后的情人李弈被株连而死，对她是切肤之痛。冯太后有心取消门房之诛，又担心阻力过大，她采用折中的办法，就是缩小门诛的范围。他让孝文帝下诏，规定门诛只涉及谋反、大逆、干纪、外奔四项，其他罪刑只加于犯罪者自身。这样的规定，既取消了族诛，也使门诛范围缩小，这是冯太后所做无量功德之事，不知救了多少人的性命。

冯太后要把孝文帝教育培养成贤明汉族君主式皇帝，但她的政敌献文帝也在对儿子施加教育和影响，而且是和冯太后对着干。延兴三年（473）四月，吐谷浑可汗拾寅趁魏朝忙于应付柔然之际，往东进犯魏境浇河（今青海贵德境）一带，献文帝命孝文帝下诏，以上党王长孙观为征西大将军，督率河西七镇诸军讨伐拾寅。本来吐谷浑的力量不如柔然，更不如魏国，长孙观率河西七镇的兵力足以对付。但太上皇献文帝却对这次军事行动自有打算，他要趁机把孝文帝从冯太后身边拉开，对孝文帝进行拓跋部武力征伐镇压各民族和游牧习性的教育。秋七月，孝文帝到阴山却霜，献文帝估计长孙观已经击败了吐谷浑，也立即从平城赶赴河西。他急命使者往阴山迎取孝文帝，不让他向东南回到平城，而让他转道西南。八月，太上皇与孝文帝几乎同时到达河西。长孙观是魏国早期名将长孙嵩的侄孙，以勇敢善战著名，太上皇与孝文帝到达河西时，长孙观已经打败吐谷浑拾寅，焚毁吐谷浑城邑，正忙于抢收吐谷浑秋禾。他见两位圣上一齐驾临河西，又惊又喜，急忙迎接，并为自己和将士们报功请赏。太上皇命孝文帝拜长孙观为殿中尚书，长孙观十分感激。吐谷浑拾寅获知太上皇与孝文帝父子一同来到前线军营，认为魏国定下了灭亡吐谷浑的决心，拾寅与

左右商量，无计可施，只好到太上皇和皇帝军营请罪，呈上降表，表示今后不再冒犯天威，愿意年年朝拜进贡，并派儿子吐谷浑斤随两位圣上到平城做人质。太上皇十分高兴，当即批准降表，带着儿子得胜回朝。一路走了一个多月，九月才东归平城。太上皇路上带儿子巡视黄土高原的辽阔地貌，一边按他的思想对孝文帝进行教导，主要内容就是讲列祖列宗的丰功伟绩，特别是力微、禄官、猗㐌、猗卢、郁律、什翼犍的赫赫战功。孝文帝年方七岁，对列祖列宗的故事听得很新鲜。太上皇告诉孝文帝：现在你坐的江山，是道武、太武继承列祖列宗遗训，南征北战，东伐西讨得来的，得来十分不易，创业难，守业更难，今后仍需征战保国，不可被那些腐朽的汉人士族所左右。孝文帝点头称是。但他好动脑子，私下分析父亲的思想与太后的思想差异太大，回到宫中他心中不安，拜见太后时怕太后责备他随太上皇西行不请示太后。但太后是政治斗争的高手，极其聪察，只淡淡地说："出去见见世面也好，只是你年纪还小，以后有的是时光。况且国中不可无主，怎能两个皇帝不在朝中两个多月？"孝文帝连连称是，他以为这事就过去了。从河西回来，孝文帝对骑射征战就特别感兴趣了，退朝后便与阉官们演习武艺，操演战阵，还常带将士出去狩猎。冯太后对他的行动并不干涉，时间一久，孝文帝反倒憋不住，有一天他趁冯太后高兴，就把太上皇给他讲的祖宗故事说了起来，还说这些英雄事迹令他十分佩服。冯太后冷笑几声，对他说道："你只知道他们马上厮杀的乐趣，你可知他们个个死得很惨？嗜杀者人必杀之。"孝文帝要继续听，可冯太后却不讲了。太上皇表面上在鹿野苑学佛参禅，可内心却向往祖宗功业，乐于征伐，以带兵打仗为军国重事，在文治方面无建树。他还干预朝廷人事，老臣源贺在沃野镇讨伐敕勒，安定边疆，立有大功，但献文帝吩咐孝文帝不准赏赐他，也不让他回朝，只让他继续屯驻漠南，率军屯垦。阉官赵黑任选部尚书，在人事安排上和献文帝的心腹李䜣两人共管。李䜣所提的三人要越级提拔，赵黑认为不公，坚决反对，李䜣竟整了赵黑的黑材料，诬陷赵黑贪冒，因赵黑是冯太后重用的，献文帝听罢李䜣的小报告，把赵黑黜去当守门人。赵黑向冯太后哭诉，冯太后叹息了几声，作无可奈何之态。太上皇见太后无力反击，更为得意，他牢抓军权，随时准备以武力废黜太后。延兴五年（475）夏天，太上皇又宣布要北伐柔然。十月，在平城北郊举行大规模阅兵。阅兵结束后，又加紧备战，京师气氛十分紧张。太后宫中宦官剧鹏、张佑等人，向太后反映太上皇穷兵黩武，不得民心，太后听罢，思忖许久，对他们说："太上皇的举动，我岂能不考虑。他要搞我，也非一日了，这次又准备兴师动众，只怕意在对内而非对外。我倒好说，从此不问政事也就罢了，你们可要受苦了。"剧鹏、张佑等一听，立即齐声说："请太后明示，臣等效忠太后，万死不辞。"冯太后见时机成熟，众人可用，便向他们布置停当，等待机会。冯太后让孝文帝下诏，将京中的中央所属部队分为三部，规定第一军将领出征，派遣第一部；第二军将领出征，派遣第二部；第三军将领出征，派遣第三部，任何人不准一次调动三部军队。这就限制了太上皇一次将京师军马全部调齐的能力，如果他调出一军，还有两军控制在朝廷。兵士分部完毕，冯太后让孝文帝宣布京师戒严，准备和太上皇摊牌。这年太上皇二十三岁，富于春秋，但仍然缺乏政治斗争经验。他并没有意识到自己处境的危险，反而认为冯太后不过是一位不出宫门的妇女，成不了什么气候，以为太后不敢对他怎样。于是他带了一帮随从，从北苑入宫，直闯冯太后宫室，要与冯太后面谈，逼迫冯太后不再干预政治。他见冯太后端坐宫中，从容不迫，心中诧异。回头一看，自己的随从都被拦截在外，室内只有他和冯太后两人相对而视。太上皇开口言道："太后原非皇帝亲祖母，却将皇帝控制在手，时时干预朝政，这不利于皇帝和国家，也不利于太后自己。太后明智，可否记得常太后？常太后是先帝乳母，有乳保之功，先帝即位后，她也把持朝政，引发先帝反感。常太后何等明智，终于

急流勇退，死备哀荣，葬于广宁鸡鸣山。今日之事，如蒙太后垂恩，不再干预朝政，儿臣对太后的敬仰，一定会胜过先帝对于常太后！望太后三思。”

太后听罢，厉声斥责道：“你死在眼前，还敢胡说八道，竟没有一点悟性。我乃先帝皇后，按名分是你的嫡母，你竟屡次对我威逼，实属狼心狗肺。我乃燕国天王孙女，给拓跋家做皇后，门当户对，而你之生母，入宫之前乃永昌王小妾，居然一入宫便有身孕，后来在阴山之北产生你这逆畜。此事瞒得过先帝，但瞒不住我和常太后。我两人始终不相信你是先帝龙种。也算你命大，居然活到今天，谁知如此猖獗!”

太上皇听罢，气得浑身打颤，正待发作，不料太后一声断喝，从两旁帷壁间跳出数十个武士，个个手持利刃，把太上皇围住，太上皇寡不敌众，宝剑被砍落在地，当下就被擒住，捆绑起来，立在庭中。太后立即命人端出一杯酒，她对太上皇说：“这是毒酒，念汝是我儿辈，给你一个全尸，否则就命武士将你砍死。”太上皇见事已无法挽救，便将毒酒喝下，顷刻之间七窍流血而亡。太上皇带来的卫士，全被冯太后的伏兵所砍杀，不曾走了一个。冯太后令人把太上皇尸体上的血迹清理干净，将其尸体秘密抬回北苑宁光宫中摆好。然后派人唤来孝文帝，告诉他宁光宫派人报告，太上皇暴病而亡，吩咐他处理后事。孝文帝急奔宁光宫，见到了父亲尸体，但他年龄小，根本看不出太上皇是中毒死亡。第二天即六月十四日（7月21日），孝文帝召见群臣，宣布太上皇暴病驾崩，群臣都有怀疑，但无人敢言。于是孝文帝按冯太后旨意，宣布大赦，改元承明。六月二十日，朝廷举行仪式，将太上皇神主供入太庙，上谥为献文皇帝，庙号显祖，派大臣任安陵使，将遗体运往云中金陵安葬。

太上皇与冯太后斗争的第五回合，冷战变成热战，就这样结束了，以冯太后的胜利而告终。

（六）掌大政太后改制

承明元年（476）六月二十一日（7月28日），孝文帝下达诏书，尊祖母冯太后为太皇太后，声言自己年幼，敬请太后临朝称制，望天下臣民一起周知。这正是冯太后多年来求之不得的事。太上皇在世时，她不能走这一步，如今太上皇已死，尚何惧哉！不过，她还是假意推让了一番，才表示勉强同意，于是第二次临朝称制。这一年，冯太后三十五虚岁。

冯太后第二次临朝称制的初期，冯太后和孝文帝两个人各怀心思。冯太后忙着稳住朝廷，安插亲信，亲下制令，晋升征西大将军拓跋丕为东阳王；拜驸马都尉穆泰为殿中尚书，加散骑常侍、安西将军，封冯翊公；任命游明根为仪曹长，加散骑常侍；高闾为中书令，加给事中；李冲为内秘书令，南部给事中；李安世为主客令；韩麒麟为给事黄门侍郎。与此同时，太后对身边宠臣和阉宦也大加封赏。王睿在太皇太后第一次临朝称制时就是太后的相好，此人相貌堂堂，伶牙俐齿，风趣幽默，专会逗乐，当时任太卜令，在为冯太后说笑逗乐中，成了太后的相好。王睿为人行事低调，又不掌权，所以不讨人嫌，朝中人都很喜欢他，没什么仇人，太后隔三差五召他入宫算卦，和他幽会。太后第二次临朝称制，超升王睿为给事中、散骑常侍、侍中、吏部尚书，封太原公，内参机密，外预政事，百僚无不巴结。阉宦中大约有十七人是冯太后心腹，都加官晋爵，例如张佑，超升为尚书、安南将军，封陇东公，执掌主管宫廷物资供应的内藏曹，不久又加官侍中，监管诸曹尚书。抱嶷，任殿中侍郎、中常侍、安西将军、尚书，封安定公，统领宫中禁卫军。王遇，任中曹给事中、散骑常侍、安西将军，宕昌公。苻承祖，自御厩令迁中部给事中、散骑常

侍，辅国将军。剧鹏，给事中。如此等等。对于一些老阉官，太后则让他们到物产丰盛的州去任刺史，好让他们得好处之后告老还乡，安度晚年。而此时的孝文帝，年方十岁，父亲已死，早年母死，虽贵为皇帝，但整日苦闷不堪，还得在太皇太后前表现出若无其事的样子。他觉得父亲死得奇怪，但又无法弄清真相，也无人告诉他真相。他决定承明元年七月不去阴山却霜，而要在平城永宁寺做大法供，为太上皇祈福。这年八月初一（9月5日），平城各寺住持、僧尼以及游僧千人与会，围观者上万人，孝文帝御驾亲临，整个京师都轰动了。在为献文帝乞求冥福之后，孝文帝为百余请求出家为僧尼的信徒落了发，并向他们布施僧服，令其修习佛教戒律，为太上皇资福[22]。回到宫中，孝文帝意犹未尽，又下诏命令有司修建明佛寺，以后专门作为太上皇的祈福场所。承明元年十月，建明佛寺落成，孝文帝亲临建明佛寺，举行隆重庆典，观者人山人海。孝文帝在新建寺院高僧主持下，为太上皇祈祷冥福。回到宫中，为庆祝该寺落成，孝文帝宣布大赦罪人[23]。

孝文帝的这一系列行为，冯太后看在眼中，于是决定采取行动，一是把献文帝留下的几个亲信排除出京师，二是直接针对孝文帝本人采取措施。孝文帝之叔拓跋长乐出任定州刺史，叔祖拓跋子推出任青州刺史，司空李䜣出任徐州刺史。冯太后认为孝文帝年龄不大，城府太深，虽然由她一手抚育成人，但并不感恩，自己百年之后，孝文帝很可能翻案，难保冯家不会遭殃。她决定除掉孝文帝，另立献文帝次子拓跋禧为帝。承明元年十二月的一天，孝文帝下朝后到太后宫中请安，刚入宫门，就被几名阉官摁住，剥掉衣服，只留一件单衣，关进了宫中一间侧室。随后太皇太后将皇子拓跋禧和他的母亲贲昭仪一并唤来，把自己的想法告诉他们，使他们有思想准备。但贲昭仪不以为喜，反而伤心落泪，她知道，按照子贵母死制度，太后实际上是通知她准备自裁。她回到自己住处，不甘心丢命，两天过去了，她抱着一线希望，命贴身阉官把太皇太后的打算告知了司空拓跋丕、殿中尚书穆泰、内秘书令李冲等大臣。这三人一听大惊，急忙入宫来见太后，对太后劝谏道："皇帝原是太皇太后抚养成人，因此聪慧贤明，富有孝心，今后必定继续深念太后养育之恩，服从太后指令。皇子禧年纪幼小，又非太后亲自抚养，废黜皇帝而立皇子禧，后果难以预料。请太后明断。"㉑太皇太后经过三天的冷静思考，也有了回心转意的念头，顺水推舟地说："我就听你们的话，你们可去看他。他被关了三天，倘然还能挺过来，那是他的造化；挺不过来，是他命里不该当皇帝。即使他还当皇帝，今后也不许事事妄做主张，否则随时废黜他。"三大臣连连称是，急忙赶到侧室去看皇帝。其时正是寒冬腊月，孝文帝衣服单薄，已被冻僵在土炕之上，众人将他抱起，灌以热汤，用暖被裹着，抬回他的寝室，让御医调治。真的命大，皇帝居然挺了过来。数日之后，孝文帝痊愈，赶快来拜谢太皇太后不废之恩，表示从此服服帖帖，悉听制令。太皇太后这才说道："皇帝来得正好，我已把老臣高允叫到宫中，他是太武帝时参与崔浩主持编撰我朝国史的人，对我朝的国史很熟悉。当年崔浩按太武帝指示，修国史务从实录，结果如实把拓跋部的历史写出后，却受到拓跋大臣们的攻击，说是丢拓跋鲜卑人的脸，太武帝杀了崔浩不算，还株连九族，杀死数百人，血雨腥风，极其罕见。我今请高允从怀州刺史任上回来，为你讲你祖上的历史，好让你知道你那些祖先丑陋的一面。孔子说'知耻近乎勇'，只有知道这些，你才能勇敢地接受历史教训，成为一个好皇帝。"于是太后命人请出高允来。高允虽已八十多岁，但思路清晰，面色红润。但他心有余悸，开言说道："太皇太后命老臣讲述本朝往古之事，老臣自当以实讲述。但本朝历史一直有诸多忌讳，恐怕触犯忌讳会遭杀身之祸，当年崔司徒即因此被诛，老臣请太后千万鉴谅。"太后回答说："既往之事，我很清楚。今让你对皇帝讲述，不必忌讳，可大胆直言，以为皇帝治国之鉴，卿可如实道来。"于是高允才对孝

文帝一一道出了拓跋鲜卑历史上发生的重大事件：拓跋部在盛乐时代，沙漠汗欲推广汉文化而被落后的各部大人杀害，力微也被气死；代国初建，拓跋猗卢与儿子父子争权，儿子六脩弑父，代国几乎灭亡；代国末年，什翼犍被儿子拓跋寔斤杀死，导致代国亡国十年，道武帝母子流浪塞内外，才回到盛乐重建代国；道武帝晚年服寒食散精神错乱，暴戾猜忌，被次子拓跋绍入宫杀死；太武帝晚年宗爱作乱，社稷几乎倾覆等等。这些尔虞我诈、你死我活的流血政变和政治斗争，使孝文帝听得心灵震颤，感慨良多。太皇太后接过高允的话头说道："延兴三年太上皇带着你讨伐吐谷浑，给你大讲了一通先朝事迹，你便对英雄祖先崇拜起来，一味要学习他们称霸称王。可太上皇其实只讲了祖先们如何开创天下的事迹，并不讲他们如何被杀的结局。结果导致你认识片面，以为国家全是靠马背上的功夫得来，其实马上得天下，不能在马上治之，武功文治二者，文治为主，武功为辅，和平农耕是中原传统，但需以武力保卫。骑马射箭、征伐掳掠是匈奴习俗，他们以鞍马为家，射猎为俗，掳掠为荣，终究成不了大气候。西晋以来，汉人称为五胡的政权，有数十个，都次第灭亡，只有鲜卑拓跋侥幸成功，传承到你。你的祖宗中，太武帝是最能打仗的，闻战而喜，统一了北方，但南下进攻汉人朝廷，饮马长江，久攻不下，不得不撤回平城，未几死于奸佞小人之手。南方朝廷之难以攻破，因为百姓认为它是正统，北方再强大，也是胡人政权，所以老百姓拼死也要保卫南朝。你要从这些往事中汲取教训，必须牢记，只有推行汉族的传统制度，实行文治，才会成为一个英明伟大的君主，使国家繁荣昌盛。我之所以苦口婆心地对你说这些，并请高允给你讲历史，目的就在这里。你必须按这个方向去做，我才会扶持你，否则，为国家社稷着想，我只好废黜你另立他人。"孝文帝听得很感动，连连称是，再三表示永尊太后教诲，绝不违背，于是祖孙和好如初。几天之后，已是正月初一，即 477 年 1 月 30 日，孝文帝立即下诏放弃承明年号，改元太和。这样的政治姿态，表明他要追求汉族礼乐文治，受到汉族士人欢迎。

从太和元年到太和七年（483），是冯太后和孝文帝在政治改革上小试牛刀的时期。这一时期的重大政治举措主要有：

一是继续抓紧农业生产的发展。太和元年正月孝文帝发布的劝农桑诏，中心内容是“简以徭役，先之劝奖，相其水陆，务尽地利，使农夫外布，桑妇内勤”。即减少农民的徭役，鼓励引导，根据水田旱地的不同，务必地尽其利，使农民男子都上地耕作，女子养蚕织布。三月发布督课田农诏，中心内容是各级政府督促农民发展生产，“有牛者勤加于常岁，无牛者倍庸于余年”，即有牛之家平常就不要使牛闲着，无牛之户多雇有牛户为自己耕种。诏书规定农民耕作的定额为“一夫制治田四十亩，中男二十亩”，即成年男子耕种四十亩，未成年者耕作二十亩。以后又多次下达重农诏书，各州郡有水旱灾害，则开仓赈恤。太和四年（480）四月，要求官员迅速办理治安刑事案件，以使农民很快回到生产劳动岗位，还曾对“天下贫人一户之内无杂财谷帛者廪一年”，即救济贫苦农民一年所需粮食衣物。

二是将拓跋部落贵族和汉士族上层看为一个阶层，要求将他们和下层民众区别开来，形成上层统治者的合流融合。太和元年八月发布工役不染清流诏，认为“工商皂隶，各有厥分，而有司纵滥，或染清流”，要求士庶严格区分。太和二年（478）五月又发布《订婚葬律令诏》，要求按社会地位对婚葬礼仪加以限制，贵戚士人不得下婚庶人。这是争取汉族士人对拓跋政权的支持，缓解崔浩案件以来中原士族的疑虑，形成拓跋贵族和汉士族的合流。

三是继续减轻刑罚，推行仁政，改变魏朝在人民心目中的残忍形象。太和元年两度发布斩不裸形诏，以往处以斩刑者都是裸体执行，现在被废止，“务从宽仁”，人性化。同年定死刑为三等。以前的轘、腰斩、斩首、绞，改为枭首（悬挂人头）、斩首和绞，不再有轘（车

裂）和腰斩（拦腰斩断）。死罪情有可原者判为流刑，徒刑囚犯也要量刑慎重，尽量减轻年限，遣送务农。对狱中囚犯，不得虐待，曾下《恤狱囚诏》，要求为狱囚穷困者解决衣食，改变桎梏沉重为轻锁。要提高办案效率，不得久拖。太和五年（487）颁布了《太和律》八百三十二条，使司法量刑有统一的法律依据。

这一时期冯太后和孝文帝在个人方面有如下一些重要事件：

(1) 太原公王睿受太皇太后宠爱日深，白昼出入宫禁，朝廷上下虽有窃窃私议，但谁敢出头过问此事，自孝文帝以下，大家反而要回避王睿。太和二年（478）六月十三日（7月28日），太后携孝文帝和公卿百官、各国使节，到虎圈观看斗虎。斗虎是一种让虎士与猛虎格斗的习俗，在虎圈中进行。虎圈建在平城西苑，是一个环形建筑物，人与虎在圈中格斗厮杀，直至斗得虎死人伤，才算罢休。观者在看台上兴高采烈。太后携百官而来，掌管的官员格外殷勤，专挑勇敢善斗的虎士（奴隶）和体格健壮的猛虎放入圈中，让他们相斗。其中有一只猛虎咬死一个虎士后，转而向圈上狂吼，竟然奋力一窜，上了通向御座的阁道，直奔太后和皇帝而来。侍御卫士和左右大臣见状，吓得纷纷逃窜。太后是女中强人，但也没有见过这种场面，一时不知所措。危难时刻，站在太后身后的王睿坚定镇静，立即从卫士手中夺过一把长戟，挺身而出，举戟冲向猛虎，猛虎见状，竟然愣住，龇牙咧嘴，见王睿来势凶猛，相持片刻，掉转屁股跳下圈而去。太后和皇帝有惊无险，回到宫中。太后召王睿进宫，一番欢爱过后，赏赐王睿许多珍宝，特别是赐他金书铁券，也就是死罪不死的诏书。这东西形状像个板瓦，高约一尺，长约三尺，券词用黄金镶嵌，上面刻着被赐人王睿的官爵姓名及据以受赐的功绩，也就是冒死保卫太后皇帝，特别刻有："恕卿九死，子孙三死，或犯罪常刑，有司不得加责。"是一式两件，王睿拿一件，内府藏一件。太后又赏赐王睿大量田园，田园中牛马杂畜成群，配有众多僮仆劳作。又专为王睿建造一所豪宅，装饰得金碧辉煌。还造一辆夜帷车，专供王睿出入宫禁乘坐。太和四年(480)春，孝文帝升迁王睿为中山王、尚书令，加镇东大将军，还配置王官二十二人，做他的属官，其中有著名文士郑羲等人。王睿之妻丁氏封为王妃，王睿的女儿出嫁比皇家公主还隆重。大女儿出嫁李冲之姪李延滨，二女儿嫁给李恢之子李华，两家都是高门士族。两女同日出嫁，都由皇家按照公主的礼仪办理，出阁之前两女先被接入宫中住下，次日太皇太后亲自在太华殿主婚，王睿与宦官张佑侍坐两边，王睿的亲眷和两位李姓亲家的男女站立于东西走廊之下，然后两女登车上路，前往夫家，太皇太后一直送出宫城才返折宫中。平城人都说是天子太后嫁女。太和五年(481)王睿病重，太后几乎每日亲临其宅探视，每次都是孝文帝陪同。又不断派遣侍从往王睿宅中赐饭、送药，有时前一班侍从尚未返回，后一班侍从又到了。太后如此，其他大臣更不敢怠慢，王睿的宅第前车水马龙，络绎不绝。太和五年六月十六日(481年8月27日)王睿卒，太后亲到灵堂致哀，宦官王遇监护丧事，内侍长董丑奴在平城东门外营造坟墓，朝廷下诏，赠王睿卫大将军、太宰、并州牧，谥曰宣王。下葬之日，孝文帝亲登城楼眺望下葬队伍出城，约有千余王家的姻亲故旧，披麻戴孝为王睿送行，一路号啕大哭。王葬后孝文帝又在平城南二十里大道右侧为王睿建庙立碑，四时祭祀，置守祀之户五家。孝文帝命令在大殿上绘《王睿捍虎图》壁画，命高允作赞，写于捍虎图侧。又命京都士女编写乐曲，赞扬王睿的壮美，令乐府排练之后为太后演出，称为《中山王乐》。

(2)皇太后宠幸宦官，培植宦官死党。宦官以张佑为首，在太后左右结成死党，共十七人，太后为这十七人都修了豪华宅第，赐以金书铁券不死之诏。他们都任意出入禁中，又在朝廷任职，气焰熏灼，而且个个家财万贯，称富夸财，傲视群僚，是一股咄咄逼人的政治势力。张佑的宅第建成时，太后和皇帝率文武百官前往祝贺，并在庆祝落成典礼上拜张佑为镇南将军、尚书左仆射、新平王。太后头脑清

醒，知道宦官终究是一帮小人，在宠幸他们的同时，始终不许他们有非分之想，以防他们野心勃发，重走宗爱之路。从张佑开始，虽已贵为王公，但稍有过失，就拉下殿去痛打，少则十板，多则百板。太后最大的优点，就是不记人之过，对犯错误者，痛责之后就算了结，过后待之如初，或许还会因此更加富贵。这些人已摸准太后脾气，对责打从不记仇，死心塌地为太后效力。

(3) 太皇太后对朝野的反己势力，坚决清除，毫不手软，对于有政治威胁的潜在敌人，也不放松。李䜣当年接受范标劝告，忘恩负义出卖好友李敷以致太后情人李弈被诛。此事太后一直耿耿于怀。李䜣把范标当成心腹，心腹之事无所不谈。李䜣之弟李璞对此十分担心，病重去世之前劝告李䜣不可相信范标这个小人，李䜣听不进去。太后第二次临朝称制，假装仍然重用李䜣，范标很诧异。不久李䜣被外放为徐州刺史，范标琢磨太后仍然记恨李䜣，这时赵黑找到范标，让他揭发李䜣，太后必然重赏。范标此时是李䜣手下一个县令级的官，心想出头机会来了。太和元年（477）二月，范标向朝廷告发李䜣企图叛魏投宋。孝文帝接到状子，不敢怠慢，立即呈报太皇太后，太后大喜，立即槛车征䜣，押回平城亲自审问。虽经严刑逼供，李䜣仍不肯承认叛国之罪，因为关系全家人性命。太后明知李䜣冤枉，却对李䜣说："你自称并无叛国之罪，却有你的密友检举你的言论，你赖不掉。"说完就把范标传来当面对质。李䜣见是范标检举他，气愤地说："你信口胡言诬陷我，我还能说什么？我待你一向不薄，你为博取名利投机钻营，不惜出卖我，太不仁义了！"范标冷冷地说："李公有恩于范标，但怎能比得李敷有恩于李公？李公当初忍心加害李敷，范标我对李公有何不忍？"李䜣一听，知道难逃一死，仰天长叹道："我不听李璞之言，致有今日之祸，万分悔恨又有何益，这真是天报应啊！"太后不想听他的牢骚，嘿嘿冷笑，命令将他处死，其长子李遂病故不问，其次子和三子都被杀，只有长孙李晴事先逃脱，后遇大赦免死。

李䜣死后，范标自以为得计，心想太后这次非重赏他不可，于是滞留在平城驿馆之中。一日只见几个宦官来唤他，要他急速进宫，他喜出望外，出门登车，行不多远，他觉得方向不对，那车走得很快，直往城南奔去，范标问阉官要往何处，回答是“送你上路”。范标要想脱身，几个阉官把他挟住，拉到郊外一块空地上，将他推下车来，三四把刀一齐捅向他，结束了他的狗命。

李惠之女即献文帝元皇后，孝文帝之母，因此李惠是孝文帝的外祖父。因系皇亲，李惠被封南郡王。李惠聪明廉洁，先任雍州刺史、长安镇大将，政绩突出，断案如神。后来又调青州，地方安静，五谷丰登。可冯太后担心此人威望太高，将来是冯家祸害，于是让张佑找人诬告李惠企图叛国南逃，诬告状送到孝文帝手中，孝文帝明知外祖父冤枉，却不敢为他做主申辩，还得尽快呈于太后。太后命孝文帝下诏，在青州就地处死李惠，太和二年（478）十二月李惠被诛，与他同时被诛者还有他的两个弟弟李初、李乐，以及他的后妻梁氏和儿子、侄子，家产全部充公。这是冯太后制造的最大冤案。

与献文帝关系密切的拓跋诸王，也纷纷落马。献文帝之弟拓跋长乐，承明元年（476）中拜太尉，但在年底即被出为定州刺史。拓跋长乐心中不满，在刺史厅堂屡发脾气，又鞭挞地方士绅，地方人士联名上告，皇太后准奏，将其征回平城，打了三十大板。拓跋长乐内心不服，与内行长乙弗肆虎密谋，要找机会刺杀太后，被太后侦知，阴谋败露，太和三年（479）九月，乙弗肆虎被杀，拓跋长乐赐死于家。献文帝叔父拓跋子推承明元年底任青州刺史，他当年未得到献文帝禅位，却落下一番话柄，心中不高兴，太后临朝称制就被外放，心里窝火，不想赴任，拖了半年多，太和元年（477）七月方去赴任，但走到半路就不明不白地死了。宜都王拓跋目辰在反对乙浑和反对献文帝禅位中立有大功，承明元年拜司徒。但他对太后结党营私看不惯，太和元年（477）三月太后命孝文帝将拓跋目辰与雍州刺史东阳王拓跋

丕对调，拓跋丕任司徒，拓跋目辰任雍州刺史。有人向朝廷告发拓跋目辰贪污受贿，太和三年（479）四月太后命孝文帝下诏将其赐死。

(4) 太后对于冯家关怀备至，使自己家人无论生死都享荣华。太后在长安为父冯朗立庙祭祀，追赠假黄钺、太宰、燕宣王，又在龙城建思燕佛图寺院，刊石立碑，并超度当初被魏灭亡的北燕先祖亡灵。太后之兄冯熙，因不愿在朝为官，承明元年（476）七月任车骑大将军、开府、都督洛州刺史，他生有四子三女，四个儿子即冯诞、冯脩、冯聿、冯夙。冯诞、冯脩之母为博陵长公主，因而最受宠。冯诞与孝文帝同岁，太后临朝称制，将此二人引入宫中居住，太和五年（481）九月，孝文帝拜冯诞为侍中、征西大将军，封南平王，又将孝文帝妹乐安长公主下嫁冯诞，不久又拜冯诞为仪曹尚书。同时拜冯脩为侍中、征北大将军、尚书、东平公。老三冯聿，位居黄门郎，信都伯。老四冯夙，因为最小，太后溺爱，自幼养在宫中。太和二年（478）这个小孩就被封为北平王，拜太子中庶子。

(5) 冯太后为教育孝文帝，亲自撰写了《皇诰》十八篇，又编了一本《劝诫歌》，请老臣高允改定，一并赐给孝文帝阅读。孝文帝认真诵读，成为他当皇帝的必备读物。

(6) 太后自选陵址于方山，孝文帝组织人施工。太和五年（481）四月，风和日丽的一天，太后心情甚好，携孝文帝同游平城之北的方山风景区。太和三年（479）六月已在其地开凿灵泉池，池北修有灵泉宫，是皇家游乐后休息场所，池南修有文石室，文石室由镂花条石构筑，专供佛像，以便参拜。又在方山南麓建了一座思远佛寺。太后与皇帝来时，登方山眺望，风景十分壮丽，就对孝文帝和随行大臣说："当年舜帝死在南方，葬于苍梧，他的两个妃子并未随他而葬，而是死于湘水之滨，成为湘水之神。可见远古后妃死后并不一定要附葬于皇帝墓侧。我看方山一带风水甚好，我百年之后，就让我安息于此吧。"孝文帝吃惊地点点头，立即答应动工为太后修筑寿陵。太后又说，我已写下临终制命，你可将其铭于金册，寿陵建成后藏于其中。这一年冯太后四十岁。但古代帝王的传统是陵要早建，故冯太后有此举措。

太和八年到太和十四年（484—490），是太后的晚年，也是她一生最辉煌的时期。在这个时期由她主导，孝文帝配合，实行了三项改革。

一是实行班禄制。直到太和八年（484）前，“魏百官不给俸禄，少能以廉白自立者。”[24]冯太后和孝文帝认识到，要解决贪污问题，改善吏治，加强社会安定，增加国家经济收入，最根本的办法是使官吏的报酬制度化。太和八年六月二十六日（7月23日），孝文帝下达《班禄诏》，诏书说：“置官班禄，行之尚矣，《周礼》有食禄之典，二汉著受禄之秩，逮于魏晋，莫不聿稽往宪，以经纶治道。自中原丧乱，兹制中绝，先朝因循，未遑厘改。朕永鉴四方，求民之瘼，夙兴昧旦，至于忧勤。故宪章旧典，始班俸禄，罢诸商人，以简民事。户增调三匹，谷二斛九斗，以为官司之禄，均预调二匹之赋，即兼商用。虽有一时之烦，终克永逸之益。禄行之后，赃满一匹者死。变法改度，宜为更始。其大赦天下，与之维新。”魏国旧制，户调帛两匹，絮二斤，丝一斤，谷二十石。许多州郡不产丝绵，只产麻布，因此又令每户出帛一匹二丈，存放州库，作为由官府委托商人调换布帛的费用。新的制度规定，每户在调帛二匹外再加三匹，增成五匹，增谷两石九斗，成为二十二石九斗，作为百官俸禄。产麻布的各地，就用麻布充税，不再换丝帛。班禄之后，官员赃满一匹就判死罪。地方官刺史以下各官，犯赃发觉，被处死四十余人。[25]实行均田制后，又规定地方官得收公田之租，刺史十五顷，太守十顷，县令六顷。这样，开国以来的贪污积弊大大消除，吏治颇有新气象。朝廷确定了内外百官的受禄标准，每季发放一次。《班禄诏》颁布之后，孝文帝派使者巡行各地，前面所说处死的四十余名贪污犯就是使者发现的。皇舅李洪

之，因在秦益二州刺史任上继续贪污受贿，被赐自裁。[26]梁州刺史临淮王拓跋提，因贪赃被人揭发，因是孝文帝叔祖，未判死刑，削去爵位，免除官职，发往北镇充军。[27]朔州刺史章武王拓跋彬，勇敢善战，因有贪污行为，被一撤到底，变为庶人。[28]文成帝之弟拓跋天赐、拓跋桢都是王爷，都因贪污残暴被告发，削除封爵官位，以庶人归第，禁锢终身。[29]

二是建立三长制。中国古代本来有一套完整的乡里制度，但在魏晋南北朝时，乡里制度被冲击得荡然无存。代之而起的是乡村豪强地主以宗族血缘或以地域关系为纽带筑坞作堡，且耕且战以自保，迫使大多数农民荫附于他们。这种坞壁是南北朝时期极为活跃的社会势力，每个坞壁都是一个独立王国。《魏书·薛辩列传》载，薛氏祖先“自蜀徙于河东之汾阳（今山西万荣）”，成为河东大族。薛辩之父薛强，“善抚绥，为民所归。历石虎、苻坚，常凭河自固……强卒，辩复袭统其营”。薛辩“农务教战，恒以数千之众，摧抗赫连氏”。薛辩死，其子薛谨率领部曲，由于势力很大，拓跋焘采取拉拢政策，封他为河东太守、汾阳侯，后迁为秦州刺史。薛谨的坞壁与赫连勃勃接壤，谨“结士抗敌，甚有威惠”，还命令“立庠序，教以诗书，三农之暇悉令受业，躬巡邑里，亲加考试，于是河汾之地，儒道大兴”。薛谨死后，子薛洪祚袭。盖吴扰动关右，薛永宗屯据黄河东侧，共同联络造反，而薛洪祚纠合乡亲，壁于河际，截断二寇往来。薛氏在自己坞壁中，政治、经济、文化都有一套完整体制，是个典型坞壁。但北魏统一黄河流域后，它与坞壁的矛盾就逐步突出起来。明元帝拓跋嗣想把坞主壁帅迁于平城京畿，便于控制，但他们为保护既得利益，纷纷起兵反抗，“守宰讨之不能禁”。明元帝让大臣崔宏、叔孙建、拓跋屈讨论如何处置这批人，世族地主、地方豪强的政治代表崔宏力主赦免，明元帝从之。这反映了北魏政权无力摧毁坞壁，只能采取妥协招抚的办法。后来北魏政权为取得坞主壁帅们的支持，在各地实行宗主督护，让这些坞主们成为宗主，承认其对本乡本土的统治权。但是宗主督护是一种合户制，所谓“百室合户，千丁共籍”，每户有多少家，政府并不掌握，隐丁漏户的现象十分严重。政府所规定的每户应缴纳的租调，都被转嫁给农民，而宗主实际向农民征收的东西，比国家的赋税还沉重。《魏书·食货志》说：“魏初不立三长，故民多荫附，荫附者皆无官役，豪强征敛，倍于公赋。”这种情况不但影响国家的财政税收，而且使国家的政令不能贯彻，基层政权无法建立。太和九年（485）给事中李冲上书，建议实行三长制，冯太后览而称善。[30]三长制实际就是汉族政权已经实行过的什伍制，三长即五家为邻，置邻长一人；五邻为里，置里长一人；五里为党，置党长一人。三长本身免官役，又邻长家有一人得免官役，里长家有二人，党长家有三人。实行这个制度，前提必然是查清户口，不得隐冒，影响世族地主的利益，因而“豪富并兼者，尤弗愿也”。冯太后、孝文帝让群臣讨论，中书令郑羲、秘书令高佑等人认为，“言似可用，事实难行”，郑羲还说：“不信臣言，但试行之，事败之后，知愚之不谬。”太尉拓跋丕却认为，“此法若行，于公私有益。”但有的人又认为办法虽好，但眼下正是农忙季节，派官员清查民户，会耽误农时，引起百姓的不满，主张秋收大忙之后，到冬闲月再搞。李冲认为农忙是清查户口的好时机，若过了农忙，到了交纳租调之后，老百姓只知道是清查户口立三长，看不到均徭省赋的好处，对推行三长制会产生埋怨情绪。他主张在秋收大忙季节，就让老百姓知道立三长给他们带来的实际好处。著作郎傅思益认为，旧制实行多年了，一旦改变必然引起骚乱。在两种意见分歧很大的情况下，冯太后说：“立三长，则课有常准，赋有恒分，苞荫之户可出，侥幸之人可止，何为而不可？”她把立三长的好处进行了精炼概括，遂下诏建立三长制。三长制迅速在魏国全境推行，实际并没有遇到多大阻力。三长制本身照顾了过去的宗主和世族地主的利益，三长仍是过去宗主的化身，当三长的，可以役属四家、

二十四家，一百二十四家，三长大部分仍由过去的宗主担任，所谓“今之三长，皆是豪门多丁为之”（《魏书.常景列传》）。他们有政绩还可以提升，多了一条仕进之路。所以推行三长制后，很快就“公私便之”（《魏书·李冲列传》）。

三是实行均田制。自道武帝拓跋珪进入中原，鲜卑族和它的附属部落，已逐渐从游牧经济生活跨入农业经济生活。他们开始是“离散诸部，分土定居”，“给耕牛，计口授田”，在平城四周建立了一种生产有机体的村社，而由拓跋政权派人监押管理，因而其剩余产物全部集中到了拓跋政权手中。这就使拓跋氏的北魏政权以“劝课农耕”作为内政的要务。当魏国统一了黄河流域后，按理中原地区的农业是比平城京畿远为繁盛发达的，但当时的客观现实是广大中原地区“土广人稀”。这是因为自西晋末年丧乱以来，中原地区长期遭受五胡十六国各少数民族频繁发动的战争，所谓“自永嘉丧乱，百姓流亡，中原萧条，千里无烟”，百姓“或死于干戈，或死于饥馑”，“其幸而存者盖十五焉”。在这干戈扰攘的一百多年间，中原的农民不是在战争中被大批地屠杀，便是饥饿疾疫而死亡，或抛弃田园而逃往江南，或漂流异乡变为世家大族庇荫下的“部曲”和“佃客”。这样中原地区的肥沃之田大多变成了荒地。北魏王朝君临中原，当然可以宣布这些土地为国有。而且他们本是游牧民族，在入住中原之初，也像其他游牧民族一样，跑马圈地作为苑囿和牧场，称为“苑牧公田”。中原地区这大量的荒地牧场都掌握在国家手中，北魏统治者在走向封建化的过程中，急需发展中原地区的农业经济，不能再走以畜牧业为主导产业的老路，大量的荒田苑牧掌握在国家手中而不用，实际对发展经济极为不利，甚至是发展经济的障碍。《魏书·古弼列传》载，“上谷民上书言苑囿过度，民无田业，乞减大半，以赐贫人。”太武帝拓跋焘时，北魏有很多封禁的良田，大臣高允因而进言，拓跋焘“遂除田禁：悉以授民”（《魏书·高允列传》）。这种情况反映了黄河流域统一后，生产逐渐恢复，农民迫切要求和土地结合以恢复和发展生产。国家必须解决自己手中掌握大量土地而荒芜不用和农民为恢复生产迫切需要土地之间的矛盾，满足农民的土地要求。自五胡十六国以来，中原汉人特别是世族地主纷纷南迁，没有南迁的世族地主纷纷建筑坞壁以自保，以血缘和地缘为纽带，自发形成一种军事经济政治组织。荫附坞主壁帅的农民，为求得人家的保护，必须缴纳一定数量的赋役。大小坞壁间的互相吞并和小坞壁服从大坞壁，在一个地区内形成一个以强大坞壁为首的坞壁群，最强大的首领就是霸主，汉魏以来的名门望族子孙，往往被公认为霸主，大坞壁可以管辖千万家，小坞壁也管辖几百几十家。劳动群众无力保护自己，只好投靠大小坞壁，称为“荫附”或“苞荫”，向坞主缴纳十分繁重的赋敛。北魏统治集团逐步封建化以后，在统治和剥削人民群众方面，北魏政权和坞主们的利益是一致的，但在如何分配剥削来的财富上，二者又有尖锐的矛盾。坞主壁帅隐瞒大量农户，而他们实际所奴役的荫附户所缴纳的财富，大量地流入了他们的腰包，只拿出小部分上缴政府。三长制后被他们隐冒的农民浮出水面，真实的农民人数为政府所掌握，政府要求农民缴纳的租调虽比坞主壁帅轻许多，但政府明白农民的生产潜力还很大，而他们手中的土地大多数不是自己的，而是豪强地主的，他们是别人的佃客。政府有责任真正解决农民的土地问题，才能进一步调动农民的生产积极性，增加财政收入。这些就是太和十年均田制出台的时代背景。均田制的内容大致是：男子 15 岁以上，授露田（不栽树的田）40 亩，妇人 20 亩。男夫受桑田 20 亩。露田不得买卖，身死归还官府；桑田是世业，可传给子孙，在某种限度内可以自由买卖，所谓“盈者得卖其盈，不足者得买所不足”。奴婢和平民一样受露田，奴 40 亩，婢 20 亩，但是，不给他们桑田。每家桑田之上，课种桑 50 株，枣 5 株，榆 3 株，不适宜种桑养蚕之地，男子给麻田 10 亩，妇人 5 亩，另外男子还给田 1 亩，课种榆枣。产麻布地区，奴也受麻田

10 亩，婢 5 亩。农民原来有屋基地的，不再分配宅田，倘移居新址，3 口给宅田 1 亩，以为居室，宅田之上，1/5 亩课种蔬菜。奴婢 5 口给宅田 1 亩。“奴任耕，婢任绩者”，出一夫一妇租调的 1/8 即奴隶 1 口，岁出帛 5 尺，粟 2.5 斗。丁牛 1 头受田 30 亩，受田牛以 4 头为限。丁牛 1 头出一夫一妇租调的 1/20，即帛 2 尺，粟 1 斗。有人认为北魏时土地实行休耕法，如实行二圃制休耕法，男子和妇人所受露田的数目当翻一倍；如采用三年轮作制，应是原定额的三倍，这种推测没有根据，农民应在自己所受之田中实行倒茬轮作。北魏对于奴婢的数量，未见有规定，有人认为王公贵族有多少奴婢都会计口授田，也是没有根据的。虽然上自王公贵族至豪强地主都蓄有奴婢，数量很大，但北魏王朝也下过不准使用各种手段使良家子息沦为奴婢的诏令，违者处以重罪（《魏书·高宗纪》和平四年（463）八月诏），故王公贵族必然隐瞒奴婢人数，当实行均田制时，前令未除，欲得土地而实报奴婢数量，与政府掌握之数不符仍可治罪，故必不敢多报，此其一。大量奴婢的存在虽是事实，但授田奴婢必须是“奴任耕，婢任绩者“，从事其他产业的奴婢不得授田，这就会使受田奴婢的人数相应减少，此其二。齐灭东魏时，齐文宣帝封东魏孝静帝为中山王，赐奴婢三百人，田一百顷，这应当是沿用魏国旧制。后来齐武帝推行均田制，规定：亲王的奴婢受田限三百人，嗣王（亲王世子）限二百人，第二品嗣王以下至庶姓王限一百五十人，正三品以上官至王宗，限一百人，七品官以上限八十人，八品官以下至庶人（豪强）限六十人。这个比例，应该是北魏旧制稍加变革的产物。因此，不可能出现像高阳王拓跋雍（元雍）有“僮仆六千”就按六千授田的事实。这个制度照顾王公贵族和豪强地主的利益，但不是无限制地照顾，加之皇权强大，王公贵族、豪强地主也能够承受。而自耕小农比作豪强坞主的佃客时，所受的剥削有所减轻，也乐于接受，因而这个制度在北方顺利推行开来。总的来看，它促进了黄河流域农业生产和北魏整个经济的发展，出现了“百姓殷阜，年登俗乐，鳏寡不闻犬豕之食，茕独不见牛羊之衣”（《洛阳伽蓝记》）的景象。它在北魏实施后，虽然曾遭破坏，但在东西魏、北齐、北周、隋、唐王朝又不断在同一地点加以推行，表明它是有强大生命力的。

冯太后实行这三项改革之后，不久就去世了（太和十四年，490年）。这三项改革适应了生产力的发展，巩固了魏国的经济基础，理顺了封建制度几个方面的重大关系，冯太后功不可没。在这个基础上，国家兴旺发达起来，北魏的经济实力达到历史最高点。孝文帝于方山（今大同市新荣区西寺儿梁山）安葬了冯太后（陵名永固陵），又过了三年，即议定迁都洛阳。太和十九年（495）正式迁都。在洛阳他进行了禁鲜卑服、禁鲜卑语、改鲜卑姓、建立门阀制度等一系列措施改革，史家对此评价很高。其实北魏兴于均田，亡于迁洛。限于篇幅，本文就置之弗论了。

冯太后晚年，眼见孝文帝在政治上逐渐成熟，改革日益成功，内心且喜且忧。喜的是后继有人，忧的是自己百年之后孝文帝对冯家是否尊重。于是她对自己的身后事预作安排。她的措施有两条，一是将自己后期的相好李冲抬举起来，二是安排冯家女掌控孝文帝的后宫。

李冲字思顺，生于太平真君十一年（450），陇西郡狄道县（今陕西黄陵西）人氏。他是李宝的小儿子，排行第六。李宝是西凉王李暠之孙。西凉国传到李宝伯父李歆时，被北凉王沮渠蒙逊灭亡了。李宝先迁姑臧（今甘肃武威），后随其舅投奔伊吾（今新疆哈密东）的柔然部落，他在那里招附了两千多家西凉遗民，企图东山再起，报仇复国。恰在此时魏国太武帝派军征讨北凉，李宝率众南归敦煌，依附北魏。太武帝拜李宝都督西垂诸军事、镇西大将军，领护西域校尉，沙州牧，封敦煌公。太平真君五年（444），李宝到平城觐见太武帝，此后留在平城，任外都大官。李家居住平城的第六年，李冲出生（450）。文成帝即位，李宝被降为镇北将军，派去镇守怀荒镇（今河

北张北），地当漠南草原入塞要冲，李冲随父度过了他的童年。太安五年（459）李宝去世，李冲十岁，长兄李承当时二十岁，担当了抚养弟妹的责任。文成帝末年，李承担任荥阳太守，将李冲带在身边教育。李冲努力攻读经典，胸怀大志，广泛交结有识之士，李承很看重他，希望他振兴李家门户。延兴五年（475）李承去世，此时李冲二十六岁，在朝任秘书中散，不久升内秘书令，这个官是整理皇帝诏书、臣僚奏章和宫禁图书的官员，秘书中散是内秘书令的僚属。这两个职务使李冲对北魏的政治制度、典章文物、历史变化有了深入了解，对中国古代的典籍、文史有了更深厚的根底，因而他常和太皇太后谈古论今，分析成败得失。太后和皇帝都对他十分器重。太和十年（486）李冲建议实行三长制和新的赋调制，其年李冲三十七岁，正是风华正茂之时，而皇太后这一年四十五岁，已是半老徐娘，但欲心仍然不减。太和五年（481）六月王睿死后，太后失去了情夫，生活枯淡了几年，直至太和十年才由李冲接替。太后每有疑难大事，都要向李冲咨询，日久生情，二人打得火热。李冲倾心效忠，太后将其升为中书令、散骑常侍，兼给事中，不久转南部尚书，封顺阳侯，晋封陇西公。两人恩爱非凡，太后赏赐李冲金银珍宝无数。李冲家族在朝为官者数不胜数，成为当世盛门。太后将李冲之女纳入后宫，成为孝文帝夫人。

太后将哥哥冯熙的三个女儿，也就是她的三个侄女，都选进孝文帝后宫。这三个姑娘中，一个是冯熙元配博陵长公主所生，另两个是冯熙妾常氏所生。常氏所生二女，大女儿最长，其次是二女儿，博陵长公主所生反倒最小。二女儿入宫不久便病死了，大女儿虽未病死，但身染疱疹，只好将她送到寺院中出家为尼。在纳此三女之前，孝文帝已纳阉官林金闾的侄女林氏，于太和七年（483）闰四月五日（5月27日）生下皇长子。孝文帝知道立皇长子为太子，林氏就会被处死，他心爱林氏，请太后开恩。但太后已将自己侄女陆续纳入后宫，为了她的侄女将来能当皇后，又将林氏赐死，并为皇子取名为恂，字元道，并自己承担了抚养重孙子的责任。冯熙的三女儿一直留在皇宫，太和十七年（493），被孝文帝立为皇后，因她姐姐后来又被孝文帝召回，立为左昭仪，二人争宠，她被废，史称孝文废皇后，废皇后入洛阳瑶光寺为尼去了。左昭仪升为皇后，行为不检，与中官高菩萨私乱，又诅咒孝文帝，孝文帝临终遗命处死，史称幽皇后。这都是后话了。

太皇太后崩于太和十四年（490）九月十八日。临终，他将孝文帝及拓跋丕、李冲召到寝宫，对孝文帝说："我去之后六宫无主，可立太师冯熙之女为皇后。"又指着拓跋丕和李冲说："鲜卑老臣和汉族士人都要重用，他们同心协力，国家就能稳固。"然后一瞑不视，再未醒来。

太皇太后去世了，但孝文帝的感情是复杂的。这位老太太对孝文帝既有养育之恩，又有杀母害父之仇；孝文帝是在她的教育下成长起来的，但又是在她的监视下生活过来的。这位老太太不同于以往的任何一位太后，近二十年来，她一直是魏国真正的最高统治者，现在她走了，权力到了孝文帝手中，这实际上是政权的转移，谁都盯着孝文帝的态度，他如何对待太后之死，如何把握大政方针，是继承还是改变冯太后的治国方略。好在孝文帝与冯太后的关系虽然微妙，但在坚持以汉族传统制度革新拓跋鲜卑旧习上，两人是一致的，他们在政治方向上并无矛盾。以此为基础，只要稳住朝政继续推行改革措施，那么国家就继续繁荣昌盛，自己就会成为一位英明君主，拓跋列祖列宗开创的事业实际上就会与时俱进地发扬光大。孝文帝反复掂量后，知道自己必须在朝野人士面前表现出深切的哀痛，必须把冯太后的丧礼搞得庄严隆重，不但不能露出自己心中的一丝窃喜，而且要按汉族礼仪为天下臣民作表率。

于是他先绝食五日，点滴饮食不入于口，以示哀痛，毁慕超出礼

制。幸亏身体健壮，还不至于饿损。但是，群臣已经担心，力劝皇帝进食，孝文帝勉强答应，喝了一碗粥，自此才开始素食，但只是吃粥。众大臣以安定王拓跋休，齐郡王拓跋简，咸阳王拓跋禧，河南王拓跋干，广陵王拓跋羽，颍川王拓跋雍，始平王拓跋勰，北海王拓跋详，以及侍中、太尉、录尚书事、东阳王拓跋丕，侍中、司徒、淮阳王尉元，侍中、司空、长乐王穆亮，侍中、尚书左仆射、平原王陆睿，率百僚赴阙上表，请求孝文帝按照汉魏惯例和太皇太后终制（预先所作关于丧葬的文告），赶快把太后陵墓安排好，下个月（十月）就安葬太后，既葬，公除（因公除去丧服）。孝文帝不肯，下诏答复众人说："自遭祸罚，恍惚如昨，奉侍梓宫，犹希仿佛，山陵迁厝，所未忍闻。"意思是，"太后薨后，朕奉侍梓宫（帝王棺柩），仿佛老人家仍在眼前，发引安葬山陵之事，我实在不乐意听到。"到了十月份，王公大臣又上表固请。孝文帝下诏说："山陵可依典册，衰服之宜，情所未忍。"意思是，把太后安葬于山陵，可按典册进行，什么时候除去衰服为宜，我还不忍心思考。十月五日（11月2日），孝文帝命令各种平常随行的仪仗人马，都要暂停，卫戍人员照常防侍。十月九日（11月6日），他亲自护送太皇太后的梓宫到方山永固陵安葬。安葬仪式十分隆重，送葬队伍自平城宫出发，几乎拖延到了方山下。直到中午，孝文帝一行才从方山永固陵下来，停在灵泉池旁的灵泉宫歇息。孝文帝看着眼前穿着斩衰丧衣、腰系苴绖（苴绖，粗麻腰带）、绞带（麻绳），手持哭丧棒（杖）的文武大臣，悲伤地对大家说："太皇太后对山陵的营造有过指示，室中方两丈，坟广不过三十余步。朕认为山陵为世所仰，不可过于狭小，因而扩大了一倍多，广六十步。梓宫之里，玄堂之外，所有陈设大多是遵照遗旨布置的，幽房大小，棺椁质材，均按太后吩咐。陵中不设明器（随葬器物），素帐、缦茵、瓷瓦之物，也都不置，这些都是遵先志，从册令，俱按太后吩咐，以彰太后俭德。其余外事，有所不从，是为尽痛慕之情，你们应宣示远近，告诉朝野官员，对上表明太后俭诲之善，同时说明我违命的实情。”众大臣听了孝文帝这番话，齐声说道：“臣等钦仰太后俭德，也钦仰陛下孝心。”实际上，根据后来的考古发掘，孝文帝的话并不完全真实。

回到平城朝堂，孝文帝又对群臣说，他要谨遵古礼，行三年之丧。群臣都持反对意见，劝孝文帝以国事社稷为重，节哀顺变。君臣反复商榷，孝文帝说，我提两个办法供你们选择，一是我除去斩衰之服，三年谅暗不言，委政于冢宰。二是我穿衰服上朝办公。二者你们可选一个。”群臣见他固执，只好同意他穿衰理政。孝文帝呜咽失声，号啕大哭，退入内室，群臣也流泪退出。第二天，孝文帝又带领群臣谒永固陵。第三天，孝文帝开始居丧，让近臣先掌机衡者，代他办公，有大的疑难，向他请示。此后孝文帝即进入无时之哭，即殡后居倚庐（即倚靠树木搭的简易草棚），寝苫枕块（睡草席枕土块）。百日之祭后，卒哭，即改为朝夕各一哭，叫有时之哭。直到太和十五年（491）正月二十二日（2 月 27 日），孝文帝才穿着丧服在皇信堂东室听政，朝臣当然也都穿丧服上朝。直到太皇太后周年祭日，孝文帝才不再穿丧服上朝，群臣也得以解脱。太和十五年七月，孝文帝在永固陵东北，为自己“规建寿陵”。这座寿陵前也建享堂，称为万年堂。孝文帝寿陵规模只及冯太后永固陵的一半，这是意欲表明，自己要永远做文明太后的孝子贤孙。其年孝文帝二十五岁，这明显是一种政治姿态。

现在永固陵和万年堂的遗址都还保存，并经过了发掘清理。永固陵和万年堂都在大同城北 25 公里处镇川乡西面西寺儿梁山上，西寺儿梁山就是古代所谓方山。永固陵在方山南部，封土基部呈方形，南北 117 米，东西 124 米，顶部为圆形，高 22.87 米。根据发掘，永固陵南有永固堂，具有祠庙性质，思远灵图则造在永固堂之南偏西，是一座佛寺。灵泉宫池则在前方的山下。这些建筑，在《水经注·㶟水》

中有这样的记载：

“羊水又东注于如浑水，乱流经方山南。岭上有文明太皇太后陵，陵之东北有高祖陵（即孝文帝寿陵），二陵之南有永固堂。堂之四周隅雉列榭阶，栏槛及扉户、梁壁、椽瓦，悉文石也。檐前四柱，采洛阳八风谷黑石为之，雕镂隐起，以金银间云矩，有若锦焉。堂之内外四侧结两石趺，张青石屏风，以文石为缘，并隐起忠孝之容，题刻贞顺之名，庙前镌石为碑兽，碑石至佳，左右列柏四周，迷禽暗日。院外西侧有思远灵图，灵图之西有斋堂，南门表二石阙，阙下斩山累结御路，下望灵泉宫池，皎若圆镜矣。”

注释

①天王，春秋是用以指周天子。西周时只有周天子才能称王，但春秋时楚、吴等国之君相继称王，因尊称周天子为天王。可参看顾炎武《日知录》。后亦称封建皇帝为天王。

②带方郡，治棘城，今辽宁义县。

③建德郡，治白狼城，今辽宁喀喇沁左翼蒙古族自治县西南。

④冀阳郡，治平刚，今内蒙古宁城县西南古城。

⑤北魏幽州治蓟县，今北京城西南隅。

⑥北魏平州治肥如，今河北卢龙县。

⑦凡城，在今河北平泉县境。

⑧碻磝，城名，在今山东茌平县西南古黄河东岸，碻磝津之东。东晋、南北朝时为军事重地，北魏时为河南四镇之一，又为济州治，城之西南当河水顶冲，自东晋以后屡筑屡毁，唐天宝十三载（754）遂废。

⑨滑台，今河南滑县城，为北魏河南四镇之一，隋时为白马县治。明时为滑县治。

⑩弘农，郡名，西汉置，治弘农县，在今河南灵宝市北。魏晋治所无变化，北魏为避献文帝讳，改为恒农县、恒农郡。太和十一年（487），移郡治于陕城（今陕县西南）。

⑪陕城，今河南陕县。

⑫马头，中国南方有三马头，一在湖北公安县北，二在安徽怀远县南，三在安徽寿县西北。此处所言之马头，距寿春（今寿县）极近，为寿县之马头城，南北朝时为淮水南岸戍守要地。

⑬钟离，县名，即今安徽凤阳东北临淮关。

⑭济阴，南朝济阴郡治定陶，今山东定陶西北，后归北魏，移治左城，今山东曹县西北。

⑮东汉以后，中央行政均归尚书处理，尤其是南北朝时，凡掌握重权的大臣必带录尚书事的名号。录为总领之意，因此当时人称为录公。录尚书事独揽大权，无所不管，北魏以诸王领此官。北周废。

⑯《世说新语·赏誉》下："桓公（温）语嘉宾（郗超）：'阿源（殷浩）有德有言，向使作令仆，足仪型百揆，朝廷用违其才耳'！"上海古籍出版社，1912年12月第1版，第100页。

⑰仪同三司始于东汉，原意为非三公而给以与三公同等的待遇礼仪。东汉以太尉、司徒、司空为三公，合称三司，为共同负责军政的最高长官。魏晋以后，将军之开府置属官者称开府仪同三司。南北朝时以仪同为一种官号，赐予勋臣贵戚，故称"加"。

⑱《魏书·许彦列传》附子《许宗之列传》，中华书局1974年6月第1版，第1037页。

⑲《魏书·阉官列传·段霸》，中华书局1974年6月第1版，第2014页。

⑳《魏书·王建列传》附子《王斤列传》，中华书局1974年6月第1版，第711页。

㉑《魏书·高祖纪》，中华书局1974年6月第1版，第186页。同书《穆崇列传》附二世孙《穆泰列传》，第663页。

㉒《魏书·释老志》，中华书局1974年6月第1版，第3039页。

㉓《魏书·释老志》，中华书局1974年6月第1版，第3039页。又同书《高祖纪》，第143页。

㉔《资治通鉴·宋纪十四》，齐鲁书社，1990年5月第1版，第702页。

㉕《魏书·刑罚志》，中华书局，1974年6月第1版，2877页。

㉖《魏书·酷吏列传·李洪之》，中华书局，1974年6月第1版，第1919页。

㉗《魏书·临淮王潭列传》附子《元提列传》，中华书局，1974年6月第1版，第419页。

㉘《魏书·章武王太洛列传》附子《元彬列传》，中华书局，1974年6月第1版，第513页。

㉙《魏书·南安王桢列传》，中华书局，1974年6月第1版，第494页。

㉚《魏书·李冲列传》，中华书局，1974年6月第1版，第1180页。

六　群儒领袖遭诛杀

北魏太武帝晚年，发生了许多关乎国运的重大事件，其中崔浩遭诛一事，又称为“国史之狱”，尤为突出。本文将就此事深刻揭示其前因后果，并从北魏历史前进方向上探讨此事的深远影响。

（一）功烈尤垢皆殊状

崔浩（381—450），字伯渊，清河东武城（今河北武城西北）人，北魏杰出政治家、军事战略家、经学家、史学家、历学家、书法家，出身于北方第一名门清河崔氏。浩为曹魏司空崔林七世孙。曾祖崔悦，仕于石虎，官至司徒左长史，关内侯。祖父崔潜，仕于前燕慕容暐，为黄门侍郎。父崔宏，前秦苻坚著作佐郎。苻坚败，归后燕慕容垂，任吏部郎、尚书左丞、高阳内史。道武帝征慕容宝，驻军于常山（今河北省正定县），崔宏时为高阳（今河北高阳县东故城）内史（内史掌郡国事务），弃郡而东奔海滨。道武素闻其名，遣将追求，执送于军门。引见与语，道武大悦，即刻任命为黄门侍郎，与张衮对总机要，草创制度。及议定国号，崔宏认为，登国初既已改代为魏，魏就很好，“夫魏者大名，神州之上国，斯乃革命之征验，利见之玄符也。臣愚以为宜号为魏。”太祖从之。于是四方宾王之贡，咸称大魏矣。

崔宏这个解释，既有文字学上的根据，又有历史学上的根据。《说文》云："巍者，高也"，在嵬部而不在鬼部。段玉裁说："高者必大，故《论语》注巍巍，高大之称也。后人省山作魏，分别其义与音，不古之甚。"又魏为西周封国，姬姓，国都在今山西芮城县北，公元前661年为晋所灭，晋侯以之赐毕万，以为魏大夫。毕万之后建立魏国，为战国七雄之一，都安邑（今山西夏县西北），魏惠王九年（前361），迁都大梁（今河南开封），故又称为梁。魏在历史上是著名强国，故崔宏建议国号用魏。道武帝到邺城，历问故事于崔宏，应对如流，道武帝非常赞赏他。道武帝率领伐燕将士和所俘获的后燕臣民，从望都铁关经直道返回京师平城时，路经恒山（今河北曲阳西北大茂山），道武帝登山顶，鼓励新附降民不畏艰险奋勇前行，适遇崔宏搀扶老母登恒岭，道武帝很欣慰，赐崔宏以牛、米，并让部下对疲劳不能前进的人，用牛车载着走。到了平城后，以崔宏为吏部尚书，选拔和任用官员，命有关部门和人员制订官爵、朝仪、音乐、条令、法律，由崔宏总而裁之，成为制度。又置四维四方八部大人管辖京畿郊甸，让崔宏通管三十六曹朝廷办事机构，宏深为道武所信任。宏虽势倾朝廷，但俭约自奉，不营产业，家徒四壁，出无车乘，早晚步行上下朝，母亲已七十，但供养老母不设两样饭菜。太祖道武帝曾使人秘密了解情况，听说后更加信任尊重崔宏。厚馈赠。道武帝经常向崔宏询问古今制度、王者旧事、治国方略，崔宏陈述古人制礼作乐的大概，以及明君贤臣治国、往代兴废的原因，很符合道武帝的心意。从来没有因声调激昂触怒皇上，也从不勉强违心地苟合皇上，立身雅正，道武帝晚年头脑昏乱，大臣多以违命得罪，而崔宏没有受到任何谴责。吏部尚书职务结束后，赐爵白马侯，加周兵将军。清河王绍弑父，为安定人心，大出财帛颁赐朝臣，只有崔宏不接受。明元帝即位，命崔宏任职门下省为侍中，是中央政权核心机构负责人。因不受拓跋绍的财帛，特赐帛二百匹，其他受绍财帛的大臣，自长孙嵩以下都觉惭愧。

明元帝认为地方州郡的豪右，都是些害民的蠹虫，乃下诏让他们齐赴京师居住，这些人不愿离开老巢，而地方官员又逼迫他们上路，于是有些胆大的家伙，煽动聚集，纷纷闹事。西河（治兹氏，今山西汾阳）、建兴（治今山西晋城市）二郡，盗贼并起，守宰讨之不能禁。明元帝召集崔宏、安同、叔孙建、拓跋屈等人讨论怎么办。明元帝说："前以凶侠乱民，所以想把他们征到京师，而地方官员只知强迫，失于安抚，结果出现大批逃窜。现在违反命令的很多，不能都杀，我想大赦了他们算啦，你们以为如何？"拓跋屈回答说："老百姓逃走而不惩办却加赦免，好似朝廷有求于他们，不如诛杀首恶，赦免随从者。"崔宏说："王者治天下，以安民为根本，不能只管那些小是小非。譬如琴瑟不调，就要改而更张，法度不平衡，也要废旧而颁新。赦的办法，虽然不是正路，但可以灵活应用，自秦汉以来，用的也很多。拓跋屈先诛杀后赦免，两件都用，不如只用一件就使其安定下来。如果赦免后仍然不改，诛之不晚。"明元帝听从崔宏的话，事情很快就平息了。神瑞初年（414），明元帝让崔宏与南平公长孙嵩等坐止车门右，总理朝廷万机事务。有并州匈奴数万家暴动，南下劫掠河内郡（治今河南沁阳市），朝廷派将军公孙表前去讨伐，反为所败。明元帝问计于群臣说："胡寇肆暴，人众不少，公孙表已经制止不住。如果不早点歼灭这股胡寇，那么良民就会大受其祸。但现在又是大秋，农民正在秋收，不可为这股盗贼而兴兵，废了农业生产。请各位提出意见，我们该怎么办？"崔宏对答道："公孙表所率部队，数量并非不够，但用兵不当，所以才使这股胡寇得到休整机会。胡众虽然气势很盛，可是并无猛健主将，此就是平常所说'千奴共胆'，没什么了不起。应当派一位为胡儿所畏服的大将军，率数百骑兵，前往公孙表军统领指挥，胡贼一听说，必然望风震惊害怕。寿光侯叔孙建，以前在并州，胡类畏服，诸将莫及。"明元帝听从崔宏建议，派叔孙建

前往，很快就平息了叛乱。不久明元帝拜崔宏为天部大人，晋爵为白马公。

泰常三年（418）夏，崔宏病重，明元帝派宜都公穆寿前往崔宏榻前，征询并记录崔宏的遗言，并派侍臣问病，一夜数次往返。及卒，皇帝下诏痛惜，赠司空，谥文贞公，诏群臣和附国首领皆来会葬，自亲王以下，都去拜送。崔宏生年，史无记载，因此不知活了多少岁。崔宏有三子，长子崔浩，次子崔简，三子崔恬。简少以书学知名，道武帝时历位中书侍郎、征虏将军，早卒。恬历给事中，出为上党太守、平安将军、豫州刺史，晋爵阳武侯，遭崔浩国史之狱而被诛。

崔浩生于公元381年，即东晋孝武帝太元六年，前秦苻坚建元十七年，当时其父正任苻坚之子、冀州刺史苻丕的征东功曹，苻秦冀州治邺（今河北临漳县西南邺镇东），所以崔浩的出生地正是邺城。这些都是我的考证。因为前秦建元十六年（380），苻坚镇压了苻洛的叛乱，"洛既平，坚以关东地广人殷，思所以镇静之，引其群臣于东堂议曰：'凡我族类，支胤弥繁，今欲分三原、九嵕、武都、汧、雍十五万户于诸方要镇，不忘旧德，为磐石之固，于诸君之意如何？'皆曰：'此有周所以祚隆八百，社稷之利也。'"于是分四帅子弟三千户，以配苻丕镇邺，就像前代分封诸侯，给以符券。坚送丕于霸上，流涕而别（见《晋书·苻坚传下》）。崔宏就是这年由著作佐郎改任征东功曹，随苻丕到达邺城的。第二年（381）崔浩出生，所以他的出生地就是邺城。公元383年，苻坚败于淝水，即苻坚建元十九年。同年慕容垂背苻坚而东下，攻苻丕于邺，引漳水以灌之，不没者尺余。丁零翟斌怨垂，派人夜往决堰，水溃，邺城没有被攻下。384年慕容垂称燕元，号燕王，置百官，引师去邺，意欲让苻丕弃邺西归，苻丕不走，求救于东晋，慕容垂二次攻邺，丕乃弃邺奔太原。此时崔浩四岁，其父崔宏没有随苻丕一起西逃，而是避难于齐鲁之间，先后依附丁零翟钊和东晋叛将张愿。386年慕容垂即帝位，改元建兴，崔宏往投之，垂以为吏部郎、尚书左丞，后任高阳内史，此时崔浩方才六七岁。慕容宝永康二年、拓跋珪皇始二年（397），道武帝获崔宏，是年崔浩十七岁。天兴元年，北魏定都平城时，崔宏任吏部尚书，崔浩十八岁。崔浩自幼好文学即文献经典，博览经史，天象阴阳，诸子百家，无不精究。

道武帝天兴三年（400），崔浩弱冠，进入北魏朝廷官场任直郎。后给事（供职）秘书，转著作郎，掌撰拟文字。道武帝因为崔浩的书法精湛，常让崔浩跟随自己左右，道武帝晚年，头脑不清，对群臣特别严酷，宫省左右之人多以小小过失获罪，众人都逃得不敢上班，浩独恭勤不怠，有时甚至加班终日不归。道武帝得知，就命人赐以御粥。认真负责，砥砺节操，严格要求自己，是他一贯的作风。

明元帝初，崔浩任博士祭酒，赐爵武城子，经常给明元帝讲经书。每到郊外祭祀天地，父子两并乘一辆车，时人羡慕其荣耀。明元帝好阴阳术数，即关于阴阳五行天文历法占卜的学问，听浩讲说《易经》和《洪范》五行①，觉得很好，就让崔浩占卜吉凶，观察天象，考定疑惑。崔浩于是综合天人关系，举其大纲细目，结合现实情况处理事务，多有应验，经常参与国家方针政策的制定，和明元帝的关系十分亲密。

神瑞二年（415），秋粮无收，太史令王亮、苏垣通过明元帝的姐姐华阴公主，向明元帝反映，说是谶书②上说，国家当治邺城，至少可以繁荣五十年，劝明元帝迁都于邺。崔浩和另一个担任特进的官员周淡对明元帝说："现在国家迁都于邺，河北一带没有遭灾，可救今年之急，但不是长久之策。东部州郡之人，经常说我们的国家（指拓跋鲜卑）居于广漠之地，人民和牲畜不知有多少，号称多于牛毛，今留守旧都，分出一部分南去，恐怕满不了诸州之地。人员掺和到各郡县，处于荆棘林莽之地，不服水土，疾疫死伤，情况暴露无遗，那里

的百姓就会情绪沮丧，不服气我们。四方夷狄听说后，会产生轻侮之意，屈丐、蠕蠕有可能提兵而来，云中、平城就会处于危险之中，邺城和恒代阻隔千里之遥，虽欲救援，趋赴甚难，如此则声实都会受损。现在国家居北，如果山东有变（太行之东），骑兵南下，耀威于丛林沼泽之地，谁知多少？百姓见之，望尘震服。这是国家威制诸夏的长策。到来年春草一生，牛羊就会有乳酪，兼有菜果，足接来秋，如果夏粮丰收，那就更好，问题彻底解决了。”明元帝深以为然，说：“唯此二人，与我意同。”又使中贵人（掌权的宦官）询问崔浩、周淡：“今年粮食不够无以至来秋，来秋又歉收该怎么办？”崔浩、周淡回复说：“可选择贫穷的下等户，让他们到山东诸州就谷，如果来秋又歉收，另想办法，但不可迁都。”明元帝听从了他俩的建议，分出部分穷民到山东就食，令各州郡开仓库救济他们。结果第二年果然大丰收，明元帝赐崔浩、周淡妾各一人，御衣各一袭，绢各五匹，绵各五十斤。

姚兴死的前一年（415 年，即神瑞二年），太史上奏，荧惑（火星别名，因隐现不定，令人迷惑，故名荧惑。荧惑本是炫惑的意思。《史记·天官书》：礼失，罚出荧惑，荧惑失行是也。出则有兵，入则兵散。）在匏瓜星[③]中，一夜忽然亡失不见了。有的书上说这是下入危亡之国，将化为童谣妖言之类，而后行其灾祸。明元帝一听大惊，乃召硕儒博学之士十数个，让他们和史官共同推断，荧惑哪里去了。崔浩应对说：“按《春秋左氏传》说，神降于莘（今陕西合阳县东南，商周时诸侯国，周文王娶有莘氏女，生武王。莘读 shen。古代两有莘，商汤娶有莘，在今山东曹县西北，文王所娶则在陕西合阳），其至之日，各以其物祭也。请以日辰推算，庚午日的晚上，辛未日的凌晨，天有阴云，荧惑的消亡，当在此两日之内。庚和未都主秦，辛为西夷。今姚兴据咸阳，是荧惑入了秦。”众人都作色反对，说：“天上失星，人安能知其去向，而妄说无证据的话。”崔浩笑而不应。后八十余日，荧惑果出于东井（即井宿，井星在参东，故称东井），留守盘旋而不去，秦中大旱赤地，昆明池水竭[④]，童谣讹言，喧扰不休。明年而姚兴死，两个儿子交兵互攻，三年后秦就灭亡了。因此诸人都服气说："崔祭酒是我们难以企及的。"

泰常元年（416），晋安帝将领刘裕，讨伐后秦姚泓，水师从淮泗[⑤]入清口[⑥]，而沿河西上，借道于北魏。明元帝让群臣议论此事。外朝公卿都说："函谷关号称天险。一人荷戈守关，万夫不得进。刘裕的舟船步兵，怎能西入呢？假设我军截其后路，他回师都难。如果北上河岸，其行容易。扬言伐姚秦，但意图很难测。借给他水道，寇不可放纵，宜先发军断河上流，不让其西进。"又在内朝讨论，意见和外朝相同。明元帝将听从大家。崔浩说："这不是上策。司马休之投诚我国，奉命袭扰荆州，刘裕切齿很久。现在姚兴死了，儿子劣弱，刘裕乘其危亡而伐之，我看他的意图，一定是想进入关中。坚强而急躁之人，是不顾后患的。现在我们堵住他西进之路，他必然上岸北侵，这样姚秦无事而我们反而受敌。现在蠕蠕常来犯我，老百姓缺乏粮食，不可发兵。伐军赴南则北寇进击，如果救北则东面州郡又危险。不如借给刘裕水道，放他西进，然后兴兵堵住他东归之路，这就叫卞庄刺虎，两虎可得之势[⑦]。假使刘裕胜了，他得感激我借道的恩惠；若姚秦胜了，我们也不失救邻国的好名声。即使刘裕得了关中，悬远难守，彼不能守，最后也是我国之物。今不劳兵马，坐观成败，使两虎相斗而收长久之利，才是上策。为国家谋划良策，当然是择利而为，岂能顾及婚姻，酬报一个女子的恩惠而不以国家利益为重（明元帝夫人为姚兴之女）？假如国家放弃恒山以南，刘裕必不能发吴越之兵与我军争夺河北，这是必然的道理。"那些议论者还是说："刘裕西入函谷关，就会进退路穷，腹背受敌，北上岸则姚军必不出关帮助我国。扬声西行，意在北进，形势就是如此的。"明元帝听了大伙的话，派长孙嵩发兵抗拒刘裕进军，双方战于畔城（今山东聊城市西），

魏军被刘裕将领朱超石打败，将士多死伤。明元帝接到报告，很后悔没有采用崔浩的计策。

泰常二年（417），东晋齐郡太守王懿来降，上书献计，称刘裕在洛阳，劝国家以军绝其后路，则可不战而克刘裕之军。书上，明元帝认为是高招。正好崔浩在明元帝前讲解经书，明元帝问崔浩："刘裕西伐，前军已至潼关，这件事你觉得怎样？以你之见，刘裕能成功吗？"崔浩应对说："过去姚兴好养虚名，但无实用。其子姚泓又多病，众叛亲离。刘裕乘其危，兵精将勇，克姚秦是必然的。"明元帝又问："刘裕的军事才能和慕容垂相比怎样？"崔浩回答说："刘裕胜过慕容垂。"明元帝让崔浩详细分述这两人，崔浩说："慕容垂乘父祖两人积累的资望，生下来就是贵人，同类别的人归附他，好像夜间飞蛾扑火，他只要稍加倚仗，便足以立功。刘裕则是从寒微人士中突出来的杰出人物，不依靠一寸土地，不凭借一卒之用，奋臂大呼而夷灭桓玄，又北擒慕容超，南摧卢循，僭伪的司马氏王朝（东晋）衰微陵迟，刘裕遂执掌了该国的大权。刘裕如果平了姚秦，必然回国篡其君之位，形势已造成了。但秦地戎夷混杂，是个虎狼之国，刘裕也守不住。风俗不同，人情难变，欲行荆州扬州一带的教化于三秦之地，譬如无翼而想飞，无足而想走，是不可能的。若留人众而守之，等于把他们送给了敌寇。孔子说：善人治理国政连续一百年，也可以克服残暴免除虐杀了。今以秦地之难以制服，一两年间难道是刘裕所能办到的吗？我们可以治军收甲，息民备境，以待他回晋，秦地亦当终归我所有，可坐而守之。"明元帝说："刘裕已入关中，进退不得，我遣精锐骑兵南袭彭城、寿春，裕怎能自立呢？"浩说："现在西北二股敌寇未消灭，陛下不可亲御六师。兵众虽盛，而将无韩信、白起。长孙嵩有治国的用途，但无进取的本领，他不是刘裕的敌手。臣以为等待时机不会太久。"明元帝笑着说："卿衡量得很精确。"崔浩说："臣曾经私下评论近世人物，不敢不上闻。譬如王猛治国，他是苻坚的管仲；

慕容恪（字玄恭）之辅少主，他是慕容暐的霍光；刘裕之平逆乱，他是司马德宗的曹操。”明元帝问：“卿谓先帝怎样？”崔浩说：“小人以管窥天，何能见玄穹的广大。即便这样，我还是说说，太祖用漠北醇朴之人，南入中原地区，变风易俗，化及四海，自与伏羲神农并列，这不是臣下所能评价的。”明元帝又问：“屈丐怎样？”崔浩说：“屈丐家国夷灭，一身孤寂，为姚秦所封职培养。不思念树立党羽，强大邻国，报仇雪耻，却和蠕蠕结仇，又背姚兴恩德，不过是个倔强的小人，没有大的经略，正可残暴去，最终也要被人所灭。”明元帝大喜，两人谈到半夜，赐浩御缥醪酒十觚、水精戎盐一两，说：“我体味你的话，就像这盐和酒，所以与你同赏它们。”

泰常三年（418），有扫帚星出银河，入太微垣[⑧]，经北斗星，联挂了紫微垣[⑨]，侵犯天棓[⑩]，八十余天，又到银河而消失不见。明元帝复召诸儒术士而问之，说：“现在天下未统一，四方都像山头一般耸立，那么天象的灾咎，将应在何国？我很害怕，你们只管放开说，不要隐瞒。”大家都推崔浩应对。崔浩说：“古人有言，灾异之生，由人而起。人如无衅兆，妖异之事就不会发生。所以是人发生缺失于下，而灾变见于上，天上出现奇怪迹象，是百代不变化的。《汉书》载王莽篡位之前，彗星出入，正与今日相同。国家主尊臣卑，上下有序，那么人民就不会有奇异的想法。虽然僭越的东晋又卑弱又被削夺，主上弱而臣子强，已经凌迟衰落了好几代，所以有桓玄逼夺，刘裕掌权。慧孛这东西，是恶气所生，这是僭越的晋朝将要灭亡，刘裕篡晋的表现。”诸人莫能改变崔浩的说法，明元帝很信服。泰常五年（420），刘裕果然废其主晋恭帝司马德文，自立为帝，国号宋。南面边镇把刘裕改元赦罪的文书抄了传到北魏，文成帝当时巡行东南潟滷池边射鸟，听说后派驿马传信召崔浩到来，对他说：“往年卿言彗星出现的推测应验，我今天也更信天道了。”

起初，崔浩之父崔宏病得很重时，崔浩剪下指甲，割下头发，晚

上在庭院中仰祷北斗北极星，为父请命，请求以身代父，叩头流血，岁余不息，家人也罕有知者。及父终，居丧尽礼，当时人都很赞扬。父死之后，崔浩就袭爵白马公。白马县在今河南滑县旧滑县城东，建安五年（200），关羽为曹操斩袁绍将颜良，解白马之围，即此。秦汉属东郡，汉末为东郡治，北魏移治滑台城，即今滑县旧滑县城。至隋，历为兖州东郡治，隋以后为滑州治。明洪武二年（1369）废白马县入滑州。所谓崔宏、崔浩父子的采邑在大同城北白马城的说法纯属无稽之谈。此白马城不过是明代所筑一个小堡城而已。浩袭白马公，在泰常三年（418）。朝廷礼仪、诏书文诰、军国记事，都和崔浩有关。浩能为杂说时论，不长于长篇议论，而留心于制度、科律及经术之言。写了一本《家祭法》，叙述五宗的关系次第，祭祀的各种礼仪，祭物多寡的规范，义理很可观。生性不好读老庄之书，每读不过十数行就放弃不读了，说："这都是些假托名义，诬枉不实的说法，不近人情，肯定不是老子所作。老聃学习周礼，仲尼曾以他为师，难道会写败坏礼法的书，以乱先王之教？这就像韦生所说，是家筐箩中的杂物，不能在朝廷中宣扬。"这正是崔浩思想上的一大缺陷，只懂儒学，不懂道学，不知儒道互补。即以人生哲学而论，儒学言进不言退，道学言退不言进，互补之下，不是很完整吗？崔浩后来的遇祸，有很大一部分是因为不知机，不懂得功成身退。

明元帝经常闹病，又加上天象常出怪异，就派中贵人秘密地对崔浩说："《春秋》上说，彗星芒气四出亮过北斗，七国之君都将遭灾。现在日蚀于胃昴二星之中，光满赵代之分野[11]。我多年有病，治疗不减，恐一旦奄忽，几个儿子都小，那怎么办呢？请为我设想一个应对今后之策。"崔浩回答说："陛下春秋富盛，圣业正融洽，养德除灾，有幸平愈。况且天道很远，或消或应。过去宋景公见灾修德，荧惑消退。愿陛下打发掉各种忧虑，安定精神，保持心态和平，纳祥受福，不要因暗昧不明的一些说法，干扰您的思虑。必不得已，那么就让我讲讲我的看法吧。自从我国神圣的教化开展以来，一直没有把国家储君的地位抬高起来，所以永兴之初，社稷几乎发生危险。现在应当早建太子，让公卿中的忠贤，陛下素日委仗者做太子师傅，左右信臣陛下经常欣赏者做太子宾友，让太子入朝可以总理万机，出朝统帅军队，监国抚军，掌握生、杀、贫、富、贵、贱六柄。如果这样，陛下可以优游无为，颐神养寿，进御医药。万岁之后，国家已有了成熟的主子，民有所归，则奸宄之人息灭野心，旁边不会有人觊觎皇位了。这乃是万世之长策，塞祸的最佳准备。现在皇长子焘，年渐十二，明睿温和，众心所系，此时登太子位，则天下幸甚。立子以长，是周礼所规定的大纲。如果非要等您的几个儿子都长成才选择太子，或者倒错天伦不立长而立幼，就会生出灾变。自古以来，载籍所记，兴衰存亡，很少不出于此的。”明元帝听从崔浩的话，让崔奉策告诉太庙祖先，命后来谥为太武的拓跋焘为国家的副元首，居正殿临朝，长孙嵩、奚斤、安同为左辅，坐东厢西面，崔浩、穆观、丘堆为右弼，坐西厢东面，百僚全部政务都听拓跋焘和这几个处理。明元帝则避居西宫，有时悄悄来听他们处理政务，很高兴，对左右的人说：“以此六人为辅相，我和你们游行四境，讨伐叛乱的，巡抚服从的，可以得志于天下了。”群臣有时向明元帝来奏事，请求决断，明元帝说：“这不是我应当知道的，你们可以让你们的国主去做决断。”

不久听说刘裕死了，明元帝想夺取刘宋政权的洛阳（今河南洛阳市）、虎牢（今河南荥阳西北汜水镇西）、滑台（今河南滑县东滑县城）。崔浩说：“陛下不以刘裕刚起而看不起他，纳其使贡，刘裕也对陛下表示敬重。刘裕不幸今天死了，乘其丧而伐之，虽有所得并不好。《春秋》载，晋士丐率师侵齐，听说齐侯死了，就撤兵而回，君子赞扬他不伐有丧事之国，认为恩足以感孝子，义足以动诸侯。现在我国不可能一举而定江南，应派人吊祭，保全其孤弱，怜恤其凶灾，布义风于天下，这是大好事。如此，则我之化可以覆盖荆扬，南方的

金属象牙羽毛之类，可不求而自来。刘裕新死，党羽并未离散，兵临其境，一定相率抵抗战斗，我们能取得何种功效，不可预料。不如暂缓，待其发生灾害之年，如其发生强臣争权，变难必起，然后我们命将扬威，可以不必使士卒太疲劳，而收淮北之地。”明元帝锐意南伐，反诘崔浩：“刘裕借着姚兴死而灭了姚秦，现在刘裕死了而我伐其国，为何不可？”崔浩固执地说：“姚兴死，二子争位，裕乃伐之。”明元帝大怒，不听崔浩的话，遂派奚斤南伐。在监国太子之前讨论战略战术，先攻城呢，还是先略地？奚斤说：“请先攻城。”崔浩说：“南人长于守城，苻秦当年攻襄阳，一年多攻不下来。现在用大国之力攻其小城，若不能很快攻下，挫损我军军威，敌人却得到从容整备进攻我军的时间。我军懈怠而彼军猛锐，这对我军是危险的办法。不如分军略地，到淮河为界，分置我方郡县官员，收集当地租税粮食。滑台、虎牢反在我军之北，绝望地来救南边，一定沿河东走。如果它们不走，则成为我范围中的动物了。”公孙表坚持先攻城。奚斤等过了黄河，先攻滑台，好长时间攻不下来，上表请求增派部队。明元帝很生气，亲自南巡，任命崔浩为相州刺史，加左光禄大夫，随军为参谋长。这次明元帝亲征，带兵五万，进攻滑台，刘义符守将东郡太守王景度弃滑台而逃。帝以成皋侯拓跋苟儿为兖州刺史，镇滑台。又调寿光侯叔孙建等从平原津（今山东平原县西南黄河渡口）东渡，攻克青州、兖州诸郡，刘宋兖州刺史渡河而逃，叔孙建占据青州。奚斤既平兖豫，还围虎牢，刘宋守将毛德祖拒守，魏军断绝虎牢水道，虎牢遂溃，毛德祖等人被俘，这次出兵基本上达到了目的，占了刘宋一些土地城池，但魏军死伤也不少。

太武帝即位，朝廷中有些人嫉恨崔浩的正直，共同向太武进谗言排毁崔浩，太武帝虽知崔浩有能力，但顾及众人意见，让崔浩出朝，以公爵身份归第。如果有疑议，招来询问。此人一表人才，纤妍洁白，像美妇人。性敏达干练，长于谋划。自比张良，经常说自己考察古今情况比张良强。既归第，因修服食养性之术。始光初（424），嵩山道士寇谦之到达平城，宣扬他的新天师道，朝野闻之，若存若亡，不当回事，但崔浩因为家族祖上就信奉天师道，很快就和寇谦之接洽挂钩，并拜寇谦之为师，接受了寇谦之的法术。大约在始光二年（425），他向太武帝推荐寇谦之，使寇谦之的新天师道受到了太武帝的重视，太武帝也让崔浩重新回到了朝廷。始光三年（426）上半年，太武帝晋升崔浩为东郡公，任职太常卿。当时朝廷议论征讨赫连昌，群臣都认为太难，只有崔浩说："往年以来，荧惑再守羽林星，都成钩子形已字样，占卜结果是秦亡。又今年五星并出东方，西伐是有利的。天应人和，时机到了，不可失去。"太武帝就派奚斤进击蒲坂，自率轻骑进攻夏国，从君子津渡河袭击统万城，赫连昌正在城中设宴庆贺冬至日，毫无准备，太武帝离统万三十里时，赫连昌才接到报告，仓皇出战，魏军勇猛进击，赫连昌退走入城，还没来得及关城门，魏军蜂拥入城，攻入赫连昌西宫，双方激战于城中，魏军焚其统万西门，退出城外，夜间扎营城北。第二天分军四出，略其居民，杀获数万，生口牛马数十万，大获而还。

此后，赫连昌遣其弟赫连定与奚斤争夺长安，太武帝乘夏国之军空虚之时，于始光四年正月再次西讨赫连昌，济君子津，到达拔邻山，筑城，储辎重，以轻骑兵三万先行，抵达黑水（今陕西横山县西北长城外无定河北岸的支流淖泥河，统万城在黑水南），太武帝亲自祈天告祖，全军将士发誓奋勇立功。到达统万城外，掳掠一阵假装要退走，赫连昌击鼓进兵，舒张为两翼。这时有大风雨从东南来，扬沙而天地昏暗，实际就是今人所说之沙尘暴。宦者赵倪跑到太武帝跟前说："现在风雨从贼后来，我向着风雨，敌背着风雨，天不助我。又将士饥渴，愿陛下策马走避风雨，更待后日与敌决战。"崔浩在太武帝旁，叱责赵倪说："你胡说什么！千里制胜，一日之中就变更计划？贼前进不止，我军宜分军隐蔽出击，攻其不意。风之道在人掌握，并

无常规。"太武帝说："好。"分骑进击，昌军大溃。昌率数百骑向西南直奔上邽，魏军追至统万城北，杀死夏军万余人，临阵杀赫连昌弟赫连满和侄子赫连蒙逊。天已大黑，赫连昌尚书仆射攻入城中，乘夜色带了赫连昌生母弃城而走，第二天太武车驾入城，俘虏赫连昌群弟和诸母、姊妹、妻妾、宫人万数，府库珍宝车旗器物不可胜计，擒昌官员和秦雍二州人士（秦州治上邽今甘肃天水，雍州治长安，今陕西西安）数千人，获马二十余万匹，牛羊数千万。太武当时就以昌宫人及生口、金银、珍宝、布帛班赐将士各有差。班师回朝后又赐留台将士百官各有差。

道武帝时，就曾让尚书吏部郎邓渊撰写国纪，邓渊写了十多卷，实际是编年体，而不是纪传体或纪事本末体。由于道武帝因其他事牵连而杀了邓渊[12]，以后北魏再没有责成官员去修国史。直到神䴥二年(429)，太武帝下诏，令崔浩为首，召集文人学士撰录国书。崔浩、崔览、高谠、邓颖、晁继、范亨、黄辅等人参加，组成写作班子，等于恢复了国史馆。这些人搜集史料，研究提纲，但尚未真正动笔。真正动笔是后来的事。

神䴥二年（429）议击蠕蠕，朝臣内外都不想去，太武帝的乳母保太后也坚决反对，但太武帝坚决要出兵，只有崔浩赞成太武帝。尚书令刘洁、左仆射安原等乃使黄门侍郎仇齐等推出赫连昌太史张渊、徐辩，对太武帝说："今天是己巳之年，三阴之岁岁星袭月，太白在西方，不可举兵。北伐必败，即使取得胜利，也不利于圣上。"群臣都赞和张渊等，说渊青年时曾谏苻坚不可南征，苻坚不听，以致有淝水之败。现在天时人事都不和谐，如何可以举动呢？太武帝于是犹疑不定，乃召崔浩与渊等辩论。

崔浩诘难张渊等人说："阳者属德，阴者属刑，所以日蚀要修德，月蚀要修刑。王者的用刑，规模大的是在野外，规模小的是在市朝中。战伐就是大规模的用刑。由此看来，三阴用兵就是修刑之义。岁星袭月，年饥民流，应在他国，最远十二年。太白星行于卷龙宿，在天文上指的是东方，并不妨碍北伐。张渊等人是些庸俗书生，志向浅薄，学问不深，拘泥于小的方面，不达大体，难以和他们商议远大的图谋。臣观天文，连年以来，月亮的运行覆压着昴星，到今天还是这样。这种天象的占卜结果是：三年，天子大破旄头之国。蠕蠕、高车，就是旄头之众。圣明的君主统御天下，能行非常之事。古人有言：非常的事业，黎民恐惧，等到成功了，天下晏然。希望陛下不要疑虑。”张渊等惭愧但又不服地说：“蠕蠕，荒外无用之物，得其地不能耕而食，得其民不可臣而使，飘忽轻疾不常，难以制服，为何汲汲而劳苦我们的将士呢？”崔浩说：“张渊谈论天时，那是他的职责；如果谈论形势，那就不是他所了解的。他刚才所说，是汉代论说匈奴的常谈，拿来论述今天，是不合时宜。为什么这样说？蠕蠕原是我国北部边疆上叛变了的奴隶，现在诛其首恶，收其善民，让他们照旧服役，不能说无用。漠北之地，地形高而气候凉，不生蚊蚋，水草美善，夏季则北迁。种植或养殖于该地，并不是不能耕而食。蠕蠕贵族子弟来降，高者娶公主，低者任将军、大夫，在朝堂上出现得很多，又高车骑兵号为天下名骑，并不是不可臣服于我国家。如果让南方人去追蠕蠕，蠕蠕骑兵来去如风，南方人当然很头疼，但对我国骑兵它没什么优势，它的骑兵能远走，我国的骑兵能远追，我们和它周旋进退，并非不能制服它。况且以前蠕蠕多次入侵，老百姓和官吏都受惊恐。今夏不乘虚掩袭它，破灭该国，秋天它还会来，我们不能安卧。从太宗时起，到今天，几乎每年都受蠕蠕惊扰，难道不是有危险吗？世人都说张渊、徐辩通解阴阳五行天文占卜，让我试试他们，问问他们夏国未灭之前有何灭亡的征兆。如果知而不言，是他们不忠，若是真的不知，是他们没有本事。”当时赫连昌在座，渊等自己因为先前没说过夏国有被灭的危险，因此惭愧而不能回答。太武帝大喜，对公卿们说：“我的主意拿定了。亡国之人不可以和他们讨论军国大

事。说得真对。”而保太后还认为不行，太武帝复令群臣在保太后前评议，太武帝对崔浩说：“这些人还有些心中不服，你好好使他们明白觉悟。”

罢朝之后，有的人又和崔浩辩论，说：“现在吴贼在我南边寇掠，你却主张不管南边北伐蠕蠕。行师千里，没有人会不知道。如果蠕蠕远逃，我军前去无所获，后面又有南贼之患，这是很危险的啊！”崔浩说：“不然。今年不摧蠕蠕，那就没办法抵御南贼。自我国兼并夏国以来，南人恐惧，扬声动众保卫淮北。彼北我南，彼劳我息，形势就是如此。以前我们好几次击破蠕蠕，往还之间，并不见南寇有什么行动。为什么这样说？刘裕得了关中，留下爱子镇守，精兵数万，良将劲卒，还不能固守，举军尽没，号哭之声，至今不止。为何正当国家美好清明的年岁，士马强盛的当下，而要拿个牛犊来喂老虎？如果我国把河南之地给它，它也守不住，自量守不住，所以必不来。如果有众，也只是它的备边之军。看见一瓶水结冰，就该知道天下之寒，吃了一片肉，就可明白一锅肉的味道。事物有它的同一类别，可以推断。蠕蠕正是依仗它十分遥远，说我军力不能至，自己宽解已久，所以夏天散众放牧，秋肥时集中，背寒向温，南来寇抄。今天我们出其意外，攻其不备，大军突至，蠕蠕必然惊惧星散，望尘奔走，公马护群，母马恋驹，奔跑难制，不得水草，不过数日则聚而困敝，可一举而灭。我军暂劳永逸，这是长久之利，时机不可失。只担心圣上没这个意识，现在圣上决心已下，发旷代深谋远虑，如何阻碍圣上？公卿们真是浅陋啊！”大军于是出发，天师寇谦之问崔浩：“这次出兵怎样？果真能克敌吗？”崔浩说：“天时形势，必胜无疑。但恐诸将猥琐胆怯，不敢乘胜深入，使战役不能完全达到全歼蠕蠕的目的。”果然魏国大军进入蠕蠕之境，蠕蠕全无防备，民畜布满草野，见魏军来了，惊怖四奔，谁也顾不上别人。于是魏军分军搜讨，东西五千里，南北三千里，凡所俘虏和获得的畜产车庐，弥漫山泽，有数百万。高车乘机报复蠕蠕，杀了许多蠕蠕人后，来投降北魏的有三十多万落。太武帝沿弱水（今蒙古国境内）西行，到涿邪山（今蒙古国戈壁阿尔泰东南额德伦金山），诸大将军疑深入有伏兵，劝太武帝停止追击。天师寇谦之因为听过出发前崔浩的话，劝太武帝极力搜讨，太武不听，后有降人，说蠕蠕首领大檀先前有病，此时不知该怎么办，乃焚烧穹庐，乘一辆无盖的车，带数百人入山南逃。老百姓和牲口狼狈地聚集，方六十里中，无人领统。跑出一百八十里，见无人来追，乃徐徐西逃，只有他得免了。后来听凉州商人说，若魏军再前进两日，那么就把蠕蠕灭尽了。太武帝听了，把肠子都后悔断了。直到大军回国，南朝刘宋竟不敢动，如浩所言。崔浩的神机妙算，皆如上述。此人明识天文地理，太武帝每幸浩第，有时仓促不及束带，奉进蔬食，不暇精美，但太武帝为之举匕箸，或者站着品尝完毕而去。太武还经常引浩出入自己卧室，加侍中、特进、左光禄大夫，抚军大将军，赏其谋谟之功，这是神䴥二年伐蠕蠕得胜之后的事。太武帝曾经从容对崔浩说："卿才智渊博，曾服侍我祖父父亲，忠著我家三代，所以我把你招来和你谈机密之事。你尽量 提对我的意见建议，匡正我扶助我，不要隐藏。我可能当时发怒，没有听你的话，但我过后会久久深思你的话。"又把这次战败蠕蠕时新来降附的高车渠帅数百人招来，赐以酒食，指着崔浩对他们说："你们看这个人，身体瘦弱，手不能弯弓持矛，其胸中所怀，比兵甲还厉害。我开始虽有征讨之意，而思虑不能自决，前后取胜，都是这个人开导我令我这样啊！"又告诉诸部尚书："凡军国大计，你们决定不了的，都先咨询崔浩，然后施行。"

不久，镇守南部边境的诸将上书太武帝，声称南朝皇帝刘义隆戒严调动，欲犯河南。请增加三万兵力，乘其未发逆击之，先杀河北流民在界上者，断绝当向导之人，足以挫其锐气，使其不敢深入，诏公卿商议，都说应当答应他们。崔浩则说："这是行不通的。往年国家大破蠕蠕，马力有余，南贼震惧，常恐我军轻兵忽至，卧不能安，故

先声动众，以备不虞，并非就敢先发兵进攻我国。又南土下湿，夏月蒸暑，水潦方多，草木深邃，疾疫必起，不是行军之时。而且对方先戒严有备，一定坚城固守。我军驻下来攻城，则粮供给不足，分兵回讨，又难以应对敌之攻击。看不见对我军有何利益。就使敌人真的要来，我们也要等他疲劳困倦，我军在秋凉马肥时，因敌取食，前往击之，胜必可克。在朝群臣及西北守将，跟随陛下征讨，西灭赫连，北破蠕蠕，多获美女珍宝，马畜成群。镇南诸将听说了，十分羡慕，也想向南抄掠，以取资财。所以披毛求瑕，妄张贼势，希望得到满足心意的机会。既没有得到圣上允许，就数次称贼有行动，用以恐吓朝廷。背弃公义而存着私心，不是忠臣。”太武帝听从崔浩的分析。南境诸将复上表说贼来了，自己兵少，请求朝廷从幽州以南的守兵中拨出一部分帮他们守卫，在漳水造船，严以为备。公卿们参加讨论都认为意见正确，准备派五千骑兵，并命司马楚之、鲁轨、韩延之等，令他们诱引敌方边民。崔浩说：“这不是上策。敌方听说幽州以南精兵皆发，大造舟船，轻骑兵在后，要存立司马氏，诛除刘族，必举国骇扰，担心灭亡，必然发全部精锐，来防御北边。后审知官军有声无实，一定凭借人马先聚，喜而前行，直接到黄河边，放肆侵略施暴，而我守将没有抵御的力量。如果敌方有善抓机遇之人，考虑我国空虚，生变不难，这不是制敌良计。现在公卿欲以威力抵御贼，结果是招贼速至。这叫做大张虚声而招实害，不可不思，恐怕要后悔无及。我国使臣现在彼国，预期四月前回国。可待我使臣至，审核后再行动，并不算晚。况且司马楚之一帮人，是敌方所忌，楚之辈是要灭宋复晋的，彼安能端坐而视？所以楚之往则彼来，楚之止则彼息，这是形势决定的。而且楚之等是些小材地，能招合一些轻薄无赖，而不能成就大功。给国家生事，使兵连祸结，恐怕就是这班人了。我曾听说鲁轨游说姚兴请求发兵入荆州，结果到了荆州败散，不免被蛮贼掠卖为奴，还祸及姚泓，被刘裕灭掉。”崔浩又陈说天时不利于南朝，何得先发而攻人？太武帝不能违众，乃从公卿们的议论，派阳平王杜超镇邺城，琅琊王司马楚之屯颍川，于是南兵来得速度加快了，宋将到彦之自清水入河，沿流西上，分兵列守南岸，向西直到潼关。

太武帝听说赫连定与刘义隆两个约定，悬分河北，恒山以东归刘义隆，恒山以西归赫连定。太武帝想要集中部队，先讨赫连定。群臣说："刘义隆的兵还在河中，舍之而西行，前面的贼寇赫连不一定能战胜，而义隆乘虚进攻，则我东部州郡危险了。"太武帝疑惑起来，问计于崔浩。崔浩说："刘义隆和赫连定同恶相招，联结冯跋，牵引蠕蠕，企图实现他们乖戾的心思，虚相唱和。刘义隆希望赫连定进击，赫连定盼望刘义隆向前，都不敢先入，以我看来，好像拴连在一起的两只鸡，不能都飞，无能为害。我开始以为刘义隆军来当屯住于河中，分两道北上，东道向冀州（今河北冀州市），西道向邺（今河北临漳邺镇东），如此，则陛下必须亲自讨伐，行动不能慢。今则不然，敌方东西拉成一列，有二千余里，一处不过几千兵，形势分散软弱。由此看来，露出了劣弱小儿的本色，只图固河自守，免死为幸运，并无北上之意。赫连是夏国留下的残根，大势已去，我们进击他，他必然完蛋。克定之后，东出潼关，席卷而前，则威震南方，江淮以北没有立草了，都得服从我朝。圣策独自决定，非愚昧浅薄之人所能及，愿陛下西行勿疑。"平凉（今甘肃平凉市）平定之后，举行宴会，太武帝携着崔浩的手，对沮渠蒙逊所建北凉国的使者说："人们所说的崔公，就是这个人，才略之美，当今无比。我的重大行动，都要问他以决胜败，结果就像符契的一半和另一半完全相合一样，毫无闪失。"后来冠军将军安颉军还，献掳来的南方俘虏，因说道，刘义隆命令诸将，如果魏国军动，乘其军未至，提前入河，如果北军不动，驻扎彭城不要前进，如浩所量。也就是神䴥四年这次战役后，太武帝加特进、左光禄大夫崔浩为司徒，浩任此职十九年，直至被杀。

太武帝在神䴥二年（429）就让崔浩修国史，崔浩集中一批文人，

撰成《国书》三十卷。太延五年（439）灭北凉后，再度下诏，让崔浩留台[13]，“综理史务，述成此书，务从实录”。崔浩于是监秘书事，以中书侍郎高允、散骑侍郎张伟参著作，“续成前纪。”至于损益褒贬，折中润色，崔浩负其总责。

始光初（424）嵩山道士寇谦之来到平城，经崔浩介绍，太武帝对寇谦之的新天师道高度重视起来，使谒者奉玉帛牲牢，祭嵩岳，迎致寇谦之的其余弟子在山中者。太武帝崇奉天师，道业大行，宣布天下。遂起天师道场于京城东南，重坛五层，是按寇谦之《云中音诵新科之诫》《天中三真太文录》（又名《录图真经》）等经典建造的。给道士一百二十人衣食，斋肃祈请，六时礼拜，月设厨会数千人。寇谦之内丹、外丹兼修，修身炼药，自有一套服气导引口诀法。太武帝按寇谦之的指导练习功法，有强身健体的功效，于是对新天师道十分相信，寇谦之声称太上老君玄孙牧土上师李谱之授他法术，令他奉持，是为了让他辅佐北方太平真君。于是太武帝改元太平真君（440）。寇谦之又说：“陛下以真君御世，还应当造静轮宫，以求与神仙相接，并至道坛接受符书，以彰圣德。”太武帝一一照办。太平真君三年（442），太武帝亲至道坛，接受符录，备法驾，旗帜尽青。法驾又名金根车，驾六马，首都市长（京兆尹）奉引，侍中参乘（尊者在左，御者在中，又一人陪乘在右，为参乘，也称车右），奉车郎为御者，跟随的属车有三十六乘。总之是特别隆重，这个仪式表示的是太武帝接受天上神仙的委任，有权做中华帝国的皇帝。太平真君四年（443）起造静轮宫，在道坛东北，要求造得极高，必令其上不闻鸡鸣犬吠。崔浩和寇谦之二人，则互相吹捧。寇谦之每与浩言：“闻其论古治乱之道，常自夜达旦，竦意敛容，无有倦容。”他认为崔浩就是当代皋繇，但世人贵远贱近，不能深察之。他对崔浩说，我行道隐居，不营世务，忽受神中之诀，当兼修儒教，辅佐北方太平真君。但我治学没有学好古史，临事暧昧。请您为我撰一本书阐明列王治国原则和事迹的概要，崔浩为他写了一本二十余篇的参考书。崔浩奉天师道，尤不信佛，每与太武帝谈话，经常非毁佛教，常说佛教虚诞，浪费财物，是国家一大害。在崔、寇二人影响下，太延四年（438）三月，太武帝“罢沙门年五十以下”，即五十岁以下和尚一律还俗，正如胡三省通鉴注所说：以其强壮，罢使为民，以从征役。太平真君五年正月下《禁容匿沙门师巫诏》，“自王公以至于庶人，有师养沙门、师巫及金银工巧之人在其家者，皆遣诣官曹，不得容匿。限今年二月十五日，过期不出，师巫沙门身死，主人门诛，明相宣告，咸使闻知。”这个诏书还只是限佛，即限制佛教的发展。但太平真君七年（446）三月，太武帝西伐盖吴，发现长安城中某寺院，有大量武器，认为这是沙门与盖吴共同谋反的证据，下令搜查，又发现酿酒器具及州郡牧守私人所寄藏财物，数以万计，还有沙门和贵室妇女私行淫乱的窟室，于是一场大规模的灭佛运动就在全国展开了。崔浩当时从行，又进其说，更坚定了太武帝灭佛的决心。这次灭佛极为凶险，佛的雕、塑、画像、佛经、佛塔全部焚毁，沙门无少长，全部活埋。当时寇谦之与崔浩同从车驾，劝崔浩不要杀害僧人，崔浩不听，也不劝阻太武帝，反而火上加油。寇谦之当时就说：“卿今促年受戮，灭门户矣。”

崔浩的政治理想，是维持中原世家大族门第的尊严和传统儒家文化的延续，他自己就是中原世家大族的代表人物，也是中原地区的学术权威。他在获得拓跋鲜卑族出身的北魏帝王信任，在政治上获得较高地位后，便想进一步实现理想和抱负。主要是起用中原士族中门第较高的士人进入拓跋鲜卑政权中担任要职，逐步改变拓跋鲜卑鄙陋不文的代地文化层次。他的用人标准，一是门第，二是儒学，缺一不可。他在担任司徒之后，一次性地就向太武帝提出征召百余名中原世族人士的建议，以充实朝廷各部门，后来皆差次叙用。他还曾抓住机会，从冀、定、相、幽、并五州之士中，选拔了数十人，安排到各地去当郡守，他在人事安排方面的作为，和拓跋鲜卑皇室占领中原，领

土逐步扩大，需要有大量汉族士人进入国家各级机构工作，共同运转国家机器的大方向是一致的。崔浩虽然有自己的小九九，但改变不了这个国家是鲜卑专政的性质，因为国家政权的主体军队，始终掌握在拓跋鲜卑帝王手中。也正因为如此，在大部分场合，拓跋皇帝才有可能放手让汉族出身的崔浩等人去选拔和任用汉族士人。但人事组织大权毕竟是个敏感问题，历来是由皇帝及其亲信掌握的，因此太武帝、太子晃都曾因用人问题和崔浩发生过争执，太武帝还纠正过崔浩用人不当的问题。如果他们不让崔浩过问人事，那崔浩就只能以自己的身份为某人造点社会声望，他想通过用人实现自己政治理想，也就成了画饼充饥。他坚持门第和儒学相统一的做法，拓跋鲜卑贵族当时既无汉族门阀制度的门第，又没有汉族传统文化的儒学修养，当然会被崔浩所蔑视，但他们是天生的“贵种”，是真正的“国人”，其他人在他们眼中不过是奴仆一类。他们坚持的是草原游牧文化，与崔浩力主的汉族农耕文化基础上成长起来的儒学文化根本是两码事。两者的共处是暂时的，差异就是矛盾，而矛盾一旦爆发，就会造成血雨腥风的结局。

崔浩作为一个杰出的政治家、军事家、战略家，其主要表现已如上述。历仕道武、明元、太武三帝，所谋无不遂，所行无不克，到太武帝时，灭大夏、北凉、北燕，统一了黄河流域，若无崔浩，只凭太武帝一勇之夫，与其手下那些寡谋浅见的文臣武将，是不可能取得如此巨大成功的。正如崔浩所言：“陋哉，公卿也。”

崔浩是北魏前期杰出的儒学大师、经学家。他于五经兼通，还兼治《论语》《孝经》，自称治学三十九年，“遂得周公、孔子之要术。”他曾给明元帝讲经，是真正的帝王之师，他解经的文字，与他所主编的拓跋魏的《国史》，并立为石铭，“营于天郊东三里，方百三十步，用功三百万乃迄。”这是南北朝时期最为巨大的儒学传统文化工程。这个工程，是模仿东汉《熹平石经》或曹魏《正始石经》的。《熹平石经》用隶书写成，又称一字石经；《正始石经》用籀、篆、隶三体字写成，称三体石经。崔浩石经因崔浩族诛而被毁，当为魏碑体，很可能是崔浩和他的书法弟子共同书写。这样一个文化大工程，被毁是万分可惜的。现在我们发现的嘎仙洞刻辞都引起轰动，如果这一处石经传于后世，其对文化的贡献又当如何？

崔浩的书法，今已难觅踪迹。西晋时，范阳卢谌、清河崔悦，都以书法著名于世。卢法钟繇，崔师卫瓘，又都参以索靖的草书。卢谌传子偃，偃传子邈，邈传子玄，玄传子度世，度世传子伯源；崔悦传子潜，潜传子宏，宏传子浩。故北魏初年工书者，称崔卢二门。崔浩少年时以书法侍道武帝，至老益精。《魏书·崔浩列传》说："浩既工书，人多托写，从少到老，初不惮劳，所书盖以百数……浩书体势及其先人，而巧妙不如也。世宝其迹，多裁割缀连以为楷模。"崔浩与卢玄是表兄弟，玄早卒，未受崔浩族诛之祸，卢度世外逃成功，后遇赦得出。度世子卢渊，与李冲为亲家，有盛誉于孝文帝时，"代京宫殿，多其所题"。

崔浩的历学成就，集中体现在他所发明的《五寅元历》中。他在进《五寅元历》中说："汉高祖以来，世人妄造历数者有十余家，皆不得天道之正，大误四十，小误甚多，不可言尽。臣悯其如此，今遭陛下太平之世，除伪存真，宜改误历，以从天道。是以臣前奏造历，今始成迄，谨以奏呈。唯恩有察，以臣历术宣示中书博士，然后施用，非但时人，天地鬼神知臣得正，可以益国家万世之名，过于三皇五帝矣。"其自信也如此，可惜未及施行，浩诛，遂寝。后并其书亦失传，这是中国历法史上的一大损失。

崔浩的史学成就，主要体现在他主编的《国史》上。《国史》又称《国书》。前面我们已经说过，太武帝曾于神䴥二年下令，让崔浩召集文人撰写《国书》，叙成三十卷。其实这是太武帝下诏恢复史馆，此后二十余年中，《国书》并未修成，《国书》三十卷是崔浩后来才完

成的。太延五年（439），太武帝平凉州，完成了大功业，于是再次下诏，让崔浩修国史，“命公留台综理史务，述成此书，务从实录”。崔浩不负所托，又用了十年时间，终于完成了《国史》的编撰。然而“务从实录”的结果，却使有良史之才的崔浩，竟遭到拓跋鲜卑贵族的强烈抨击。前面说过，作为儒学大师，崔浩遍注五经，他的一些学生和粉丝们，建议把他加注后的五经镌刻在石头上，征得了崔浩的同意，而且也获得太子晃的赞成。后来《国史》编成，他们觉得也应把《国史》刊载进去。于是这两部分都用石铭表现出来。《魏书》作者不分时间先后，笼而统之地说：“著作令史太原闵湛、赵郡郄标素事浩，乃请立石铭，刊载《国史》，并勒所注五经。浩赞成之，恭宗善焉。遂营于天郊东三里，方百三十步，用功三百万乃迄。”其实拓跋晃所善，只能是崔浩的《五经注》，他如果看了《国书》，是决不会同意刊在石上树立起来的。以《国书》刊石立衢，“欲彰浩直笔之迹”，这本来没有什么可资非难。一个良史，他所写的史书，必须“不虚美，不隐恶”，这本是中国史学的优良传统。不虚美，不隐恶，必然是“其言直，其事核”。这本来应该受到肯定的优点，但在拓跋鲜卑贵族看来，却是“尽述国事，备而不典”。也就是说，《国书》把拓跋魏的历史中一些不可告人的丑恶事也写出来了，于是他们纷纷向太武帝告状，太武帝听了也很生气，随即将崔浩下狱，调查此事。在专制淫威的拷问下，崔浩承认自己受了贿赂，所以才这样写。其实这是冤枉的。崔浩到底在《国书》中暴露了拓跋鲜卑那些丑恶，史学界是有争论的，我们暂且不去管它。总之，太平真君十一年（450）六月崔浩被诛，清河崔氏无论远近，范阳卢氏、太原郭氏、河东柳氏，皆浩之姻亲，尽夷其族。与浩一起修史者，其秘书郎吏以下，浩之僮仆二十八人皆身死。浩灭三族，其姻亲亦皆夷族。估计这次冤狱当造成六百多人死亡，尸山血海，太武帝的残暴令人发指。

（二）冷眼静观说悲剧

关于崔浩的死因，众说纷纭，莫衷一是。大致说来，有如下几种说法：

一是鸟尽弓藏说。鸟尽弓藏语本《史记·越王勾践世家》，范蠡离开勾践时写给文种的信中的话："飞鸟尽，良弓藏；狡兔死，走狗烹。"又《史记·淮阴侯韩信列传》韩信说："狡兔死，走狗烹；高鸟尽，良弓藏；敌国破，谋臣亡。"说崔浩死与此类似，首先这话出于《魏书》作者魏收。《魏书·崔浩列传》载有"史臣曰：崔浩才学通博，究览天人，政事筹策，时莫之二，此其所以自比于子房也。属太宗为政之秋，值世宗经营之日，言听计从，宁廓区夏。遇既隆也，勤亦茂哉。谋虽盖世，威未震主，末途邂逅，遂不自全。岂鸟尽弓藏，民恶其上？将器盈必概，阴害贻患？何斯人而遭斯酷，悲夫！"他虽然使用的是疑问口气，但他心里确实有这样的疑问。这就是说太武帝统一了北方，用不着崔浩了，加上平常积累了一些对他的不满，所以借故杀了他。

二是华夷问题说。此说出自吕思勉先生，说崔浩为南朝着想，屡次谏阻魏帝征伐南朝，有爱国情绪，触犯拓跋贵族，因而被杀。此说似乎还有一个有力证据，见《宋书·柳元景传》："元景从祖弟光世，先留乡里，索虏以为折冲将军，河北太守，封西陵男。光世姊夫伪司徒崔浩虏之相也。元嘉十七年（450），虏主拓跋焘南寇汝颍，浩密有异图，光世要河北义士为浩应。浩谋泄被诛，河东大姓坐连谋夷灭者甚众，光世南奔得免。"

三是佛道斗争说。此说始出于牟润孙，见《崔浩与其政敌》一文（《辅仁学志》第十卷一、二期合刊），认为"崔浩史狱即起于佛道之

争”，又说“太武之崇道毁佛，与夫罢旧祀之不合祀典者，虽是信仰上改革，与其后孝文迁洛诸政虚实似异，其为华化之表现则一……太武之施为由浩主谋，故诸人（太子晃、长孙嵩、穆寿）多与浩为敌”。

四是因果报应说。此实际亦创自魏收。他在《魏书·释老志》中说：“始谦之与浩同从车驾，苦与浩诤，浩不肯，谓浩曰：‘卿今促年受戮，灭门户矣。’后四年，浩诛，备五刑，时年七十。”在《魏书·崔浩列传》中，他又说：“浩非毁佛法，而妻郭氏敬好释典，时时读诵。浩怒，取而焚之，捐灰于厕中。及浩幽执，置之槛内，送于城南，使卫士数十人溲其上，呼声嗷嗷，闻于行路。自宰司之被戮辱，未有如浩者，世皆以为报应之验也。”

五是胡汉矛盾说。周一良《北朝的民族问题和民族政策》一文中说：“浩之死是统治阶级内部胡汉矛盾和斗争的结果，《国史》不过是一个近因。”此说为马长寿、王仲荦、唐长孺等所赞同并发展。

六是播扬国恶说。周一良、李凭等不相信《魏书·序纪》和《北史》有关章节对北魏建国前历史的记载，认为有所隐瞒，拓跋什翼犍长子拓跋寔被长孙斤伤害而死后，他们认为拓跋寔的妻子贺兰氏，并没有按《魏书》所示，在拓跋寔死后嫁给了拓跋寔的弟弟拓跋翰，并和他生了拓跋仪等，而是为什翼犍所收继，拓跋仪等是贺氏和什翼犍生的。这样，拓跋珪就成了什翼犍的孙子兼养子，实际处境很尴尬。苻洛等人追击代王什翼犍，什翼犍不肯投降，在阴山南北踅来绕去。贺氏命人以拓跋珪（六岁）名义将什翼犍捆了到苻洛军前投降，一行人被押解到长安，苻坚让什翼犍到长安太学习礼，以拓跋珪缚父不孝，将其母子流放到蜀地。周一良、李凭等认为，崔浩《国史》就是因为如实反映了这段历史，被拓跋贵族认为是心怀恶意，故意丑化的。

七是误溯根源说。这是近年才出现的一种说法，但却有历史的依据。这种说法认为，拓跋鲜卑其实是西汉时投降了匈奴的汉将李陵的后裔，拓跋鲜卑不愿承认这一点，非常忌讳，凡说他们是李陵后裔的，都会被他们杀掉。崔浩的《国书》，就是因为追溯拓跋先祖为李陵而触怒太武帝，因而被杀的。因此我把此说叫做误溯根源说。但此说也有来头，《宋书·索虏传》说："索头虏姓拓跋氏，其先汉将李陵后也。陵降匈奴，有数百千种，各立名号，索头亦其一也。晋初索头种有部落数万家在云中。惠帝末，并州刺史东瀛公司马腾，于晋阳为匈奴所围，索头单于猗㐌，遣军助腾。怀帝末，永嘉三年，㐌弟卢率部落自云中入雁门，就并州刺史刘琨求楼烦等五县，琨不能制，且欲倚卢为援，乃上言卢驼有救腾之功，旧勋宜录，请移五县民于新兴，以其地处之，琨又表封卢为代郡公，愍帝初又进卢为代王，增食常山郡……"说得有板有眼，似乎是真的。

八是分庭抗礼失败说。这种说法认为，崔浩欲实现其政治理想，必然要寻找和培植现实的政治力量，这就是中原世族。他想成为这班人的领袖，以便和掌握实权的拓跋贵族相抗衡，但终因力量弱小而被杀。这种说法首创于陈寅恪，为孙同勋等所应和。

以上八种说法，其实就像故事中的"瞎子摸象"，都能摸着一部分，但最终都不能覆盖整体，作出如正常人看到大象的结论。仔细分析，这些说法都有问题。譬如"鸟尽弓藏说"，其实当时北魏太武帝虽统一了黄河流域，但并没有统一全中国，江南的汉人政权时时梦想着恢复失地，事实上此后不久，就发生刘宋军队北犯的事实，宋文帝刘义隆在王玄谟等人的鼓动下悍然进兵。太武帝进行大反击，一打打到长江岸边，双方约和而退。像这样大的军事战争，北魏是需要崔浩式的战略家筹谋策划的。关于华夷问题，崔浩作为一个儒家大师，头脑中不可能没有夷夏之防一类的观念，孔子曰："夷狄之有君，不如诸夏之亡也。""微管仲，吾其披发左衽矣。"但当时的现实是，自五胡乱华，西晋灭亡，北方辽阔的大地上，反复更迭的十六国政权，大都为少数民族豪酋所建立，中原没有来得及随着西晋王室贵族迁往江

南的士大夫知识分子，凭您有多高的门第，多深的学问，如果不为这些政权服务，就不会有政治出路，学而优则仕，只能变为一句空话。所以他们从现实利益出发，只能低下高贵的头，进入到少数民族政权中去，成为这些政权中人，以获得和维护自己家族的利益，“夷夏之防”的观念早被他们抛到了一边，譬如崔浩，其曾祖崔悦，仕于石虎，官至司徒左长史、关内侯。祖父崔潜，仕于前燕慕容暐，为黄门侍郎。父崔宏，先仕于苻秦，为著作佐郎，后仕慕容垂，为吏部郎、尚书左丞等，这都是任职于少数民族政权。从崔浩本人的表现看，他为拓跋鲜卑服务，真正做到了“谋而忠”。他之所以不同意魏军进攻南方军队，发动大规模战争，是基于利害的计算，认为北魏军队不可能取胜，就像王猛临终，再三叮嘱苻坚不要南伐一般，并不是为东晋考虑。关于因果报应，儒家不信因果之说，崔浩当然更不信。我们只能批评崔浩不该鼓动太武帝用残忍的手段灭佛，因为一者宗教是不可能用行政手段加以消灭的，二者轻易剥夺那么多人的宝贵生命，就是一种犯罪，太武帝和崔浩都犯有灭绝人类罪。佛道斗争说同样解释不了崔浩被杀的原因。太武帝和崔浩都信道，太子晃信佛，是太武帝下令族诛崔浩，并不是信佛的太子晃。而且直至太武帝驾崩，他也不承认灭佛是错误的。关于胡汉矛盾，当然是有的，统治阶级内部胡汉合作是个大格局，但崔浩并不能完全代表其中的汉人，他只代表高级门阀士族汉人，而汉人门第一般或是未入流的北魏汉族官僚，如李顺、刘洁等，他是看不起的，也不去团结他们。扬国恶说有一定的史书根据，如《晋书》、《南齐书》等，但其说过于惊世骇俗，公公娶儿媳之说闻所未闻。况且拓跋鲜卑即使按他们正常的风俗，兄死弟妻其嫂，父死子妻其后母，这类事写入《国史》中，也同样会被汉人笑话或当作笑料谈论的，当然公公娶儿媳就更形荒唐了。汉族皇帝中也有这类丑恶行为的，如唐玄宗之娶杨玉环，但总得搞点遮羞布，如让杨玉环先出家当女道士之类。至于拓跋鲜卑并非李陵后裔，崔浩作为一个深谋远虑的谋略家，决不会做势力极其微小的中原士族孑遗的领袖而去以卵击石，这里就不一一分析了。

那么，崔浩被杀的真正原因是什么？我认为，就是拓跋鲜卑北魏平城前期普遍存在的反汉化、反汉文化心态。从公元386年即道武帝登国元年，到公元451元即太武帝正平元年，拓跋鲜卑从一个塞外小国，乘北方各族政权衰落式微，蚕食鲸吞，暴尸喋血五六十年，略定中国北部，其政权从中央到地方，其公卿方镇州郡长吏，关键岗位要害职务，所用皆其部落豪酋，虽参用赵魏旧族，但原则上只能做辅助工作，担任副手或下级。在拓跋鲜卑看来，“国家”是他们的“国家”，政权是他们的政权，只有他们自己才是“国人”，汉人不过是被他们征服的奴隶，虽然有才可用，但本质上是异类。拓跋部落虽已进入中原，历史大趋势决定了他们必须接受汉文化，否则他们不可能统治中国，不接受汉文化，他们就得退出塞外，继续过他们的游牧生活。因此拓跋鲜卑接受汉文化才是历史的主流。但是，拓跋贵族主观上仍顽固地坚持草原游牧文化养成的各种习俗风尚，成为一股反历史前进的逆流。这些人既想保持政治上的特权和对以汉族为主体的中原各族人民的统治，又想保持他们的草原游牧文化，和汉文化相区隔，以显示他们血缘的高贵，有条件和可能的话，他们甚至想把草原游牧文化抬高到汉文化之上。可以说，这批人是身子已进入中原多年，而脑袋还留在草原沙漠的人物。因此接受先进的汉文化是消极被动的，而抵制甚至反对汉文化则是积极主动的。崔浩就是他们抵制甚至反对汉文化的牺牲品。我们试从几个方面说明这一点。一是崔浩作为汉文化的优秀代表人物，在北魏朝廷中运筹帷幄之中，决胜千里之外，历仕三朝，功盖群臣，他把汉文化的精华发挥到极点，方能取得这样的成就，这使拓跋勋亲贵戚既嫉妒又害怕。嫉妒的是崔浩的功劳太大了，显得他们很无能，害怕的是汉文化再这样发扬下去，他们赖以安身立命的草原游牧文化总有一天要退出朝廷去，被汉文化所取代，这

是他们最不甘心的，因此他们早就暗中窥伺崔浩的弱点和软肋，准备下手给他致命的一击。《魏书·王慧龙传》说，王慧龙是晋安帝司马德宗时尚书仆射王愉的孙子，刘裕得志，杀王愉全家，王慧龙为一沙门所匿，逃命过江投姚兴。姚泓灭后，复投北魏。明元帝以其为洛城镇将，给兵三千镇金墉。给官十日明元帝崩，太武帝即位，朝臣们说南人不宜委以师旅之任，遂停前授。联想到太武帝刚即位，不用崔浩，让他以白马公归第，其实都是害怕汉文化，因为王慧龙和崔浩都是汉文化熏陶出来的人。后来崔浩之弟崔恬，听说王慧龙是太原王氏子，把女儿嫁给了王慧龙。等侄女结婚后，崔浩见到王慧龙，说："真是王家儿啊！"王家世代都是酒糟鼻子，江东称为齇王，慧龙鼻大，崔浩说，真是贵种。屡次对人家说，长孙嵩听到，就向太武帝报告，认为崔浩叹服南人，有"讪鄙国化"之意，国化就是拓跋鲜卑的文化，也就是沙漠草原文化。太武帝怒，召崔浩斥责了一顿，崔浩免冠谢罪，这才了事。二是崔浩在授权之后，的确引用了几批汉族士人，但受到太武帝和太子晃的监督和干涉，表明拓跋鲜卑对他以汉文化标准任用士人的不放心。三是拓跋鲜卑贵族监督崔浩的修《国史》，如实记录历史，被攻击为备而不典。在拓跋贵族心目中，写他们祖父先人和他们自己的历史，不能如实写，只能唱赞歌，隐瞒其丑恶，突出其亮色，这就是反对汉文化修史不虚美隐恶的光荣传统。

总起来，是拓跋鲜卑以太武帝为首的一批强烈反对接受汉文化的反动派，制造了一场大冤案，杀害了一大批汉文化精英。但反过来看，历史上的矛盾冲突从来都不是单方面的，崔浩被诛一案，崔浩自己也有很大责任。今人每言"性格决定命运"，崔浩之死就是一个人的性格决定其命运的典型例证。崔浩学识渊博，见解超凡，但他过分自信和骄傲，以至演变到经常凌辱北魏朝廷中汉族出身的官僚士大夫和拓跋鲜卑贵胄，使大家对他积怨很深。儒家经典《尚书》中说："满招损，谦受益，时乃天道。"儒家祖师孔子说："君子泰而不骄，小人骄而不泰。”“如有周公之才之美，使骄且吝，其余不足观也已。”作为儒学大师，崔浩对于这些教诲，应当是时刻牢记在心的，但他能知而不能行，终于受到了“满招损”这条规律的惩罚。我们也可以说崔浩是长处胜于人，处长弱于人。此其一。崔浩为人缺乏包容性，不懂得“泰山不让土壤，故能成其大；河海不择细流，故能就其深；王者不却众庶，故能明其德”。我们看他给北魏几个皇帝筹划的军国大计，大多数是将敌对的国家、民族彻底灭亡而后快，很少有不战而屈人之兵的高招，因而也就影响到了北魏的对外政策、民族政策以穷兵黩武为特点。特别是崔浩建议太武帝灭佛，残忍地杀害佛教徒，毁灭佛教文化，尤其暴露他不能容物，政策邪辟、残民以逞的阴暗心理。此其二。崔浩性格方面的两大缺陷，恐怕也是他遭到族诛的重要因素。

（三）历史老人还公道

崔浩作为汉文化最杰出的代表人物，被拓跋鲜卑中积极反汉文化的反动分子联合杀害了。这是一次阴谋诡计的大展示、大暴露。

鲁迅先生认为，悲剧是把有价值的东西毁灭给人看，喜剧是把无价值的东西撕破给人看。崔浩案屠杀六百多汉族文化精英，毁灭了崔浩的《五经注》石铭、《国史》石碑，并毁弃了他的《五寅元历》，这对中国传统文化是不可估量的损失，对北魏文化也是不可估量的损失。如果它们能够流传哪怕上百年，即使后来再消失不见，它们对中国传统文化的贡献也是难能可贵的。我们谈北魏文化，就绝对不会只能谈云冈石窟、《水经注》和《洛阳伽蓝记》了。北魏平城文化也就会比现在增添许多亮色。

这场悲剧的正面意义是使拓跋鲜卑所建立的北魏王朝，其中胡汉

两方面的精英，认识到了北魏王朝必须全心全意地接受汉文化，克服草原游牧文化的局限性，让汉文化成为北魏王朝占统治地位的文化，北魏王朝才会有出路，也才能对整个中华文明作出自己的贡献。正是在这种认识的指导下，文明冯太后和孝文帝共同完成了太和改制，使北魏王朝彻底实现了经济转型、政治转化和文化革新。北魏王朝终于成为入主中原各王朝中的佼佼者。这正是崔浩被诛案给后人重大启示的反映。因此我们可以说，崔浩以自己个人的牺牲换取了拓跋魏王朝的巨大历史进步，推动了生产力的发展和生产关系的进步，也唤醒了拓跋鲜卑人的良知，使他们自觉地以牺牲自己民族本身增添了汉民族的新鲜血液，推动了中国历史的前进，为唐朝盛世的出现奠定了基础。

注 释

①《洪范》，《尚书》篇名。旧说相传此篇为商末箕子所作，以此向周武王陈述天、地、人三才之大法。五行的内容则是其中的一段文字。

②谶（chen）书，预言吉凶得失之文字、图录，为秦汉间巫师、方士所编造，多以隐语形式出现。后来又与纬结合，纬是汉代神学迷信附会儒家经义的一类书，合称谶纬。

③匏瓜星，在河鼓东。古代用作男子独处无妻的象征。曹植《洛神赋》：“叹匏瓜之无匹兮，咏牵牛之独勤。”

④昆明池，西汉元狩三年（前120），为解决长安城水源不足的困难和准备与昆明国作战训练水军而开凿，引交水为源，周四十里，在今陕西西安市西南斗门镇东南洼地。当年池成后，引水东出，为昆明渠以利漕运，一水北出为长安城给水。姚秦时池水枯竭，魏太武帝、唐德宗时皆曾修浚。唐文宗太和年间，上源引水石堰废坏，池遂干涸。

⑤淮泗，古泗水入淮之口，称淮泗口、泗口。泗水入淮在今江苏盱眙西北至今江苏淮阴西南之间。泗水为淮河下游一大支流，故淮泗往往连称。

⑥清口，淮水入黄河处，在今江苏淮阴西南马头镇西北。之所以称为清口，因淮水经洪泽湖沉淀后水流较黄河为清之故。从淮水经清口入黄，始可沿黄河河岸西上。

⑦《战国策·秦策二》：“有两虎之争人而斗者，管庄子将刺之，管与止之曰：‘虎者，戾虫；人者，甘饵也。今两虎之争而斗，小者必死，大者必伤。子待伤虎而刺之，则是一举而兼两虎也。无刺一虎之劳，而有刺两虎之名’。”然后世所传，则主人公姓卞不姓管，盖出于《史记·张仪列传》：“(卞)庄子欲刺虎，馆竖子止之，曰：‘两虎方且食牛，食甘必斗，斗则大者伤，小者死，从伤而刺之，一举必有双虎之名。’卞庄子以为然，立须之，有顷，两虎果斗，大者伤，小者死，庄子以伤者而刺之，一举果有双虎之功。”两者大同小异。卞庄子本为管氏，鲁国人，封于卞邑，故城在今山东泗水县东五十里，因又称卞庄子。

⑧太微垣，中国古代天文学将天区划分为三垣二十八宿，太微垣即三垣之一，其余二垣为紫微垣、天市垣。三垣二十八宿共三十一个天区，每一天区的星又分为若干群，每一星群之星用假想的线连接，组成一种图形，给一个相应的名称，这一星群统称为星官。太微垣天区内，以太微垣星官为主，在北斗之南轸宿和翼宿之北，有星10颗，以五帝座为中枢，成屏藩之状，东藩四星，由南起叫东上相、东次相、东次将、东上将；西藩四星，由南起叫西上将、西次将、西次相、西上相；南藩两星，东称左执法，西称右执法，左右执法之间叫端门。除太微垣星官外，太微垣天区中还有谒者、三公、九卿、五诸侯、内屏、五帝内座、幸臣、太子、从官、郎将、虎贲、常陈、郎位、明堂、灵台、少微、长垣、三台等星官。为三垣中之上垣。

⑨紫微垣，天区名，为三垣之中垣，其主要星官即紫微垣，在北斗星之北，有星15颗，分两列，以北极为中枢，成屏藩形状。东藩八星，由近斗杓的左枢起，依次为上宰、少宰、上弼、少弼、上卫、少卫、少丞；西藩七星，由近斗杓的右枢起，依次为少尉、上辅、少辅、上卫、少卫、少丞，左右枢之间叫阊阖门。

⑩天棓，星官名，为紫微垣天区中之星官。

⑪分野，古代占星术把天上星宿与地上州郡联系起来，并以星宿运动及其变异现象来预卜州郡（国）吉凶祸福。列宿配州郡（国），就是所谓分野。由于历代占星家各自所采用的占星术系统不同，对于郡（国）与天上星宿的对应分配也不同。现将一般所说之分野分述于下：

角、亢、氐，韩、郑之分野，其地兖州；

房、心，宋之分野，其地豫州；

尾、箕，燕之分野，其地幽州；

斗、牛、女，吴、越之分野，其地扬州；

虚、危，齐之分野，其地青州；

室、壁，卫之分野，其地并州；

奎、娄、胃，鲁之分野，其地徐州；

昴、毕，赵之分野，其地冀州；

觜、参，魏之分野，其地益州；

井、鬼，秦之分野，其地雍州；

柳、星、张，周之分野，其地三河；

翼、轸，楚之分野，其地荆州。

⑫《魏书·邓渊列传》，中华书局1974年6月第1版，第634页。按：邓渊为北魏初名臣，多才艺，明律令，晓制度，精史学，曾受道武帝命撰《国记》。后其从父弟邓晖与定陵候和跋厚善，和跋被道武所诛，道武疑渊知情，遂诛渊，实系冤狱。

⑬台，南北朝时称朝廷禁省为台。留台即留在朝廷，不随皇帝出征或巡狩。

七　云冈石窟价无俦

佛教，作为世界三大宗教之一，创始于古印度，创始人是古印度迦毗罗卫国（在今尼泊尔南境泰来地区梯罗拉柯提废墟）王子乔达摩·悉达多，亦称释迦牟尼，翻译过来就是“释迦族的圣人”。关于释迦牟尼的生卒年，说法很多，我这里只取一说，即公元前565—前486年，活了80岁。我国的孔子，生卒年是前551年—前479年，那么释迦牟尼应比孔子大15岁，比孔子早死8年，基本上和孔子同时代。关于佛教在印度流传的情况，我们可以不必管它，但佛教什么时候传入中国，却是中国佛教界、学术界一直有争论的问题。有周穆王、周敬王、秦始皇、汉哀帝、汉明帝等时期说法。我是赞成秦始皇时期的说法。当然，这说法是最早，即秦始皇时有西域僧人来华的可能。秦始皇在公元前246年即秦王位，前221年统一中国，称始皇帝，前210年卒，称王26年，称帝12年，适值印度摩揭陀国阿育王在位后期。阿育王皈依佛教后曾派出高僧向四方弘法，因而秦始皇时佛教入华并非不可能。但是《史记》《汉书》等书对此无记载。好多学者认为，阿育王派出弘法的僧人，向北、向西北方向到达罽宾（今克什米尔）、犍陀罗（今阿富汗喀巴尔河下游）、大夏（吐火罗、睹贺罗，今阿富汗北部），向东到了雪山边，但未越过雪山，更未越过葱岭，也就没有进入中国新疆即今狭义西域，更遑论秦王朝的政治中心关中地区，我认为始皇时有西域僧人来华，但不是唐朝和尚法琳所胡

诌的释利防等十八人，那是毫无根据的，而是当时所传说的羡门、高誓等仙人。当时西域僧人即使来华，他们所宣传的佛教内容也会被中国人认为是神仙方术的一种。根据《史记·秦始皇本纪》："三十二年，始皇之碣石，使燕人卢生求羡门、高誓。"他们的名称，其实就是沙（桑）门、高僧，羡沙双声，誓僧双声，语讹而已。但当时西域僧人为何不敢晋谒始皇？始皇严刑峻法，后来发展到焚书坑儒，看到方士逃命要紧的狼狈相，僧人如何敢见？说秦始皇时即有外国僧人来华，不妨碍佛教在西汉哀帝时再度传入中国。汉哀帝元寿元年（前 2 年），月氏王派伊存入华传教，朝廷派博士弟子景卢向他学习，伊存向景卢口授《浮屠经》。大月氏地处西域，是中亚佛教盛行之国，当时游牧于今新疆伊犁河流域迤西之地。大约自此之后，佛教在中国汉族上层高级人士中就有人知道并引起注意了。东汉明帝刘庄时，夜梦金色神人，项有日光，飞至殿前，第二天请教群臣，此为何神，大臣傅毅博学多闻，认为这就是印度的佛。其实细详此梦，明帝显然先前就知道了有关佛的形象，故能形之于梦，而傅毅对佛更是了如指掌，才能解说得头头是道。于是汉明帝派秦景、王遵等十二人到达西域，在印度碰见了两位高迦叶摄摩腾和竺法兰，带了一些经卷来到中国，拜见汉明帝。先住在接待外国使臣的衙门鸿卢寺，汉朝为其在雍门外建造了一座寺院，遂因鸿胪寺之名，取名白马寺，是为了纪念此二位高僧以白马驮经来华而起。二人把《阿含经》节译成四十二章，取名《四十二章经》，实际是一本佛教教义通俗宣传小册子，流传中土。大同什么时候有佛教流传？尚不可知。但《汉书·地理志》代郡条下说，代郡属县有道人县，这里的道人是什么人？是指一般有道术之人，还是指和尚？方士与和尚均可称道人，这是一个历史留下的谜。《南齐书·顾欢传》："道士与道人战儒墨，道人与道士辨是非。"这里的道人显然指的是和尚。因而道人有指和尚的可能。道人县在今阳高县东南古城村，是否西汉这一带有僧人活动，还需要有别的证据。

魏晋时期，随着佛教在汉地传播区域的扩大，大同及其周边区域开始出现佛教传播的踪迹。拓跋鲜卑以盛乐（今内蒙古和林格尔盛乐镇）为政治中心时，就派出使者与汉族的曹魏政权和亲。拓跋力微担任部落联盟大酋长时，派长子沙漠汗到魏、晋的国都洛阳参观学习，此时的洛阳佛教的气氛已经很浓厚。沙漠汗由于羡慕汉文化，力主拓跋鲜卑南进大同地区，受到保守的鲜卑贵族的反对，他不幸后来被所谓“各部大人”害死于平城，若干年后才正式由儿子们举行葬礼，将他和妃子封氏合葬于方山之南。其子猗㐌、猗卢先后开发平城即今大同地区，平城可能已有佛教传播，因为猗㐌周围有一批并州刺史刘琨派来帮他治国理政的汉人知识分子，这些人中信奉佛教者当亦有之。西晋灭亡之后，北方进入五胡十六国混战时期，在少数民族建立的诸多政权中，羯人建立的后赵，氐人建立的前秦，羌人建立的后秦，匈奴建立的北凉崇佛最盛。西域高僧佛图澄得到后赵石勒、石虎的崇拜和支持，在河北一带弘法传教，其影响已波及大同地区。拓跋鲜卑王子什翼犍就在石勒的襄国作质子十年，后来返国为代王。佛图澄的弟子道安在巨龙山（今山西浑源南）、恒山（今河北曲阳县西北与山西接壤处，唐、宋、明、清时称大茂山、神尖山）传教立寺，佛教徒已进入大同地区，佛教在大同的传播正式拉开了帷幕。虽然吉光片羽，然而是后来创建云冈石窟的远因。下面我们就来谈有关云冈石窟的问题。

（一）佛教国政两相须

拓跋鲜卑本是一个活跃于阴山南北的部落联盟，包含三十六个部落，九十九个氏族，拓跋部则是这个部落联盟的核心。它们的原始信仰，是各种杂卜巫术，称为萨满教。萨满是巫的音译，认为世界分为

三层，天堂为上界，诸神所居；地面为中界，人类所居；地狱为下界，鬼魔所居。萨满为人驱邪治病时，口念咒语，手舞足蹈，装出鬼神附体的模样，这个宗教现在还流行欧亚大陆北部。拓跋鲜卑早期虽然有的领导人个别接触过佛教，但都比较朦胧，他们在建立魏政权后，攻略陕西、山西、河北、辽宁各地时，受到当时北方一些少数民族政权崇拜佛教、礼遇高僧的感染，才算真正有了和佛教的实际接触，并开始效仿上述地方少数民族政权尊崇佛教。北魏的开国皇帝拓跋珪（371—409）活了39岁（虚），386—409在位。他在南征北战中，戎马倥偬之际，凡经过的佛寺道观，都要参拜，凡碰见的和尚道士，都要致敬，并严禁将士侵扰。当时泰山有高僧僧朗，所居之处名朗公谷，道武帝曾遣使致书于僧朗，以缯、素、毡、银钵为赠，书中写道，有素二十端，毡五十领，银钵两枚。这里需解释几个概念，帛是丝织品的总称，汉以前就谓之帛了，汉朝时统谓之缯，故缯、帛都是丝织物总名。帛有生有熟，生帛有缟、素、绡、绢，素为一般白绢，缟是细白生绢，绢不如缟珍贵。绡是一种白而薄的绢，绢则为白色丝织品，同于素。练则是熟帛，即把生丝煮熟，使之柔软洁白，再织成帛，称熟帛。汉代一匹绢（2.2尺×40尺，相当于今天6.7平方米）值铜钱六百或七百二十斤小米。拓跋珪在信中还赞扬僧朗“德同海岳，神算遐长”，同时希望佛教“翼助威谋，克宁荒发”。拓跋珪在称帝之前，还是代王，年号皇始（369—397），就邀请赵郡高僧法果到达平城，有意培养他将来成为全国的佛教领袖。皇始三年（398），拓跋珪于七月将国都自盛乐迁平城，好黄老之说且常览佛经的拓跋珪便下诏说：“夫佛法之兴，其来远矣，济益之功，冥及存没，神踪遗轨，信可依凭。其敕有司，于京城建饰容范，修整宫舍，令信向之徒，有所居止。”十二月，拓跋珪在平城正式即位称皇帝，改元天兴。就在天兴元年(398)，北魏朝廷在平城建造了五级大寺，所谓寺的级，是指寺中宝塔的层数，那时候的寺是以宝塔为中心的，塔有几层，就称为几级寺。当时还建造了耆阇崛山和须弥山殿，耆阇崛山即灵鹫山，在摩揭陀国王舍城之东，释迦牟尼生前说法地之一。须弥山是佛教传说山名，又译妙高山、妙光山、弥楼山，其山顶为帝释天所居，四方各有八天，共三十二天，加帝释天为三十三天。三十三天是意译，音译则为忉利天。欲界六天，一天比一天高，最低一层是四天王天，简称四王天。四王在须弥山半腹的犍陀罗山，犍陀罗山有四个山头，四天王各居一山头，各护一天下，因称护世天王，所居为四王天，为六欲天之最低天。东方天王居须弥山黄金埵，南方天王居须弥山之琉璃埵，西方天王居须弥山之白金埵，北方天王居须弥山之水晶埵，四天王分别带领神兵神将护持东胜神洲、南瞻部洲、西牛贺洲、北俱芦洲四大洲的国土人民。他们另外还有本名，分别是多罗吒、毗琉璃、毗留博叉、毗沙门，译成汉语分别是持国天、增长天、广目天、多闻天，又分别手持琵琶、宝剑、龙或蛇、伞。中国人逐渐改造他们，把他们改造成风、调、雨、顺四大天王，顺序也有改变，名称也中国化，南方增长天王魔礼青，持剑职风，西方广目天王魔礼红，持琵琶职调，北方多闻天王魔礼海，持伞职雨，东方持国天王魔礼寿，持紫金龙花狐貂，职顺，合起来就是风调雨顺。当时拓跋珪所创建的耆阇崛山和须弥山殿，虽然已无踪迹，地点也不可考，但我认为，耆阇崛山就在云冈，当时尚无云冈之名，而称为武周山；须弥山殿就在高山镇，今之焦山石窟寺所在之山，那时就叫高山或妙高山。拓跋珪还在平城构筑了佛教的讲堂、禅堂和沙门座，设施都很整齐考究。也就是在起盖五级大寺的同时，国家设立佛教管理机构监福曹，任命法果为佛教领袖，称为道人统，管理天下佛教徒。法果担任道人统，能将教权与皇权的关系妥善处理，很得朝廷的欢心。按照印度佛教的传统，沙门不拜王者，当时南朝士大夫和佛教徒正为此事争论不休，而法果则在实践中直截了当地宣布：太祖明睿好道，即是当今如来，沙门宜应敬礼。于是他每见皇帝，都要参拜。他还对人说："能

弘教者，人主也，我非拜天子，乃是礼佛耳！”从而开创了北朝佛教礼拜帝王的规矩，也为后来云冈石窟雕凿佛像以帝王为模特即“佛皇共体”，创造了理论根据。

明元帝拓跋嗣（409—423年在位）即位，同样支持佛教，平城及周边修建了大量佛寺，雕塑佛像。永兴（409—431）中，前后授予法果辅国将军、宣城子、忠信候、安成公之号，并制定和颁布了令沙门“敷导民俗”的政策，让佛教和儒学一样承担社会教化功能。明元帝曾亲自到法果住持的寺院参访，见寺门狭小，容不下舆辇，命有司拓广寺门。法果年八十余，泰常中圆寂，尚未殡殓，明元帝三临其丧，追赠老寿将军、赵胡灵公。法果四十岁出家，当时已有儿子，明元帝令其子猛袭果所加之爵。明元帝曾幸河北广宗，有沙门昙证，邀致于路，奉致果物。其人年且百岁，明元帝敬其年老，亦授予老寿将军称号。明元帝在即位前，曾和与自己同龄偏小的清河王拓跋绍有过权力斗争，表面上看，拓跋嗣当时封齐王，拜相国，又加车骑大将军，而拓跋绍封清河王，嗣比绍似乎有优势，但当时的皇后是慕容氏，嗣之母刘夫人为刘眷之女，刘眷一系是匈奴父鲜卑母的一支，在拓跋鲜卑部落联盟中已经失势；而拓跋绍之母贺氏是拓跋珪宠妃，故而嗣担心绍将代替自己成为拓跋珪选择接班人的第一人选。因而拓跋嗣乃到武周山、车轮山“祈福于天地神祇”。武周山即云冈，车轮山即焦山，拓跋珪曾于其地置须弥山殿，因又称高山。该山从山顶下看，似一平置车轮，因名车轮山。明元帝即位，曾在此二山设坛兆，每年以太牢祭一次，皇帝亲自进行。这表明，明元帝时武周山和高山仍被认为是灵山，后来文成帝在此二山开窟建寺，与此有关。

太武帝拓跋焘（423—452年在位），小名佛狸，狸是兽名，似狐而小，身肥而短，大概就是现在人们养的狐子狗。从这小名你就可以看出他父亲、祖父对佛教的崇拜。太武帝即位之初，也十分崇信佛教，征战之余，常召高僧交谈。每年四月初八，佛诞之日，僧众用车载着释迦牟尼像在平城街上巡游，太武帝会在宫城门楼上观看，并散花表示礼敬。佛祖是四月初八诞生，二月初八出家，腊月初八成道，二月十五涅槃。在他的影响下，平城佛寺日增，名僧也络绎而来。其中始光四年（427）太武帝攻克了夏国都统万（今陕西靖边县北白城子），鸠摩罗十的学徒白脚禅师惠始（昙始），从统万来到平城，得到太武帝的敬重和礼遇。特别是太延五年（439），北魏灭北凉，大批高僧被裹挟到平城，其中有西秦国师玄高、罽宾高僧师贤、凉州高僧昙曜、凉州禅师惠崇、玄高弟子玄畅等，使“自张轨后世信佛教”的凉州佛教，东抵平城，平城成了北方新的佛教中心。拓跋焘事实上是把姑臧三万户吏民和数千名僧人都掳到了平城。这么多人中就包含了在凉州一带雕造石窟佛像的技术工人，这些人就成为后来建造云冈石窟的技术基础。

儒释道三教，是中国传统文化的三大支柱。两汉魏晋，逐渐形成了以儒为主，释道为辅的文化格局。拓跋鲜卑入主中原，亦遵此格局，让三教皆为皇权服务。在治国理政方面，北魏统治者遵循的是汉族的宗法性礼教制度和国家宗教，在意识形态方面他们又大肆推崇佛道二教，拓跋珪“好黄老，颇览佛经”。拓跋嗣“遵太祖之业，亦好黄老，又崇佛法”。但拓跋焘其人，对佛道二教的理解，十分浮浅，他的快乐在于骑马弯弓，亲临战阵，与敌厮杀，所以《魏书·释老志》说：“世祖即位，富于春秋，既锐志武功，每以平定祸乱为先。虽归宗佛法，敬重沙门，而未存览经教，深求缘报之意。”这就是说，拓跋焘根本不读佛经，他的所谓崇敬佛教，只不过是做做样子而已。北凉沮渠蒙逊得罽宾高僧昙无谶，在姑臧译出《大般涅槃经》十几部大乘经典，对佛学有重要贡献。他自称有役使鬼神、医治百病及多生儿子的秘术，沮渠蒙逊使女儿、媳妇到昙无谶处学习男女交接术，淫风盛行，称昙无谶为圣人。太武帝听说了，神䴥年间（428—431）命沮渠蒙逊送昙无谶来平城，说是要和他讲道，沮渠蒙逊很不情愿，不送

吧又怕太武帝讨伐，只好送昙无谶上路，但派人半路把他杀了。太武帝没有得到这个高僧，平白害他一命。平定夏国赫连昌后，得沙门惠始，此人是鸠摩罗什弟子，有些道术。刘裕灭姚泓，留其子刘义真镇守长安，自己回江南积极准备篡夺东晋之皇位去了，义真及其僚佐都敬重惠始。赫连勃勃进攻长安，杀败刘义真，刘义真南逃，道俗少长咸见坑戮，据说勃勃手下来杀惠始和尚，身被白刃而体无伤痕，杀不死，报告勃勃，勃勃愤怒，以剑刺之，又杀不死，乃谢罪。统万平定后，惠始到了平城，多所训导，世人莫测其高深。太武帝敬重此人，每加礼敬。此人从习禅开始，五十余年未尝寝卧。赤脚而行，过污泥而不染，反更鲜白，因称白脚禅师。太延年间（435—439），终于八角寺，坐化，停尸十余日，端坐不改，容色不变，埋于八角寺中。太平真君六年，朝廷不准在城内埋人，乃葬于南郊之外，已死十多年，开棺之时尸体仍完好无损，送葬者六千余人一齐号恸，中书令高允为其立传，颂其德迹。

前面我们说过道武、明元二帝都是释道并重的，他们由崇奉黄老思想而信奉道教。道教追求的是长生不死，羽化升天。拓跋珪信道，董谧向他献《服饵仙经》，就是讲如何练成丹药，服了之后成仙。于是置仙人博士，立仙坊，结果炼出的丹药有剧毒，先让囚犯尝服，服者皆死，当然不敢让皇帝吃。丹药中含有硫化汞，排除不净，自是夺命之物。炼丹不成，又熬炼其他药物求长生，开始服食五石散。五石散由紫石英、白石英、赤石脂、钟乳石、硫磺等五种药料配成，因称五石散，据考证就是大医学家张仲景所发明的保健药。这种药服下之后身体发热，必须吃冷食，喝冷饮，因称寒食散。魏晋名士几乎没有不服五石散的，成为时髦习尚和时代风气。初服五石散或服食得法，有提神保健的功效，服之既久或不得法，毒性发作，致人残疾，或精神分裂，或肢体麻痹，或肌体溃烂。拓跋珪刚服寒石散时，有太医令阴羌指导他服食，自阴羌死后无人指导，很快他就得了精神病，喃喃自语，对空说话，或数日不食，或达旦不寝，将不顺之事归咎臣下，谓百僚左右不可信，终日竟夜独语不止，追思前恶，有的立即被杀，有的或因颜色不对，语音不调，行步不匀，他都以为怀恶在心，变见于外，立刻出手杀掉，死者皆陈天安殿前，导致无人上朝。最后他因囚禁爱妃被儿子杀死。明元帝拓跋嗣，也因服食寒食散，很早就不能正常视事，服药之后“不堪万几”，让崔浩给出主意，崔浩建议由太子监国，所以拓跋焘很早就出统戎政，监国抚军。也许是有感父与祖皆服药而寿命不长（明元帝寿三十二，著纪一十六），太武帝并不服药。他虽然尊佛重道，可内心却并不以为然。他的心腹大臣崔浩，是白马公崔宏之子，出身于北方第一名门，所谓清河（今河北东武城）崔氏，典型的世家大族。崔浩非毁黄老和佛教，他认为《老子》一书，决非老子的著作，而是一位混账人所写，老子乃识礼君子，曾向孔子授礼，岂能写出那样的诽谤礼的著作来（如说：夫礼者忠信之薄而乱之首）？他又认为佛教绝不可信，其妻郭氏喜读佛经，崔浩生气，烧掉佛经，把灰倒在厕所里。与太武帝谈话，崔浩经常非毁佛教，对太武帝影响很深。但据陈寅恪先生考证，崔浩一门实为世代相传之天师道信徒，崔浩之母为卢湛孙女，即孙恩妹婿卢循之姑母，崔浩和卢循两人实为中表兄弟，而卢循正是东晋孙恩、卢循之乱的首领，他们打着天师道的旗号在南方造反，卢循为孙恩妹夫，最后被刘裕镇压，当时称他们为“米贼”，就因为他们信奉的就是五斗米道（天师道）。崔宏、崔浩父子在北魏为高官，但宗教信仰无改变。崔宏有病，崔浩剪爪截发，晚上在庭中仰空祷告北斗和北极，为父请命，求以身代，叩头流血，岁余不息，这和后世道士为人祷告北斗七星以延命的法术完全一致。始光初（424），嵩山道士寇谦之，字辅真，带着一大堆道教经典来到平城。寇谦之自称少修张鲁之术，服食药饵，历年无效。有个叫成公兴的人，在谦之姨母家打工，谦之尝拜问其姨，见此人形貌不凡而力作不倦，乃请于姨母，将成公兴带回自己家中干活。谦之

在田间树下算七曜。算的结果屡与《周髀算经》不合，成公兴在近处垦田，经常过来观看，问他算什么，寇谦之叫他休管闲事，寇谦之算了三天也算不准，成公兴又来问，问明之后说，按成公兴的方法算，结果俄然便决。谦之叹服，不知成公兴深浅，要拜他为师，成公兴不肯，但求为谦之弟子。未几，对谦之说："先生有意学道，能随我隐遁吗?"寇谦之答应了，两人共到嵩山，见有三重石洞，命谦之住第二重，自己住第一重，修行一年余，兴谓谦之：我出去办事后，会有人来，持药赠您，您就吃下，千万不要疑怪。果然有人将药拿来奉与谦之，尽是毒虫恶臭之物，谦之大惧而走。成公兴回来，问他为何不吃，他说根本不能吃，兴叹息说：先生未便得仙，只能当帝王师了。兴师事谦之七年，有一天对谦之说：我不能久留了，明天中午应去。我死后，先生幸为沐浴，自当有人迎我。谦之躬自沐浴。明日中，有叩石室者，谦之出迎，是两童子，一持法服，一持锡杖钵盂。谦之将其引入成公兴死亡的第三重石室，至兴尸之前，兴忽然坐起，穿衣持钵，执杖而去。谦之守志嵩岳，精专不懈。神瑞二年十月乙卯，有大神乘云驾龙，百神导从，仙人玉女，左右侍卫，集于嵩山顶上，称是太上老君，对谦之说，自天师张道陵去世之后，地上旷职，修善之人，无所师授。汝嵩岳道士上谷寇谦之，立身直理，行合自然，才任轨范，可处师位，我来观汝，授汝天师之位，赐汝《云中音诵新科之诫》二十卷，汝可据此清整道教，除去三张伪法（张衡、张修、张鲁）租米钱税，及男女合气之术，大道清虚，岂有此事。专以礼度为首，而加之以服食闭练。乃使手下人授谦之服气导引口诀。老君走后，谦之依诀修炼，遂得辟谷，气盛体轻。又过了九年，至泰常八年十月戊戌，有牧土上师李谱文，为老君玄孙，受老君之命亦降嵩岳，授其《天中三真太文录》，能劾召百神，号曰《录图真经》六十卷，"付汝奉持，辅佐北方太平真君，按天宫静轮之法，能兴造克就，则起真仙矣。"又授他销炼金丹、云英、八石、玉浆之法，皆有诀要。

上师李君有手笔数篇，其余皆为正真书曹赵道复所书。上师李君还带来一些弟子，赤松、王乔、韩终、张安世、刘根、张陵等群仙，牧土命他们与谦之结为道友。寇谦之把这些经典献上，太武帝让他止于另一道士张曜之所，供给他们食物。朝野闻之，若存若亡，并不信他。独崔浩觉得重要，于是他拜寇谦之为师，并接受寇谦之的法术，还上书太武帝赞扬其事说：臣闻圣王受命，则有天应；而《河图》《洛书》，皆寄言于虫兽之文[①]。未若今日人神对接，手笔灿然，辞旨深妙，自古无比。昔汉高虽复英圣，四皓犹或耻之，不为屈节。今清德隐仙，不召自至，斯诚陛下侔踪轩黄[②]，应天之符也。岂可以世俗常谈，而忽上灵之命？臣窃惧之。"太武帝读了很高兴，乃使谒者奉玉帛牲牢，祭祀嵩岳，迎致其余弟子在山者。于是皇帝拜谦之为天师，颂扬新法，宣布天下，道业大行。浩事天师，礼拜甚谨，人有讥之者，崔浩说，汉朝有名臣张释之为王生结袜，我虽才非贤哲，今奉天师，足以无愧于古人。及嵩山道士四十多人到达平城，遂起天师道场于京城之东南，重坛五层，遵其新经之制，给道士一百二十人衣食，斋肃祈请，六时礼拜，月设厨会数千人。

崔浩原本就是太武帝政治、军事、外交上的谋士，始光三年（426）他任太常卿，晋爵东郡公。神䴥二年（429）击败柔然，加崔浩侍中、特进、抚军大将军、左光禄大夫。神䴥四年（431）灭夏国，迁崔浩为司徒，浩任此职 19 年，直到被族诛。崔浩官职的升迁，全因为太武帝出谋划策，取得了重大军事胜利。太延五年（439）灭北凉，北魏终于统一了黄河流域。自太武帝崇奉天师以来，寇谦之所做的事，太致有如下几点，一是参与军国大谋。太武帝在大的决策前，往往要征询群臣意见，其中崔浩的意见尤为重要，太武帝称崔浩为"吾之子房"，意思是运筹帷幄之中，决胜千里之外，但也要征询寇谦之，而崔、寇二人其实私下通气，意见一致，因此对太武帝影响力更大。二是始光二年（425）在如浑水旁造成了大道坛，即后来玄武庙

（又称曹夫楼庙）旧址，是一座高五层的建筑，前面已说过。三是神䴥四年（431）开始造静轮宫，在道坛东北方向，要求造得极高，耸入云霄，且不能听到人间的鸡鸣犬吠，以免神仙听到，避而不来。这是给皇帝和神仙会面预备的，但因为建筑要求高度太高，一直没有完成，太子拓跋晃认为劳民伤财，对太武帝说，修那么高，何不建到东山（今采凉山）之上去，岂不简便？太武帝不听，终太武帝之世，一直在造，直到太平真君十一年（450）寇、崔二人都死了，太武帝才把这工程停下，毁而不建了。因为太过结实，拼毁之后仍存砖土，形成两个不能销毁的土疙瘩，人们顺口称为二猴疙瘩。四是劝太武帝改年号，太延五年（439）灭北凉，黄河流域即中原地区全归北魏，结束了自刘渊建立汉国（304）以来五胡乱华135年中国分崩离析的局面。于是寇谦之劝太武帝改年号，将太延六年改为太平真君元年，以应太上老君对太武帝的期待和对寇谦之的嘱托。五是劝太武帝到道坛接受道家符录，以彰圣德，表明自己有权做中华帝国的皇帝。寇谦之在太平真君三年（442）给皇帝上表，建议太武帝亲赴道坛接受符录，太武帝从之，备法驾，所用旗帜皆青色，以从道家之色。自后每位新皇即位，都要赴道坛接受道教符录，表示君权神授。本来中国人代代相传，说胡人不能做中国天子（自古无胡人为天子者），太武帝这样做，子孙也这样做，无非是增加拓跋鲜卑统治中国的合法性。六是与崔浩联合，鼓动太武帝杀了佛教宗师玄高。玄高（402—444）俗姓魏，名灵育，冯翊万年（今陕西临潼北）人，十二岁出家，法名玄高，在长安受禅于觉贤，后又师从佛驮跋陀，先后在天水麦积山、河北林阳堂、甘肃张掖一带，修习传布禅法，有门徒数百人。昙无毗到西秦，玄高又师从之。所以西秦北凉国主，皆待之为座上宾。北凉亡，凉州百姓、僧侣、佛事一同被迁至平城，玄高应阳平王杜超（太武帝舅）之邀来平城大弘禅化，并成为太子拓跋晃的佛学师父。拓跋晃时为监国，在他周围形成了一个东宫集团，而太武帝周围也有一伙人，因为权力问题和东宫集团闹矛盾，时时向太武帝进些谗言。于是太子受到父皇猜忌。据说玄高道人有道术，令太子做金光明斋七日，太武帝便梦见祖父拓跋珪、父亲拓跋嗣，先后来质问他，为什么要听诋毁太子的谗言。于是太武帝解除了对太子的戒心，让太子更多地参与国政。这事引起了崔、寇二人的戒心，便对太武帝说，这是玄高和尚作祟，蛊惑陛下，千万不可轻信，不如除掉玄高以绝后患。于是太武帝以玄高和尚蛊惑太子为由，杀了玄高，同时被杀的还有尚书韩万德的佛教师父慧崇，时间是在太平真君五年（444）九月十五日。玄高弟子玄畅逃出平城，投奔了南朝刘宋。七是鼓动太武帝限制佛教。佛教从凉州来到平城后，急剧膨胀，上自王公大臣，下至黎民百姓，崇佛佞僧，形成一股热潮。崔、寇二人，又不时在太武帝面前说些佛教害民耗财、无补国事的话。于是太武帝先于太延四年（438），“诏罢沙门年五十以下”，即五十岁以下的和尚一律还俗。胡三省注《资治通鉴》，于此条史实注道：“以其强壮，罢使为民，以从征役。”这是正确的。有人认为太武限佛、灭佛没有来自经济方面的动机，是太武帝在佛教迅猛发展的“不适应，乃至恐惧所致，是没有有效疏导经验的简单粗暴，是维护皇权的本能反扑”，这种认识是错误的。太平真君五年（444）正月，下《禁容匿沙门师巫诏》，诏曰：“愚民无识，信惑妖邪，私养师巫，挟藏谶记、阴阳、图纬、方伎之书；又沙门之徒，假西戎虚诞，生致妖孽，非所以一齐政化，布淳德于天下也。自王公以下至于庶人，有私养沙门，师巫及金银工巧之人在其家者，皆遣诣官曹，不得容匿。限今年二月十五日，过期不出，师巫、沙门身死，主人门诛。明相宣告，咸使闻知。”此时他已认为佛教是西戎即印度来的虚诞荒唐之说，僧人们是些“妖孽”[3]决心限制他们的活动。

太平真君六年（445），卢水胡[4]（匈奴的一支）人盖吴聚众反于杏城（今陕西黄陵西南），声势浩大，关中震动。太武帝部署军队征

讨，并亲自西巡关中。在长安某处寺院，寺僧种麦于寺中，太武帝的马夫们把御马牵入寺中吃麦，太武帝进寺观马，从官们自然也跟了进去，和尚请从官饮酒，从官进入和尚便室，饮酒出来，从官们说，看见和尚房屋中有弓、矢、矛、盾，太武帝一听大怒说："这不是和尚所用之物，当与盖吴通谋，计划用来害人的。"命令有关部门的人搜查寺院，结果不仅查出武器、酿酒器具，还有州郡牧守富豪们所寄藏的钱物，数以万计。又有密室，是和尚和贵室女眷私行淫乱之处。太武帝既忿沙门非法，崔浩从行，又进其说，太武帝下诏尽诛长安沙门，焚毁佛像经书，并通知平城朝廷百官，下诏书一依长安行事。当时太子晃监国，此人素来信佛，频频上表，陈说不能杀得过多过滥，图像是死的，没什么罪过，可以把寺门堵死，不准修缮，数年之后，自然就破败不堪了等等，如是再三，皇帝不许。于是朝廷只好下诏说："昔后汉荒君，信惑邪伪，妄假睡梦，事胡妖鬼，以乱天常，自古九州之中无此也。夸诞大言，不本人情。叔季之世，暗君乱主，莫不眩焉。由是政教不行，礼义大坏，鬼道炽盛，视王者之法蔑如也。自此以来，代经乱祸，天罚亟行，生民死尽，五服之内，鞠为丘墟，千里萧条，不见人迹，皆由于此。朕承天绪，属当穷运之弊，欲除伪定真，复羲农之治。其一切荡除胡神，灭其踪迹，庶无谢于风氏矣(相传伏羲、女娲皆为风姓)。自今以后，敢有事胡神及造形象泥人、铜人者，门诛。虽言胡神，问今胡人，共云无有。皆是前世汉人无赖子弟刘元真、吕伯彊，乞胡之诞言，用老庄之虚假，附而益之，皆非真实。至使王法废而不行，盖大奸之魁也。有非常之人，然后能行非常之事。非朕孰能去此历代为伪物？有司宣告征镇诸军刺史，诸有佛图像及胡经，尽皆击破焚烧，沙门无少长悉坑之。"⑤

上引这个灭法诏书是太平真君七年（446）三月下的，于是全国展开了大规模的灭佛运动。太子晃的建议虽然不用，但他有意缓宣诏书，远近皆预闻知，使僧徒们各自为计，四方沙门多亡匿获免。金银宝像和各种经论大都秘藏起来，而土木宫塔就全部被毁了。当时寇谦之与崔浩都跟从车驾，崔浩力主灭佛，寇谦之并不同意。两人的分歧，在于寇主张限佛，崔则力主灭佛。当时寇谦之就说："卿今促年受戮，灭门户矣。"意思是，你如今恐怕要减短寿命，受到诛杀，连你的门户也要被灭了。太平真君九年（448），寇谦之卒。卒前一日，忽然对众弟子说："吾气息不接，腹中大痛。"但行止如常。未亡之时就对弟子们说：趁我在，你们赶快请求办理道籍往他处去吧，我去之后，静轮宫就更盖不成了。又遇设会之日，乃于他的座前设两个座位，弟子问缘故，谦之说：仙官要来，这是给仙官设的座位。第二天早晨就死了，这里一咽气，就见口中气状如烟云，上出窗中，到半空中才消失。尸体突然加长，弟子量之，为八尺三寸，三日以后渐渐缩短，弟子再量，为六尺六寸，于是弟子们认为是尸解变化而去，并非死亡。太平真君十一年（450），司徒崔浩以诏修《国史》播扬国恶，又将《国史》刻于石碑，立在通衢，备而不典，被五刑，夷三族。此二人既死，太武帝对大规模灭佛就有点后悔，但是已经实行，对一个最高统治者来说，最难的恐怕就是由他自己纠正自己所犯的错误。因而"佛教沦废终帝世，积七八年"。直到太武帝正平二年（永平元年）三月他被宦官宗爱杀死，小儿子南安王拓跋余在宗爱支持下即帝位。宗爱专权自恣，拓跋余怀疑宗爱将要发动政变，夺了宗爱的权，宗爱愤怒，因余祭庙，杀余，朝中大臣共立皇孙拓跋浚为帝，即文成帝。拓跋余只当了七个月的皇帝就驾崩了，当年十月文成帝即位，改元兴安。

文成帝拓跋浚（452—465年在位），本太武帝拓跋焘之孙，太子拓跋晃之子。拓跋晃由于长期代父亲管理朝政，拓跋焘每次出征都要由太子监国，因而父子二人之间实际存在芥蒂和矛盾。太武帝周围有宗爱一伙包围着他，经常进太子的谗言，而太子周围也有给事中仇尼道盛等人组成东宫集团，双方争权夺利。久而久之，连太武帝也觉得

太子集团尾大不掉，拓跋晃有可能弑父篡位。于是拓跋焘开始实行预防策略。太平真君十一年（450）九月，魏大军南伐刘宋，拓跋焘就让皇太子拓跋晃屯于漠南，表面上是让他防止蠕蠕南侵平城，实质上是防止他在平城搞篡位自立活动，而让吴王拓跋余留守京师。拓跋焘率各路军马一直南攻，所过城池残破，人民群众被掳被杀，流离逃亡。拓跋焘一直攻到长江边，起行宫于瓜步山⑥，诸军齐会，大举庆祝胜利，宋文帝请和，魏军凯旋。拓跋焘此时已经在宗爱等人的策划下，决心除掉太子。于是在回程之中，诈称天子病逝，派人送信给拓跋晃，让他急速到鲁口迎丧。他到达鲁口后，看见军中果有皇上死了的布置，但一进入天子大帐，立即被擒，所带随从在帐外被伏军杀死。拓跋焘从后帐出现，命令把拓跋晃关进了铁囚笼车。大军一路回到平城，拓跋焘命令关入死囚牢中等待审判。同时搜集拓跋晃谋反篡逆的证据，拓跋晃的东宫集团骨干分子都以招权纳贿的罪名被镇压，拓跋晃在狱中的精神压力越来越大，他估计这一次难逃劫难，于是狱中恐惧而亡，就像汉武帝的戾太子刘据，所以史书说他的死亡是“戾园之悼”。审查拓跋晃的官员实际上并未掌握到拓跋晃谋反篡逆的证据，只是些贪污腐败的事，这对皇家太子来说，根本算不了什么问题，罪不至死。拓跋焘后悔把太子逼得太紧，害死了太子，于是对宗爱等人谎报太子谋反很不满。宗爱是太武帝身边人，看出了太武帝的情绪，担心太武帝翻脸，于是趁太武帝酗酒之夜杀死了他，宣称皇帝暴崩，另立南安王余为帝。南安王余本是太武帝最小的儿子，按理帝位继承人轮不着他，按兄终弟及，他上面还有好几个哥哥，按嫡长子继承，长子死了应立长孙，拓跋鲜卑自拓跋珪以来已经确立嫡长子继承制，长子死了应由长孙拓跋浚继承。只不过拓跋余和宗爱关系好，大权又在宗爱手中，故而拓跋余侥幸得立。宗爱也估计立拓跋余人心不服，屡次搜查拓跋浚，但拓跋浚被人藏在北苑中，始终未被搜出。宗爱又杀了拓跋余，于是大臣们联合起来杀了宗爱，而立皇孙拓跋浚，这就是文成帝。文成帝（440—465，452—465年在位）即位时才十二岁，但很聪明，他很快就稳住政局，十月即位，十二月即宣布复兴佛法，下诏说："夫为帝王者，必只奉明灵，显彰仁道，其能惠著生民，济益群品者，虽在古昔，犹序其风烈。是以春秋嘉崇明之礼，祭典载功施之族。况释迦如来功济大千，惠流尘境，等生死者叹其达观，览文义者贵其妙明，助王政之禁律，益仁智之善性，排斥群邪，开演正觉。故前代以来，莫不崇尚，亦我国家所尊事也。世祖太武皇帝，开广边荒，德泽遐及，沙门道士善行纯诚，惠始之伦，无远不至，风义相感，往往如林。夫山海之深，怪物多有，奸淫之徒，得容假托，讲寺之中，致有凶党。是以先朝因其瑕衅，戮其有罪，有司失旨，一切禁断。景穆皇帝每为慨然，值军国多事，未惶修复。朕承洪绪，君临万邦，思述先志，以隆斯道。今制诸州郡县，于众居之所，各建佛图一所，任其财用，不制会限。其好乐道法，欲为沙门，不问长幼，出于良家，性行笃素，无诸嫌秽，乡里所明者，听其出家，率大州五十，小州四十人，其郡遥远台者十人。各当局分，皆足以化恶就善，播扬道教也。"⑦

这个诏书，有四点值得重视，一、我国家一向尊重佛教，太武皇帝其实也是崇佛的；二、太武皇帝只是要惩办混入佛教中的凶徒，而有凶徒混入佛教本来难免，有关部门没有领会其意图，造成禁佛灭佛；三、我父亲景穆皇帝反对灭佛，只因军国事多，没来得及纠正；四、从现在起恢复佛教。于是"天下承风，朝不及夕，往往所毁图寺，仍还修矣。佛像经论，皆复得显"。我们从灭佛与复佛的反复中可以看出，一是宗教不能用行政手段加以消灭，只能加强管理。二是不能放纵宗教狂热。

文成帝复兴佛法，还干了几件事，一是恢复了朝廷管理佛教的机构监福曹，让原来的道人统师贤继续担任道人统。师贤本是罽宾国王族，出家为僧，少年学佛，东游凉州，凉平赴京，担任魏国道人统，

即全国最高佛教领袖。由此看来，法果之后，师贤之前，应该还有一位道人统，但史书未载。太武灭法时，师贤改扮医生行医，而守道不改。文成复法，师贤即刻恢复沙门身份，有同辈五人，文成帝亲自为他们落发，仍然让师贤担任道人统。二是在即位的当年，即兴安元年，其实从即位到年终，也就两个月，下令有关部门为皇帝本人刻一个石像，当年是否刻成，没有说，但刻成之后，人们看到，颜上足下，各有黑石，竟然同文成帝身上的黑子完全一样。颜即额头，这里的足下，就是踝骨以下的部分，也就是脚面，而不是脚底板。脚底板，石像立着，谁能看得到？人们认为这是纯诚感动上苍。三是兴安二年(453)，诏灭佛时逃往中山的高僧昙曜速返京城。史书对昙曜的生卒年代，何许人也，都无记载，只说他是凉州高僧，少年出家，摄行坚贞，风鉴闲约（有远见卓识而闲静简约），以禅业见称，在北凉受到太傅张谭的佩服和崇拜，拜为师父，来到平城后，因操守高洁，受到太子拓跋晃的礼遇。太武帝灭佛时，昙曜矢志不移，准备以死殉道，后经拓跋晃反复劝说，乃持法物潜往中山（今河北定州市）。昙曜奉旨还京，适逢文成帝出巡，御马前衔昙曜之衣，当时人们认为这是“马识善人”，文成帝知道昙曜回来了，待以师礼，立即接待昙曜，两人进行了长时间的谈话。昙曜对文成帝来说，光是简单地恢复佛教，远远不够，要想使大教永世长存，造福国家，我建议在京西武周山，“凿山石壁，开窟五所”，镌刻五尊大佛，象征从太祖道武帝以下直至陛下五位皇上，其地山峦很高，所造之像可以高到六七丈，雕饰奇伟，冠于一世，比任何地方的石像都高大。这个计划，正是昙曜躲在中山七八年思考好了。你想，造出几乎与山等高的石刻大佛，在黄色炸药尚未发明的年代，这样的大佛岂是斧凿等一般工具能轻易隳坏的？再有要灭佛的皇帝，也不会发无聊向山石开战吧。太武帝灭佛被称为“三武一宗之厄”的第一厄。三武一宗是历史上谥号为武的两位统治者、一位庙号称“武”的统治者与一位庙号为“世”的统治者的合称，他们都以灭佛著称，即北魏太武帝、北周周武帝、唐朝唐武宗、后周周世宗。除太武外，周武帝、唐武宗的灭佛都没有撂动云冈石窟，周世宗时则是后晋石敬瑭已把云州割让给了契丹，周世宗已不可能来大同灭佛。周武、唐武未动云冈石佛，说明昙曜确实是有远见卓识的。文成帝很痛快地批准了昙曜的建议，并指示昙曜进行设计并组织施工，让有关部门全力配合这项工程。本来平城之西为太祖时设定的耆阇崛山，太宗时年年祭拜的灵山，昙曜选择这里，有他的良苦用心，就是为减少魏国朝廷中反对的声音。举国家之力而开凿的昙曜五窟，正如大地理学家郦道元所说：凿石开山，因岩结构，真容巨壮，世法所稀。和平元年（460）道人统师贤卒，昙曜继任，改称沙门统，大约也就在同一时间，监福曹改称昭玄寺。昙曜任此一职多长时间，史无明文，不可确考。然《魏书·释老志》载，“沙门统昙曜，昔于承明元年（476），奏凉州军户赵苟子等二百家为僧衹户”，据此昙曜任沙门统已十七年。又昙曜何时圆寂，虽史无记载，然《广弘明集》中有《元魏孝文帝以僧显为沙门都统诏》，言曜统卒后，以思远寺主法师僧显为沙门统，以皇舅寺法师僧义为都维那。又唐明佺《大周刊定众经目录》卷一说，《大吉义咒经》，后魏太和十年（486）昙曜译，则昙曜逝世，当在太和十年之后。以486年计，昙曜任沙门统在二十六七年之久。然则昙曜组织指导云冈工程，恐不止昙曜五窟。大约昙曜五窟开凿完毕后，昙曜还指挥了第二期的云冈工程，即从第五窟到第十五窟的工程，直到其生命结束。四是批准昙曜发展寺院经济，助兴佛法。昙曜奏请文成帝，平齐户及诸民，有能每年给僧曹即全国上下僧人管理机构输谷六十斛，即为“僧衹户”，所输之粟“僧衹粟”。这些谷物到灾年时就拿出赈济灾民。又奏请将犯重罪的老百姓以及被官府定为奴隶的人发到寺院为“佛图户”，让他们为寺院扫洒，并且为寺院种地干苦力杂务。文成帝批准了，寺院经济很快发展起来。五是文成帝于兴光元年（454）命有关部门在五级大寺中，为太

祖以下五帝，铸释迦立像五个，各高一丈六，用去赤金二十五万斤。六是批准昙曜边建石窟边组织译场，大译佛经，先后共译出十四部，今存八部于《大藏经》中。当然这十四部不可能都是文成帝时完成的，但始于文成帝。

献文帝拓跋弘（454—476），文成帝长子。小字万民。他466—471年在位，只做了五年半皇帝，就传位给儿子拓跋宏，自己当太上皇。文帝也像他父亲，笃信佛教，还好老庄。虽然是个皇帝，经常引见沙门和喜欢谈论老庄的人士，讨论义理。他十二岁当皇帝，大权旁落在侍中、车骑大将军、太尉、录尚书事乙浑的手中。乙浑专权自恣，杀害了朝中不少正直的大臣，拓跋弘控制不住朝廷。乙浑渐有不臣之心，准备篡夺皇位。这时文成帝之妻冯太后异常镇静，她秘密布置，一举发动粉碎了乙浑的逆谋，处死了乙浑，由于献文帝年岁太小，冯太后决定临朝称制，这是冯太后第一次临朝称制，很快就把朝廷理顺，各项事务走上了正轨。皇兴元年拓跋弘生了儿子，此时冯太后已临朝称制一年有余，决定还政给献文帝，自己抚育名义上的孙子拓跋宏。献文帝当了五年皇帝，在佛教方面却干了几件大事，一是继续建造云冈石窟；二是在生了儿子拓跋宏之后起永宁寺，构七级浮图（塔），高三百余尺，基架博敞，为天下第一；三是在天宫寺，造了一尊释迦立像，高四十三尺，用铜十万斤，造了一座三级塔，榱栋楣楹，上下重结，大小皆石，高十丈，镇固巧密，为京华壮观。

献文帝当了五年皇帝，却和冯太后的关系越来越紧张。起因主要是冯太后的私生活。文成帝死时年二十六，冯太后小他两岁多，虚岁二十三，是一个年轻的寡妇。冯太后不是献文帝的生母，而是他的嫡母，也就是说，冯太后是文成帝皇后（正妻），而献文帝母则是文成帝妃嫔（妾），按照“子贵母死”，献文帝被立为太子时，其生母就被赐死了，所以献文帝和冯太后并无血缘关系。冯太后虽然贵为太后，政治上荣耀辉煌，可个人私生活寂寞凄凉，怎么办？难免找个面首以慰其情。据记载，冯太后的面首先后有李弈、王睿、李冲等，这本来不足为奇，可是献文帝在位时，偏不能容忍，找个借口杀了李弈，冯太后知道这是冲着自己来的，十分愤怒。冯太后的爪牙布满朝野，而她还控制着献文帝的太子拓跋宏，群臣都感到很棘手，不敢心向献文帝。献文帝在群臣中威望越来越低，他的许多政策措施无人敢贯彻。于是他想到了让位于京兆王拓跋子推，此人是文成帝之弟，献文帝估计冯太后为难不了他。但拓跋子推坚决不接受。在朝会上大臣们纷纷反对，使献文帝几乎下不了台。最后他接受大家建议，传位于太子，自己退居太上皇之位，并答应继续过问朝廷大政，这时拓跋宏才五岁，朝廷事务一是听祖母的，一是听太上皇的。太上皇仍是冯太后掌权的重大障碍，在献文帝当了五年太上皇之后，于承明元年（476）六月，冯太后毒死了他，孝文帝于是尊祖母为太皇太后，让冯太后第二次临朝称制。

献文帝在佛教方面办的第五件事，就是他退位之后，移居北苑崇光宫，在那里学习佛教经典，和佛徒讨论，并在北苑西山建立了鹿野苑石窟寺。鹿野苑石窟寺在今小石子村大沙沟北崖面上，献文帝曾在这里“皇冠素服，持戒诵经”。那时有洞窟八个，中央一窟凿有一佛两胁侍菩萨，其余都为无雕像禅窟。

孝文帝拓跋宏（467—499）活了三十三岁，471—499年在位。他出生于平城紫宫。他父亲生于阴山之北，在今内蒙古大青山北麓。他祖父文成帝生于东宫，即今御河之东古城村。太武帝为太子建了东宫，面积很不小，相当于当时宫城三分之一，让太子搬出了皇宫。他的曾祖太武帝也生于东宫，但当时的东宫却在皇宫东部，是皇宫的一部分。他的高祖是明元帝，国都还未迁至平城时，生于云中宫，即云中盛乐宫，在今和林格尔盛乐镇。至于北魏开国皇帝拓跋珪，出生于参合陂北，即今内蒙古兴和县葫芦海之北。孝文帝和佛教的关系，较之他父亲和祖父更为密切。一是继续开凿云冈石窟，他曾多次到云

冈指导工程建设，监督工程进度，查看工程质量。二是剃度大量良家男女为僧尼，承明元年八月，他在永宁寺一次就剃度良家男女为僧尼者百余人，他自己亲自执刀为他们落发。承明元年八月，命令建造建明寺。太和元年（411）又在方山建思远寺。太和七年（483）为报答母恩在灵丘建觉山寺，招集禅衲五百余众，勒六宫侍女精进内典者为僧尼，成为一时盛举。太和十六年下诏："四月八日，七月十五日，听大州度一百人，中州五十人，下州二十人，以为常准，著于令。"本来从文成帝复兴佛法的兴安到孝文帝继位的太和初，平城佛寺已经有百余所，僧尼二千余人；四方诸寺六千四百七十八，僧尼七万七千二百五十八人。孝文帝太和年间的做法，使寺庙和僧尼人数一直在增加，太和四年（480）罢鹰师曹，改为报德寺，又增加寺庙和僧尼。四是设法供、斋会，开展佛事活动。他自己带头，引导官员们和僧徒们讨论佛教义理。例如太和元年二月，他在永宁寺设斋，赦免了一批死刑罪犯。同年三月又在永宁寺设会，行道听讲，又命中书省、秘书省的官员们与和尚讨论佛教义理。太和十九年(495）四月，他视察徐州白塔寺，寄托他对僧嵩、僧渊、慧纪、道登等名僧传播佛教《成实论》《毗昙论》功德的崇敬。僧嵩是姚秦时鸠摩罗什大弟子，曾参与罗什译经，罗什圆寂后，即往徐州白塔寺，聚徒讲学。僧渊则是颍川人，初游徐州，从僧嵩学习《成实》《毗昙》，慧解之声，驰名遐迩。此时徐州已归入北魏版图，僧嵩、僧渊师徒二人驰名魏国。慧纪、道登、昙度三人又同时受学于僧渊。慧纪兼通数论，曾在献文帝所居鹿野苑讲经，所谓"唱谛鹿苑，作匠京缁"。他去世后，孝文帝在《为慧纪法师亡施帛设斋诏》中说："闻之悲哽伤恸于怀，可敕徐州施帛三百匹，并设五百人斋，以崇追益。"⑧道登，东莞（今山东沂水）人，俗姓芮。初至徐州从药法师学《涅槃》《法华》诸经，继从白塔僧渊学习《成实》，誉闻魏国。此人是孝文帝的佛学法师，常与孝文帝讨论佛学义理，为孝文帝所器重。《魏书·酷吏·高遵传》等篇记载，由于孝文帝的器重信任，道登还直接参与国家军政活动。太和二十年（496）道登去世，孝文帝命令施帛设斋，行道七日以追荐，当时孝文帝染病，不能亲往治丧，依师礼在宫门外哭泣致哀。[9]太和十九年孝文帝幸白塔寺，瞻仰遗迹，对随行诸王兄弟和侍者们说："此寺近有名僧嵩法师，受《成实论》于罗什，在此流通。后授渊法师，渊法师授登纪二法师。朕每玩《成实论》，可以释人深情，故至此寺焉。"[10]可见孝文帝对道登、慧纪的深情。昙度俗姓蔡，江陵人，少游建邺，备贯众典，后赴徐州，从僧渊学《成实论》，领悟奥旨，德风远播，孝文帝遣使征请，来到平城，法席大盛，门下高徒千余。当时罗什门下《成实论》造诣最深者，南有僧导，北有僧嵩，建立了南北成实说的两大系统——寿春系和徐州系。昙度得徐州系嫡传，著《成实义疏》八卷，盛行北方，太和十三年（489），昙度卒于平城。四是兴建了五台山灵鹫寺和清凉寺，奠定了五台山作为佛教四大圣地之首的基础。这一条由于太重要，所以单独列出。五台山位于大同东南，由五个台组成，平均海拔 2800 米，北台高达 3058 米，为华北地区最高峰，称为"华北屋脊"。因岁积坚冰，夏日飞雪，曾无炎暑，因称清凉山。四大佛教名山中，五台山寺庙的创建和佛教的兴旺都是最早的。五台山的建寺，肇端于孝文帝夏天到五台山避暑，平城佛教也就随着在此扎下了根。五台山所建的第一座寺院就是清凉寺，为孝文帝避暑时礼佛而建。清凉寺之后，孝文帝又在中台建造了大孚灵鹫寺。皇帝带头，朝野风从，棣州刺史崔震于中台造精舍一处，小塔数座，信诚公主则于五台山兴建佛殿讲堂，称为公主寺。宕昌王则在五台山建宕昌寺和佛光寺。北魏末年五台山已被佛教称为文殊菩萨道场。同时《华严经》《四分律》因在平城盛行，传至五台山，历代高僧在五台山传习宣讲，五台山遂成为华严经学的中心地之一。五是兴建了嵩山少林寺。这一条也由于太重要，单独立条。嵩山少林寺的建造，完全是由于孝文帝崇敬印度高僧跋陀。跋陀又名佛陀，天竺僧人，生卒

之年亦不详。他在印度时结友六人一起修行，“五人证果，唯陀无悟”[11]，跋陀仍十分勤勉，但收效甚微。其中一位已悟道的同伴对他说：修道要看机缘，我看你的机缘不在天竺，而在震旦（中国），你还是到震旦寻找机缘吧。跋陀便与这位道友一同来华，孝文帝时来到平城。北魏平城时期的佛教尚禅法，重实修，与南方佛教重义理轻实修不同。跋陀来到平城，由于重视实修，深受孝文帝敬重，孝文帝为他建造了禅院，开凿了禅窟，所需一切经费，皆由国家负担。当时平城有一座康姓富户，资财百万，为跋陀造了一所别院，专供他精修禅业。一日，一小儿见跋陀禅师别院门内光明照耀，以为着火了，赶紧呼唤家人邻居端水救火，大家去了一看，什么也没有发生，院内只有跋陀一人正在修禅，所见光亮乃是跋陀修炼时头顶发出的光柱。此件事一时传遍平城，跋陀声名大噪，僧俗人等，倍加崇敬。跋陀在平城证得道果，一待就是二十年。迁都洛阳，跋陀跟随而去，孝文帝在洛阳为其再建禅院。跋陀喜爱森林幽谷，多次前往嵩岳，孝文帝为其在嵩山少室山下修建了一座寺院，以其在少室山下，是少室山下的丛林（佛寺），取名少林寺。从各地而来的从学者，经常都在数百人，其弟子有慧光、道房，驰名于时[12]。慧光早年即从学于跋陀，在平城待了八九年方随师迁往洛阳。

人们一听说少林寺，就想到禅宗达摩，其实达摩并非少林宗师，真正的少林宗师是跋陀。达摩当时是在少林寺西北的一个洞窟中修行，今名达摩洞。

太和二十一年，孝文帝在长安罗什译经的草堂寺，为纪念罗什，专门建造了一座三级塔。

总之，佛教在孝文帝时期，其发展达到了新的高峰。北魏后期，自文成复法之后，佛教实际上成为国教，呈现出浓厚的国家色彩。佛教有了国家支持和制度保证，平城不仅经义之学大兴，修建了大批寺院，而且僧徒之众达到前所未有的人数，所谓“南朝四百八十寺”或五百寺，比之平城北魏时期的佛教，那是小巫见大巫。正是北朝佛教，为隋唐佛教各宗派的形成奠定了基础，创造了条件。

（二）皇朝雕在石头上

广义的文化，指的是人们的物质生活方式和精神生活方式的总和及其精神价值；历史则是人们有目的的活动，和对这些活动的记录。前者是原生态的历史，后者是记录下的历史。两者具有程度不同的同一性。因此历史当然是文化。云冈石窟的历史文化价值，指的是它所雕刻的人物事迹中，有历史的投影，尤其重要的是它的那些主尊大佛是以帝王为模特刻成的，叫做“皇佛共体”，因此该石窟被人们称为“雕刻在石头上的王朝”。确切地说，云冈石窟十米以上的大佛共有九尊，这九尊本身，一是符合易经“九五龙飞”的观念，二是他们都是帝王的身形状貌，佛的衣冠服饰，二者高度有机结合，相当精彩地留下了历史的记录。

昙曜当年开始凿窟，是他和文成帝商议共同决策的，也就是云冈的第16窟—第20窟。根据多数人的观点，这五所在形制上基本一致，即平面大体都属于椭圆形草庐式，穹窿顶，无后室，中央一大佛，旁边两小佛的洞窟，且外壁又雕满千佛，其主尊所象征的帝王是：第20窟的主尊象征道武帝拓跋珪，佛像高13.7米，高肉髻，广额圆面，高鼻挺直，细眉长目，唇厚微翘，八字美髯，大耳垂肩，两肩齐挺，造型雄伟，挺拔健硕，尚存北方游牧民族的彪悍之态。这正好表现了作为开国皇帝拓跋珪，那种南征北战，以金戈铁马打出幽冀云朔一大片天地，表现出气吞万里如虎的英雄气概。此窟由于窟前部坍塌，人称露天大佛。第19窟主尊的大佛，结跏趺坐，高16.8米，为云冈第二大佛像，目光悠远，神态超然。象征北魏第二代皇帝明

元帝拓跋嗣。以上这两位皇帝，《魏书》本纪都有评论，叫做“史臣曰”，对拓跋珪的评价是：“晋氏崩离，戎羯乘衅，僭伪纷纠，豺狼竞驰。太祖显晦安危之中，屈伸潜跃之际，率遗黎，奋其灵武，克剪方难，遂启中原，朝拱人神，显登皇极。虽冠履不暇，栖遑外土，而制作经谟，咸存长世。所谓大人利见，百姓与能，抑不世之神武也。”《太宗纪》后的“史臣曰”则说：“太祖英雄，北驱朔漠，末年多衅隙。明元抱纯孝之心。逢枭獍之祸，权以济世，危而获安，隆基固本，内和外辑，以德见宗，良无愧也。”作为历史人物的象征，我们看这两尊巨像，基本上符合这两位历史人物的功德评价。第 18 窟象征北魏世祖太武帝拓跋焘，此像高 15.5 米，为立佛，佛身披千佛袈裟。太武灭佛，是佛教界有争议的人物，那么如何反映或表现这位历史人物呢？要不要动手脚，发泄点牢骚，把这位皇帝丑化一下呢？不能，还是坚持法果以来平城佛教的传统，佛教为皇权服务，拜帝王就是拜佛陀，此其一。文成帝已经下了《复佛法诏》，全面恢复佛教，国家已经为佛教平反昭雪，认为灭佛做得过头了，今后要大力支持佛教的发展，在这种情况下，决不能再闹腾自讨没趣，那是不会有好果子吃的，此其二。朝廷说灭佛并不是太武帝一个人的责任，太武帝对长安和尚的不公不法很愤怒，命令有关部门下诏清理整顿全国佛教寺庙，有关部门没有正确理解太武帝的旨意因而造成了“一切禁断”的后果。主要责任在“有司”，不在太武帝。《复兴佛法诏》不就是这样说的吗？必须把佛教界的认识统一到中央的精神上，与中央精神保持高度一致，不能怀疑，更不能唱反调，还是按平常心对待太武帝吧，此其三。佛教自己也有过，钻进了一些坏人，败坏了佛教声誉，长安寺庙的和尚为何要私藏那么多武器，是不是要当造反派？为什么要替贪官污吏保存财物？为什么设许多密室而和贵族妇女淫乱？这岂非管理不严教规不肃？因此清理整顿是必要的，只不过扩大化了，要纠正的是扩大化，而不是清理整顿。基于上述理由，太武帝的雕像要格外用心，使大家都接受，此其四。因此这尊像，其实雕得格外平和朴实，他的身上披着千佛袈裟，千佛指的是过去庄严劫千佛，每个佛都有名号，释迦牟尼被安排为现在贤劫的第四佛，因此贤劫千佛格外著名。佛寺经常绘塑的也就是现在贤劫千佛。因为佛的名号虽然各不相同，形象可是基本一致。有时可以用模制的方法塑造，或用捺印的方法代替绘制，省事方便，艺术性不一定高，不过千佛群聚一堂，大家环拱主尊，显得气势非凡，总体艺术效果不差，还给人一种“领袖在群众中”的印象。像第18窟主佛这种千佛，还有一个特别名称叫“人中佛”，即法衣刻许多小佛像，甚至六道轮回像。人中佛的意思是在“人们中间的佛”这里的“人”是广义的，包括“佛、神、人、鬼”。人中佛多见于早期石窟大佛像，自唐以降造洞窟造塔、造大像并以其为中心的做法，逐渐变为以殿堂为中心，殿堂中无大量的空间可供塑绘千佛，所以“人中佛”从唐末基本消失。第17窟象征生前并未即位称帝死后被谥为景穆皇帝的拓跋晃，即文成帝的父亲，死时年二十四，很年轻。庙号为恭宗。第17窟主佛高15.6米，为菩萨装的交脚弥勒，伟岸魁奇，英气勃勃。这正好应《世祖本纪》对拓跋晃的评价“诞资明睿岐巍夙成”，翻译成现代汉语，就是天生资质英明睿智，幼年就已成大器。第16窟主尊大佛，立像高13.5米，波纹状发髻，俊朗清秀，目光明敏，象征当年策划、决策、领导建造云冈石窟的国家领导人、少年皇帝文成帝拓跋濬。

前面我们说过，高僧昙曜其实是云冈工程的设计师和主持者，而且他大约活到了太和十年之后，这就是从兴安二年（453）始，姑且算是昙曜活到太和十一年（487），那么他实际上上主持云冈工程34年。从和平元年到太和十一年（460—487），他担任全国最高佛教领袖沙门统27年。正因为他资格太老，孝文帝为表示对他的敬重，他在世时独揽佛教大权，朝廷连都维那都不设，直到他去世很久，孝文帝才以僧显为沙门统，以僧义为都维那。他作为昙曜五窟的实际主持

者，有新的问题横亘在他面前，那就是，文成帝之后，又产生了两位皇帝，即献文帝和孝文帝，这两个皇帝在云冈石窟中没有位置，是无论如何说不过去的。怎么办？当然是必须把这二位都雕进去。于是我们看到了这样的情形：第13窟，此窟平面仍呈椭圆形，穹窿顶，窟内东西宽11米，南北进深9米，上下高13.6米，主尊佛像为高达13米的交脚弥勒菩萨，这就是献文帝拓跋弘的象征。孝文帝则被雕刻在第9窟后室正中，结跏趺坐，高十米，旁有两协侍菩萨，但这一组像已经严重风化，已看不清当时的原貌。

如果说第13窟和第9窟分别被昙曜把献文帝和孝文帝都雕进去了，昙曜已到垂暮之年，很快便撒手归西，完成了他的历史使命，那么作为政治任务，孝文帝却丝毫不敢放松，也不能感到轻松。是啊，祖母太皇太后怎么办呢？我们祖孙七代都被雕成了佛，坐在高大的洞窟中享受僧俗人等的香花供养，但没有为我大魏辛苦操劳，并且进行了国家政治经济和治理体制改革，巩固了大魏政权的太皇太后的份儿，这是说不过去的。也许他早就和昙曜及其助手们商量好了此事，并纳入了计划，征求了太皇太后的意见，但史无明确记载，我们难以直接下断语。但事实是明摆着的，在太皇太后临朝称制的条件下，像云冈石窟开窟造像象征帝王这样的大事，没有冯太后的批准，孝文帝根本不敢自己做主。史书记载了孝文帝多次“幸武周山石窟寺”[13]，没有提一次太后也去，这是史官的偏见造成的遗漏，冯太后肯定是要去的，孝文帝和老太太商量，为老太太也造了一个窟，造在哪个位置好，冯太后这位政治上的女强人，中国历史上富有远见卓识和气魄胆略的女改革家，再一次显示出了她倔强高傲、不被世俗束缚的性格。她不与丈夫文成帝合葬金陵，而是在方山另立永固陵，造像也不和拓跋鲜卑出身的丈夫共占一个窟第16窟，而要自己独占一个窟即第3窟。也与那些拓跋鲜卑皇帝都雕为佛像不同，她要求把自己雕成三贤十圣的最后一阶——妙觉菩萨，她明白妙觉菩萨就是佛，就如同自己不是皇帝其实就是皇帝一般。更有一层，她要求把第 3 窟的菩萨像刻成女性模样，保持她的女性本色，于是我们就看到了面部丰满圆润，肉质感很强，头戴宝冠，发髻梳拢向上，双耳戴耳环，发髻下披双肩编成发辫，衣着贴体袒露胸部的女菩萨宛然入目，其协侍的两个女菩萨，不过是冯太后侍女的化身而已，不值得再去烦琐考证。有人说第 3 窟是北魏开窟唐人造像，不过是臆说而已。说三尊人物是西方三圣，全然不顾人物本身给出的昭示，更是痴人说梦。

有的人意识到云冈石窟开凿时期绵延了五六十年，不可能不表现冯太后临朝称制这样重大的历史事件。但对于孝文帝和昙曜及其副手们表现冯太后，他们的认识不同。有两种看法：一是说孝文帝等用双窟这种造窟形式和释迦多宝“两佛并坐”的题材表现冯太后；二是孝文帝等专门开辟了佛母洞，用所雕刻的佛母形象象征冯太后。下面我们就来看看这些说法何以站不住脚。

云冈石窟二期工程（昙曜五窟为一期，五窟之东为二期，五窟之西为三期），出现了好几组双窟。双窟无非是洞窟的一种组合，通常是指同一形制、同样规模、内容相连并紧靠在一起的两个洞窟。两洞窟紧靠在一起，合用一个前庭，并在前庭紧靠两窟崖壁左右各竖立突出的塔柱。大致说来，第 1 窟和第 2 窟、第 5 窟和第 6 窟、第 7 窟和第 8 窟、第 9 窟和第 10 窟是四组比较典型的双窟。本来双窟的开凿雕刻是为了改变第一期昙曜五窟在形制上采用平面呈椭圆形草庐穹窿顶、中间一大尊大佛的单调形式。将穹窿形制多样化，便于造成繁缛富丽、多变突出、夸张夺目的艺术效果，也便于更好地利用窟室空间，除此而外，并无其他特殊寓意。但有的研究者认为双窟的出现，与太和年间冯太后临朝称制，北魏官僚多把冯太后和孝文帝并称为“二圣”有关，多组双窟是当时特定政治形势的产物。其实双窟和二圣，风马牛不相及。硬说双窟和二圣有关，是一种影射和比附史学。试想，云冈石窟是皇家工程，此时是由孝文帝亲自主持安排的，孝文

帝岂敢把自己和冯太后并列称为“二圣”，并在云冈石窟中安排多组双窟作为象征？从家庭人伦角度讲，冯太后是孝文帝的嫡祖母，而孝文帝是冯太后的庶孙。冯太后不但辈分高出孝文帝两辈，而且嫡庶是区别身份的，冯太后是文成帝正妻，而孝文帝的亲祖母即献文帝的生母却是文成帝妾，按这种情况，孝文帝就不敢把自己和冯太后并列称圣。何况此时冯太后临朝称制，大权在握，孝文帝唯命是听，他敢把自己和冯太后并列称圣，等于是要冯太后让出权力两人共享，他敢吗？孝文帝之母按“子贵母死”制度，早年即被赐死，他是冯太后一手抚育大的，冯太后对他有养育之恩，他决不会干这种有损祖母威严之事。孝文帝是个孝子顺孙，《魏书·皇后列传》说：“自太后临朝专政，高祖雅性孝谨，不欲参决，事无巨细，一禀于太后。”“初，高祖孝于太后，乃于永固陵东北，预营寿宫，有终焉瞻望之志。”他为自己营造的这个“万年堂”，规模才是永固陵的一半。从这些表现看，他绝不可能在云冈开窟造像中，把自己和冯太后平列看待，造些双窟暗寓此意。从冯太后来说，她作为政治女强人，又在搞临朝专政，她是不会容许孝文帝在政治权威上、政治影响力上和自己平等的。她曾经因为孝文帝对她不满，把孝文帝关在一处冷房子里冻饿三天，几乎要了孝文帝的命，而且准备废了孝文帝，让咸阳王禧接替他当皇帝，后来是咸阳王禧之母给尚书令李冲和东阳王拓跋丕以及尚书右仆射穆泰送去信息，此三人入宫求情，冯太后才饶了孝文帝。有人可能会说，唐朝时不也出过类似的事，朝廷上人们把唐高宗和武则天并称为“二圣”吗？是的，但武则天皇后和唐高宗是夫妻关系，两人地位相当，和冯太后、孝文帝的关系不一样。与此相关，这些人又说，云冈石窟中的“两佛并坐”雕像就是用来象征冯太后和孝文帝两人共同掌权执政的。“两佛并坐”是云冈石窟中的一种造像组合，大量存在，据统计有380余处，而且石窟的早、中、晚三期都有。大体上都是以两个圆拱龛容纳二佛并坐于一个平台上呈对面谈话状，二佛皆结跏趺坐，左手肘自然置于右腿上，右手臂屈臂上升而施无畏印。二佛并坐之典出于《法华经》，该经《见宝塔品》记载了释迦与多宝两佛并坐对话的故事。内容大致是：释迦牟尼正在为四众弟子宣讲《法华经》，忽然空中传来巨大声响，有七宝塔自地涌出，升向空中，从中传出多宝佛的说话声，赞叹释迦牟尼说法的精妙。此时释迦牟尼讲坛的周遭，已是众佛菩萨围绕，以大乐说菩萨带头，大家纷纷请佛祖运用神通，开启宝塔。释迦牟尼即离座起于空中，四众起立合掌，注目佛祖，只见佛祖以右手打开七宝塔户，里面传出轰隆轰隆的巨大声响，仿佛以钥匙打开了关闭的门一般，众人都看见多宝佛坐在塔内狮子座上，如入禅定，众人又听到虚空中传出他的声音："善哉，善哉！释迦牟尼佛，请讲是（此）《法华经》，我为听是经，故而来至此。"这里释尊的众弟子，看到这位过去无量数千万亿劫前涅槃的多宝佛，说出这样的话，无不心喜赞叹，纷纷把芳香的天花抛向二佛。这时多宝佛在塔中如梦初醒，分出自己的半个座位，请释尊进塔来坐，释迦牟尼进入塔中坐在多宝佛给他空出来的半个座位上，也和多宝佛一样结跏趺坐。此时大众看见二人并坐，都想让释迦牟尼把他们连座位一起起在空中，让他们倾听释迦为多宝讲《法华》。果然释迦把他们连座位都起到空中，坐稳，这才给多宝讲《法华》。从教理上看，多宝是法身佛，表示定学，释尊是报身佛，表示慧学，二佛同塔并坐，表示法报不二，定慧如一。早期佛教艺术，因为以塔为中心，故在石窟寺的塔雕中常出现二佛并坐的形象，后世以殿堂为中心，二佛同塔并坐很难在殿堂中塑出，只能在壁画上有所表现，不注意壁画，就很难见到"两佛并坐"了。因此所谓"两佛并坐"象征冯太后和孝文帝共同执政，同样不靠谱。试问孝文帝在政治运作层面，是和冯太后并坐共同处理政事的吗？当然不是，其实是冯太后坐着他站着，冯太后让他坐，冯太后坐在正面，他则坐在冯太后的左后侧，他绝不敢和祖母坐成一排的，当然北魏拓跋鲜卑坐的是胡床（交椅），正如《南齐书·魏

虏传》说的，“在殿上，亦跂据”，跂据即箕踞，分张双腿下垂而坐，不同于汉族的传统坐式跪席而坐。实际情况如此，负责领导安排云冈石窟帝王象征的孝文帝，敢塞些私货进去，把象征他和冯太后的佛像搞成“二佛并坐”，他是吃了狮子心豹子胆了吧！其实“二佛并坐”的形制只是为了改变一下云冈早期一佛独尊的单调形式的手段而已，这种单调造像者在早期就觉察到了，所以那时他们就安排了一下“二佛并坐”的零星雕刻，正因为“二佛并坐”出现很早，而且只有美学上的对称意义，别无其他政治寓意，中期孝文帝才在无意中允许工匠们继续使用。太和十四年冯太后逝世，此后已不存在“二圣掌权”了，但晚期工程中仍存在大量的“二佛并坐”浮雕，这也表明“二佛并坐”毫无政治含义，前后是一贯的。如果冯太后当年得知孝文帝用“二佛并坐”图案象征她和孝文帝共同执政，而孝文帝又为自己单独凿刻一尊大佛作为象征。整个石窟给她留下的，按照大多数研究者们推断的，就只是在一些龛中和孝文帝并坐，老太太不气疯才怪呢！其实是许多研究者认为孝文帝等就是这样安排的，只有我第一个认为云冈大佛中有一尊造像象征冯太后。还有，冯太后精通汉文化和佛学，对“二佛并坐”的宗教涵义她是明白的，如果真的用涅槃于千百亿劫前的多宝佛来象征她，则她就是一尊“死佛”，而孝文帝则是“生佛”，这样的事她会答应吗？真是那样，孝文帝就完蛋了，工匠们个个也得死。总之是以“二佛并坐”象征“二圣掌权”之说，无异于痴人说梦，这就差之毫厘谬以千里了。

另一种说法是，孝文帝开创了佛母洞，借以象征冯太后并歌颂她的功绩。此说的提出者把第六窟称作佛母洞或佛向塔洞，第六窟的中心方塔就是佛母塔。提出者认为，第 6 窟中心塔柱的下层四面开窟造像，四面共造了五尊佛像，西龛倚坐像为东方阿閦佛；北龛两佛，西首为南方宝生佛（正位），东首为中央毗卢那佛（加入位）；东龛交脚佛为西方阿弥陀佛（无量寿佛）；南龛趺坐像为北方不空成就佛（与释迦牟尼同体异名）。而中心塔柱的上层，是在一个通覆四面的大华盖下，也按四方四面刻四尊立像，头面形状为佛样，身着褒衣博带式佛装，身后有通体舟形背光，洞窟，其主像高 17.7 米，为云冈石窟大佛中第一高度。因主尊佛像公认为释迦牟尼，因此人们习惯又称为释迦洞。它象征谁，我们后面再说。塔柱的正面造像丰满庄重，雍容华贵。在该塔室的四壁，还有与此相同的造像11尊。持此窟为佛母洞的学者认为，这些都是佛母共像。他们还认为，塔柱上层佛母与下层的佛是相对应的，即：西面为东方阿閦的佛母，即般若佛母，禅家称摩诃佛母；北面为南方宝生佛之佛母，名孔雀佛母；东面为西方阿弥陀佛之佛母，即准提佛母；南面为北方不空成就佛的佛母，也就是释迦牟尼的母亲摩耶夫人。除上列四尊佛母外，窟室四壁还有 11 尊佛母，分布于西壁、北壁、东壁上各三尊，南壁明窗两侧各一尊。这些佛母与塔上佛母同样大小，同样装饰，同一高度，与塔上佛母平等，可通称为佛眼佛母，佛眼的含义是“具足觉了法性”，为抽象佛母的代表，是“十凝哦沙俱胝佛”之母加一尊至高佛母所构成。北壁中间的佛母为中央毗卢遮那的佛母，她与塔上层的四佛母构成五方佛的佛母系统，其余支分出生的十尊佛母，又构成十方佛的佛母，按持此说者的意思，北壁中间毗卢遮那佛母就是冯太后的象征。但是此说，一是按照烦琐考证的办法考证出来，东拉西扯，牵强附会，不足以服人；二是当时根本不可能说服冯太后。冯太后根本就看不上拓跋鲜卑历代皇帝的那些后妃们，如果拿这些佛母形象纪念她们而让冯太后认可，冯太后必然一口否决，她决不会认为那些愚蠢的女人有和自己并列的资格；三是这些佛母指的是佛的生母，而冯太后恰恰是皇帝的嫡母，并没有为拓跋家族生过一儿半女，她作为皇后、皇太后、太皇太后都只是名分上的，仅仅是这个事实就证明佛母说无法和现实相符合。因此以佛母为冯太后象征之说，只能是一种臆测，难以使人信服。以上两说都只能看作无稽之谈。

且说按照汉族的“九五之尊”说，孝文帝已经把献文帝和自己的像都雕刻在了石窟中，又为祖母冯太后在第3窟中造了像，但此时也才只有八尊大像，仍不符合“九五之尊”的要求。他和冯太后商量，想把儿子太子恂也刻一尊大像，既实现“龙飞九五”的要求，也为自己的接班人树立威望。冯太后听罢立即同意，认为这是两全其美的好办法。原来太子恂是孝文帝长子，和其父一样，他也是冯太后一手抚养大的。当年他刚出生，其母就按拓跋珪所立“子贵母死”制度被赐死，文明冯太后又主动承担了抚育这个孩子的责任。四岁时，太后为他取了名和字，名恂字元道。作为皇长子，又是冯太后抚养大的，他作为皇太子即皇位继承人的地位，本来是铁板钉钉的事。太后卒于太和十四年（490），十七年（493）恂被正式立为太子。这年他十岁，还是个少儿，但这孩子“体貌肥大”，十余岁就类似成人了，高大壮实。因而在云冈石窟第二期工程第5窟造像中，按他的模样雕造了主尊大佛。此窟以其宏伟的造像，宽大的洞窟，成为云冈二期造像的典型代表。现在我们看到的形象是经后世敷泥、贴金的状态，头顶为蓝色螺髻，面轮方圆贴金，细眉长目，鼻准方直，口吻丰隆，重颐肉颔，双耳垂肩，是一派少年太子的形象，绝无沉稳忧思之容。佛座两侧各有大小两身胁侍立像，为孝文帝为太子挑选的老师，即所谓太子太师、太子太傅、太子少师、太子少傅的象征。

至此，北魏平城时期的帝王级人物九人在云冈石窟大佛中就都有了象征，这里面反映的当然是北魏历史的内容，至少是北魏政治史的内容，虽不能说是全部，但至少是它的框架。一旦有了这个框架，结合其他文字资料，人们对北魏王朝的了解，就有了更多的真凭实据。

（三）众石争言佛伟大

宗教是什么？过去我们总是说，宗教是社会意识形态之一，这样说当然对，但是并不全面。宗教不只是社会意识形态，它还是一种文化体系，它还是一种社会事业，任何宗教，都必须有自己的经典，有自己的社团，有自己的寺院，没有这三项要素，不成其为宗教。佛教，则是以佛陀崇拜为特征的世界性宗教。佛教从西天净土传来，由中国消化和发展成为汉文化的主要内容之一，这是中国文化史上的一件大事。从东汉经三国、两晋、南北朝（25—589，即光武帝建武元年至隋文帝开皇九年统一中国），共 564 年，是佛教在中国的移植时期。到了隋唐时代，成长为参天大树，成了具有中国特色的佛教。如果没有移根换土，没有中国人对佛教的接纳、改造、发展，佛教不可能成为世界性的宗教，很可能随着它在印度本土的灭亡而永远灭亡了。正如著名学者周有光先生所说，只要观察一下观音菩萨的演变，就可以说明佛教的中国化。云冈石窟的创建，正处于佛教向中华大地大规模传播和输入时期。这个石窟的建造，为中国化的佛教文化作出了巨大贡献。

第一，云冈石窟是中国佛教史上第一次由一个王朝坚持七十余年的纯佛教石窟造像工程，仅这一点就让它在中国四大石窟群中傲然屹立。不可否认，中国佛教四大石窟都是中华文化的瑰宝，但敦煌莫高窟，是由北魏、西魏、北周、隋、唐、五代、西夏、元等八九个朝代共同完成的；天水麦积山石窟是经后秦、西魏、北周、隋、唐、五代、宋、元、明、清各代，才陆续建成的；洛阳龙门石窟也是历经北魏、东西魏、北齐、北周、隋、唐四百余年才完成的，唯独云冈石窟是北魏一个王朝独立完成的。云冈石窟的始凿年份，本来有明确的记

载，那就是文成帝兴安二年（453）。此年是昙曜奉文成帝之命，自中山返平城，向文成帝建议在武周山开窟，为太祖以下五帝各造一躯巨像，文成帝接受其建议并让昙曜设计施工之年。但好多专家学者，由于没有读通《魏书·释老志》中记叙此事的文字，错误地认为昙曜是在和平元年（460）道人统师贤卒后，他接任其职，才向文成帝提出开凿云冈石窟的方案。这种说法的错误有二，一是从453年到460年，八年之中昙曜没干什么，只是坐禅唪经，因为重大佛教事务都有师贤顶着，用不着他操心。如果“和平说”成立，昙曜岂非只是个一般和尚？这样的人岂能领袖沙门？二是若依“和平说”，昙曜只是拾文成帝的唾余，昙曜五窟并非他的创意。原来在兴光元年（454），文成帝命有关部门，在五级大寺中，为太祖以下五帝，铸释迦立像五个，各高一丈六，共用去赤金二十五万斤，黄金六百斤。若依“和平开窟说”，昙曜只不过是把文成帝以铜铸大佛象征皇帝的做法搬到了云冈，改铜铸为石雕而已。因此和平说实际大大贬低了昙曜，而主张此说的衮衮诸公，却完全没有觉察，真乃愚不可及，而且误人不浅。云冈石窟工程绵延了七十二年，至孝明帝正光末年（524），六镇起义之后，北方大乱，云冈工程难以为继，只好完全停工。后人说的唐朝时又有开凿继补，其实不可信。唐朝初期、中期，云州（云中郡）为突厥铁蹄践踏之地，根本没有条件继续进行石窟开凿。即便唐战败突厥，突厥降唐，唐在今大同之地也只设一州一县，地广人稀民贫。开元时已是盛唐，云州仍然只设一个县即云中县，全州只有3169户，7个乡，地方当局根本没有财力物力继续搞云冈工程。上引材料出自唐宪宗宰相李吉甫所编《元和郡县志·河东道三》云州条，绝对可信。在云州地瘠民贫、田园寥落、人口稀疏的情况下，还指望其地方官员再搞云冈工程，无异于画饼充饥。辽金时的云冈工程，只是在石窟外进行加固保护，包括南移武州川水，筑堤护卫，并未开凿新的洞窟。明末清初，天下骚然，顺治五年（1648）大同总兵姜瓖反清，历史上称为戊子之变，清军围城八月余，顺治六年（1649）姜瓖部下杨振威等人杀姜瓖而迎清军入城。多尔衮下令屠城，全城人民基本被杀死，城墙一律斩去五尺，姜瓖的府第等五处地方被掘成大坑。大同府被移到阳和卫，大同县移到怀仁西安堡，大同城变为一座鬼城、芜城、空城。顺治八年（1651），总督佟养量、知府曹振彦（曹雪芹高祖），提请复城，朝廷准之。佟养量等见城中满目疮痍，一片瓦砾，只好设法重建，但规模格局终不及明代恢宏。佟养量等在围攻大同城时，本是清军急先锋，见城池残破，人民死亡略尽，不免心中有愧，于是想做功德，减轻自己罪恶，发动官员捐俸，大修云冈石窟，这就是云冈第5窟—第8窟外的木构楼阁以及窟内的彩绘。因此清人也没有建造新窟。总而言之，云冈石窟是四大石窟唯一由一个王朝单独建成的石窟群，也就是佛教石窟寺。云冈石窟还是四大石窟中唯一的纯佛教文化石窟。无论莫高窟、龙门石窟，都掺入了一些和佛教无关的东西，例如汉族关于西王母和东王公的神话，《帝后礼佛图》的世俗场面，以及麦积山石窟中藏有西魏文帝皇后乙弗氏之遗体等，但云冈石窟绝无此类瑕疵。

第二，云冈石窟作为佛教文化的巨大宣传品，其强大的佛教文化感召力和震撼力，是其他任何佛教宣传品难以企及的。云冈石窟用巨型雕刻将巨大的石头化为文化生命，化为精神生命，具有极其强大的震撼力。试想，“万亿化身，罗刻满山，鬼斧神工，骇人心目”[14]，其佛教精神的感召力当然就是无与伦比的了。这就是“像教”的威力。巨大的佛像，与山体等高，不但能使人发生一般性的“高山仰止”的感受，而且能进一步感觉佛祖的伟大和高尚就在自己身边，举目可视，伸手可触，从而更加坚定自己的信仰。正如佛教徒自己所说：“睹形象而曲躬，灵仪决非虚设。”佛教的造像意识，在印度经过了一段曲折过程，到佛教传入中国前夕，已基本取得共识，那就是：传播佛教，必须经像并重，经与像，是佛教文化传播的两大主要载

体。白马驮经东来时，就是经像同东，榆梲之中，有经有像，像是用白毡包裹的[15]。这在一定程度上超过了中国本土文化的传播效应。本来石窟寺就是开凿在河畔山崖上的佛教寺院，古代天竺在阿育王时期就已经有了石窟的开凿（前 273—前 232）。随着佛教的盛行和东渐，佛教石窟寺也由西及东，一直延伸到了黄河流域。北魏年间达到高潮。昙曜和吉迦夜共译的《付法藏因缘传》说："山岩空谷间，坐禅而龛定。"而另一位平城佛教大师跋陀，在平城时"凿石为龛，结徒定念"（《续高僧传》佛陀传），可见开凿石窟的主要目的，就是为了参禅和礼佛。云冈石窟是由北魏皇室凭借国家政治力量开凿的河西以东地区第一大规模的石窟群，可以容纳成千上万的僧人礼佛和参禅，它是兼具这二者功能的巨型佛寺，是中国佛教宣传品的巅峰之作。考虑到它是"太武灭法"之后，又由太武子孙钦定钦为的皇家工程，可以看作是佛教在北中国由陨落到中兴的标志，是佛教的巨大胜利。云冈石窟所开创的模式，在佛学界和考古界被称为"平城模式"或"云冈模式"，影响着此后数百年间中国宗教石窟寺的走向和规范。《曹衍金碑》对云冈石窟的佛教意蕴作过十分生动的描述：

"峰峦后拥，龛室前开，广者容三千人，高者至三十丈。三十二瑞相巍乎当阳，千百亿化身森然在目。烟霞烘宝座之色，日月助玉毫之辉；神龙夭矫以飞动，灵兽雍容而助武。色楯连延，天皇弥勒之宫；层檐耸峙，地通多宝之塔。以至八部之眷属，诸经之因地，妙笔不能同其变，辩口不能谈其目，巧力不能计其数。恍若神游于鹫岭，宛若身诣于耆阇。此则制度之大略也。呜呼！青鸳肇于西域，徒见其名；白马兴于中土，竟隳其志，未若此寺殊功胜迹，亘古而常存者也。"

第三，云冈石窟的佛教造像几乎囊括了全部的佛经佛传故事题材，表现了大乘佛教能运载无量众生从生死大河的此岸到达菩提涅槃彼岸，成就佛果的主题。这是一个大主题，它展示了是慈航普度的胸怀、法雨周流的恩惠、慧云遍覆的心智、善苗旺长的心田。它的51000尊造像，45个主要洞窟，209个附属洞窟，无与伦比地表达佛教的最高真理——实相印和平等大觉。下面我们从佛本生故事、佛本行故事、佛因缘故事等几个方面谈谈云冈石窟的佛教题材。

佛本生故事，意思是释迦牟尼佛前生往世的故事。轮回转世思想在古印度普遍流行，并为大多数宗教哲学派别所接受。根据佛教的说法，释迦牟尼成佛前，只是一位菩萨，他只做到了自觉觉他，还没有达到觉行圆满。一旦觉行圆满，他就立即成佛。菩萨是梵语菩提萨埵的略称，意译就是“觉有情”。根据佛教教义，一般正规的修行，自凡夫而达佛果，需要经过四十二个阶次，就是十住、十行、十向、十地、等觉、妙觉，缺一个阶次也不行。住、行、向三十位又总称为三贤位，十地则称为十圣位，等觉是等同于佛的菩萨，妙觉就是佛了。佛教寺庙中有用四十二个不同形状的人像表达这四十二个阶次，叫做四十二圣贤像，但一般不出现如此庞大的圣贤群，而是分开单画单刻，叫做等觉菩萨像。其次就是佛经中提到的那些有大名头的菩萨，如文殊、普贤、观音、大势至、弥勒、地藏、日光、月光、药上、维摩、金刚宝、大力王等，特别是弥勒、观音，在汉地尤为脍炙人口。还有就是所谓的供养菩萨，如乐音、献花、献香、行道、思维、玩莲等，这类其实都够不上真正菩萨的资格。佛教徒按照佛教转世轮回思想，结合流行于古印度的民间传说、童话、寓言、奇闻轶事等，创造出了各种描绘释迦牟尼前世修行的故事，称为本生故事。其实这些故事多数在释迦出世前在印度已经家喻户晓，佛祖生前说法，经常征引这些故事阐发深奥的教义。待他入灭后，佛弟子就将故事中的人物和事迹附会为释迦牟尼前生往世的经历而加以粉饰传颂，末尾加上一句，佛说某某即是我也，就成了一则本生故事。云冈石窟所雕刻的佛本生故事，有月光王施头、昙摩绀闻偈焚身、舍身饲虎、慕魄太子本生、睒子本生、儒童本生等。月光王施头的故事，是说释迦牟尼的

前生某一世，曾是月光国之王。月光王慈恩惠泽、悲穷济厄，润及一方，万民欢乐，月光王名德远著。邻国有一国王，心生嫉恨，派一婆罗门前去，要求好施舍的月光王施舍自己的头颅。月光王很爽快地答应了。在献出头颅的那一天，月光王把自己的头发系在树干上，伸长脖子让婆罗门砍自己的头。树神很愤怒，当下就把婆罗门的头扭转方向，摔倒在地上。但月光王劝说树神，说自己已经九百九十九次献出过头颅，再献一次功德完满，请树神不要阻拦，树神这才把婆罗门恢复了原样，婆罗门于是动手砍下了月光王的头。云冈石窟中的月光王施头故事见于第 7 窟前室东壁，残损较重，但大致还能看出点形迹。与此相类似的另一个故事，亦见于第 7 窟前室东壁上层北端，即《昙摩绀闻偈焚身》。阎浮提大国梵天王太子昙摩绀喜欢佛教，虔心向法，遣人四处寻求可以为他说法的人，并无结果。帝释天了解到昙摩绀的心愿，便化作婆罗门，来到该国殿上，对太子声言自己通晓佛法，如果太子想听，即可讲说。太子十分高兴，便请他开讲。但婆罗门说，掌握佛学是十分艰辛的事，我的学问是一点一滴积累起来，苦心钻研才得来的，你就这样轻易地得到了它，是很不合情理的。太子听懂了他的意思。忙说：大德，为了听法，我宫中的财宝任你抉择，甚至于我的生命。婆罗门故意刁难地说：那好吧，你派人挖一个大坑，坑中燃火，你若能投身火中焚身，我必定为你宣讲佛法。太子不假思索便答应了他。消息传到王宫，国王夫妇和群臣宫嫔都来太子宫中劝说太子不要那样，但太子誓志不移。到了太子焚身这一天，国王君臣和四围小国君王以及国内外百姓也都来看望太子，劝太子改变初衷。太子说：我过去历经生死轮回，还不曾一心向佛，今天以自己的身躯供养正法，你们能说不好吗？我一旦学好正道，就把五分法身施于你们。说完他就站到火焰升腾的坑边，对婆罗门说，请您说法。婆罗门即念偈曰："常行于慈心，除去恚害想。大悲悯众生，矜伤雨泪渧。修行大喜心，同已所得法。救护以道意，乃应菩萨行。"太子闻偈后，不违誓言，纵身便要跳入火坑。帝释天和梵天王各自挽着太子一条手臂，再次以试探的口气劝说道："太子，此大国一切众生有赖于你的恩泽。你今投火自焚，天下百姓如丧考妣。偈词你已经听完，又何必还要去跳火坑呢？"太子庄严地说："我求得无上佛道，是为了天下永无灾难，没有什么能阻挡我的无上道心。"说罢便耸身向火海一跃。此时天地震动，虚空诸天大放悲声，泪如盛雨，涌入火坑，火坑顿时变为花池，太子端坐于莲花之上，安然无恙。此故事出于《贤愚经》卷一，经书最后说，故事中的国王夫妇就是净饭王夫妻，太子昙摩绀就是现在的释尊。

据赵昆雨《云冈石窟佛教故事雕刻艺术》统计，云冈石窟中的本生故事，现存者尚有月光王施头一幅，昙摩绀闻偈焚身一幅，慕魄太子本生一幅，皆在第 7 窟前室东壁；而舍生饲虎两幅，分别刻在第 7 窟主室西北壁和第 35 窟东壁。睒子本生故事 3 幅，分别刻在第 1 窟东壁、第 7 窟前室东壁、第 9 窟前室西北壁。儒童故事最多，约有 14 幅，即第 10 窟前室东壁 4 幅，第 19–1、第 11–16、第 5–10、第 5–11、第 13–16、第 15、第 34、第 35、第 38、第 39 等窟。从故事情节来说，睒子（又作睒道士）本生故事最为生动感人，此故事出于《六度集经》卷五，三国时康僧会译出。睒子隐居修行，奉佛孝亲，却不幸误中了国王的毒箭。当时，睒子父母年迈失明，生活全靠睒子维系，而自己又生命垂危，正所谓一箭射杀三口人，但睒子并不恶毒怨恨和相报，而是坚持道行，忍受着命运的不公。睒子父母呼天抢地，似更符合常人心态，终于感动上天，使睒子恢复如初，国王由此推行佛法，天下大治。故事中父母亲对儿子的深爱痛惜，感人至深，而初闻爱子死讯时又惊又怕的神情，活灵活现。睒子本生故事在云冈第 9、第 10 这一组双窟中，是以连环画的形式表现的，在云冈石窟中只有一些佛本行故事即佛传才以连环画的形式表现于第 6 窟中，其他所有佛经故事都只用一幅或两幅图画予以说明。这表示设计和雕刻

者希望将睒子本生故事全部告诉人们，足以证明这一故事在设计和雕刻者心中的重要地位，因而将其雕刻于显著位置。睒子本生故事后来被汉人编入二十四孝图，睒子改头换面变为郯子，足见中国人对这则故事的重视。又，有人认为睒子本生故事是因缘故事，这是没有把本生故事和因缘故事分开的缘故。本生故事是佛祖释迦牟尼前生往世的故事，而因缘故事是记叙众菩萨、比丘、罗汉等亲闻佛法、亲受教化的事情，它讲的因缘果报，这和专门讲述佛祖前生往世的本生故事是不同的。我们看睒子本生故事的结尾，有这样的文字："佛告诸比丘：'吾世世奉诸佛至孝之行，德高福盛，遂成天中之天，三界独步。时睒者，吾身是；国王者，阿难是；睒父者，今吾父是；母者，吾母舍妙是；天帝释者，弥勒是也。'"可见睒子本生故事就是佛尊前生往世的事，当然也就是佛本生故事。云冈石窟之佛本生故事，据赵昆雨统计，至今尚存可考者，尚有近三十幅。

佛本行故事则是佛祖释迦牟尼生平事迹的记叙或描述，又称佛传故事，充满了传奇色彩，称为佛传，是佛教徒希望人们把他们编撰的佛祖释迦牟尼的事迹看成真实的传记。目前，云冈石窟雕刻的佛本行故事，画面可以辨认的约有 33 种 90 余幅，以第 6 窟连环画形式的佛传故事最为引人注目。佛本行故事讲述佛教创始人释迦牟尼从出生、出家、成道、说法乃至涅槃的故事，亦真亦幻，充满传奇色彩。例如"降神选择"，说的是佛陀前生经历无数世修行，最终成为一名称为善慧的菩萨，上升到兜率天宫。机遇到来之时，他将下凡作佛，救渡尘世受苦众生。但是大千世界，茫茫人海，他应在哪个时辰、哪个国家、哪个种族、哪种形象，用哪种方式托生呢？这一天，诸天菩萨就这些问题召开法会，共同商议，集体决策。关于降生于什么国度，有的说，摩揭陀国最兴旺发达，菩萨应在该国降生。立即遭到反驳：摩揭陀国国王种性暴戾，不安详，国都中又没有好的苑囿供菩萨游观，善慧菩萨怎么能降生到这个国家呢？又有的说：拘萨罗国种性宏广，眷属兴盛，菩萨应该降生那里。也遭到了反驳：这拘萨罗国王种既有问题，国中也无奇珍异宝和肴馔之供，园观浴池少而简陋，菩萨不宜降生此处。有的提出和沙国、钹树国等，但也因“彼国王杂含小姓，非是高德，土无威神”“不修道德，不别尊卑”等，均遭否定。这时有一天神说：“菩萨啊，你就降生到迦毗罗卫国吧，这个国家种姓炽盛，人民滋茂和顺，尊敬师长，亲属和睦，五谷丰登，赈贫济困。国王性行仁慈，劳苦功高，王后姿性温柔，仁贤博爱，好乐布施，容颜美丽，前五百世曾为菩萨母。现在他们还没有子息，释种犹虚，盼望生子。我看您就降生于此吧。”诸天点头称是，善慧菩萨也表示满意。接下来讨论形象问题，有主张儒童的，有主张梵天的，有主张金翅鸟的。有一个梵天叫强威，主张用六牙白象，他认为，世传有三兽善于渡水，一兔二马三白象，兔之渡水只是自渡，不管别物；马之渡水虽然猛利，但从不知水之深浅；白象渡水不仅知水流快慢，且尽悉水流深浅。声闻缘觉就像兔马，虽渡生死不达法本，菩萨大乘譬如白象，畅解三界十二缘起，了达法之本源，救护一切众生莫不蒙济。于是决定善慧菩萨降身于迦毗罗卫国净饭王家，降身时需乘六牙白象。历史上的迦毗罗卫国其实是个积贫积弱的小国，释迦牟尼出生时的古印度，也就是公元前六世纪，古印度分为十六个实行君主专制的国家，即鸯伽、摩揭陀、迦尸、拘萨罗、跋祇、末罗、支提、跋沙、居楼、般阇罗、阿湿波、阿槃提、跋蹉、苏罗婆、犍陀罗和剑浮沙。其中尤以摩揭陀（今比哈尔邦）、拘萨罗（今乌德）、阿槃提（今摩腊婆）、跋蹉（今阿拉哈巴德）四大国最为强盛。除此之外还有四个独立或半独立的小共和国，迦毗罗卫国就是其中的一个。迦毗罗卫国横跨印度北方邦和尼泊尔泰来地域，由十几个小城镇组成，位于今印度北方邦庇浦拉瓦的迦毗罗卫城，是这个国家最大的城镇，印度历来就有以邑名国的风俗，故取其城名命名其国。由于国小，迦毗罗卫国面临被大国兼并的风险，不得不投靠一个大国拘萨罗国作为人家的附

庸。这个小国是因为出了佛祖才有了耀眼的光芒。但释迦还在世，迦毗罗卫国就被它的宗主国灭亡了，这令释迦牟尼很尴尬，他是用因果解释这次浩劫的，这里就不去说它了。这里要说的，是云冈石窟第6窟中心塔柱东面壁上，所雕正是迦毗罗卫王后摩耶夫人乐善好施的场面，屋檐下立着女菩萨摩耶夫人，左手握着宝珠底座长柄，宝珠盒上下方还有其他物品，摩耶夫人左侧，有两个高发髻人物，一人揹着袋子，袋中装着摩耶夫人施予的财物，欲去而回顾，另一人合掌面迎摩耶夫人，左腿微曲，欲接受摩耶夫人施舍给的宝物。善慧菩萨乘象投胎，在云冈石窟壁雕中有两种表现形式，一是仅作一菩萨骑象，见于第5窟—10、5—11、5—38、31、32—3、33—4，通常和“逾城出家”对称布局。二是像第37窟东壁所表现的，摩耶夫人侧卧于榻上，画面的上角，一位菩萨坐在须弥座上，怀抱一个小佛像，乘象冲向摩耶夫人右肋。这尊小佛像就寓意投送到摩耶夫人腹中的胎儿。榻下，诸伎乐天各持乐器共奏天乐，与佛经中描述的菩萨降胎时诸天伎乐“弹琴鼓乐”等相吻合。

云冈石窟中的佛本行故事，尚有相师占梦（第6窟主室中心塔柱东面）、树神现身（第6窟主室中心塔柱南面）、礼贺母胎（第6窟主室中心塔柱南面）、树下诞生（第6窟主室中心塔柱西面）、七步宣言（第6窟主室中心塔柱西面、第41窟北壁）、灌浴太子（第6窟中心塔柱西面）、骑象入城（第6窟中心塔柱西面）、阿私陀占相（第6窟主室中心塔柱北面）、姨母养育（第6窟主室中心塔柱北面）、建三时殿（第6窟主室中心塔柱北面）、太子乘象（第6窟主室中心塔柱北面）、商议赴学（第6窟主室中心塔柱北面）、商议赴学（第6窟中心塔柱东面）、建大学堂（第6窟主室塔柱东面）、树下思维（第32—12、33—3窟、第10窟前室西壁、第9窟前室西壁）、太子较艺（掷象、箭射铁鼓，第37窟西壁，第6窟东壁）、宫中娱乐（第6窟主室东壁）、请求出游（第6窟主室东壁）、出游东门（遇老人，第6窟主室东壁)、出游南门(遇病人,第6窟东壁)、出游西门(遇死人,第6窟东壁)、回宫不乐(第6窟主室南壁)、出游北门(遇一沙门,第6窟南壁)、决定出家(第6窟主室南壁)、逾城而去(第6、28、35、41)、犍陟吻足(第6窟明窗西壁、第28窟西壁)、山中思维(第6窟明窗东壁)、入山求道(第6窟主室南壁)、问询仙人(第6窟主室南壁)、苦修六年(第12窟前室后壁)、降魔成道(第8窟主室东壁、第6窟西壁、第12窟前室东壁)、梵天劝请(第7窟主室西壁)、商主奉食(第16—1、17、12、37)、天王奉钵(第8窟主室东壁、第12窟前室北壁)、初转法轮(第12窟前室东壁、第6窟主室东壁、第29窟、第38窟)、降伏迦叶(第6窟、第7窟、第12窟、第31窟、第35窟、第38窟等,波罗奈一摩揭陀布道)、三道宝阶(第38窟南壁东侧)、无余涅槃(第11窟西壁、36窟东壁,须跋陀罗最后弟子,拘尸那罗城外娑罗树下)。

云冈石窟中还有不少的因缘故事壁雕,因缘故事记叙众菩萨、比丘等亲闻佛法,受其教化的事情,这类故事讲究因缘果报,内容完全以人物为主,并无其他动物。这类故事,在云冈石窟有阿输迦施土缘、罗侯罗因缘、鬼子母失子缘、鹰怖阿难入定缘、兄弟二人俱出家缘、天女散花为佛作华盖缘、八天次第问法缘、尼乾子投火为佛所度缘、须达夫妇获报缘、须摩提女请佛缘、天女燃灯供养缘、五百弟子受记缘、象护品缘、吉利鸟缘、魔王波旬恼佛缘等十五种,我们就不一一细说了。

第四,云冈石窟是当时继后秦长安之后,中国北方最大的佛经翻译基地和佛教寺院,对推动佛教的发展起了巨大作用。昙曜作为沙门统,不仅是云冈石窟的总设计师和石窟工程的组织者,也是在石窟寺中翻译佛经的领导者和参与者。要翻译佛经,首先要组织译场,即由政府支持的译经组织和场地,这对昙曜是不成问题的。有了译场,还需要确定人员,制订计划,而译经过程大致是,首先是由译主即梵僧

甲执梵本宣译，其次是度语，由梵僧乙在义未达处传译解释，最后为笔受，由汉地僧人笔受为汉文。这还是梵汉双方僧人文化水平高，精通梵汉两种语文，才能省掉一些中间环节，否则过程更复杂。可见译经决不是个体劳动，也不是个体行为，而是由政府支持、胡汉两种僧人共同完成的集体性的脑力劳动。昙曜当时如何组织译场，有哪些胡汉僧人参加，由于历史记载疏略，今已难知其详。可推测者，大约《大吉义神咒经》二卷、《净度三昧经》一卷标为昙曜，大约昙曜就是译主。《付法藏因缘传》六卷，传为昙曜和吉迦夜合译，则可能吉迦夜为译主，昙曜为度语。至于传为吉迦夜译《杂宝藏经》十卷、《大方广菩萨十地经》一卷、《称扬诸佛功德经》三卷、《方便心经》一卷，昙靖译《提谓波利经》二卷，则吉迦夜和昙靖本人当是译主，昙曜并未参与。吉迦夜译《杂宝藏经》，其实就是我们前面所说的因缘故事，借以强化对释迦牟尼的崇拜。《付法藏因缘传》六卷，很可能吉迦夜为译主，昙曜为度语，而另一著名学者刘孝标为笔受。刘峻（462—521），字孝标，本名法武。其父刘璇之，仕刘宋为始兴内史。峻生期月而璇之卒，其母许氏携峻及其兄法凤还乡里。北魏文成帝和平六年，宋明帝太始初年（465），北魏克青州，峻时年八岁，为人所掠为奴至中山，中山富人刘宝悯峻，以束帛赎之，教以书学。魏人闻其江南有戚属，将其迁徙于代都，贫而不能自立，与其母并出家为尼僧。大约就在此时，他由于好学多闻，成为昙曜译经的助手。但孝标兄弟始终没有被北魏统治者发现和重用。孝文帝太和十年（486），孝标兄弟二人逃归建业（今南京）。刘孝标作为当时大学者，谦虚好学，到江南后，自谓所见不博，常求人异书而读之，清河崔慰祖谓之书淫。当时齐竟陵王萧子良广招学士，孝标因人表达愿在其麾下为子良服务，被吏部尚书侍郎徐孝嗣所压制，不肯答应。让他去给南海王当侍郎，他不肯去。齐明帝时萧遇欣为豫州刺史，招为府之刑狱，礼遇甚厚，不久遇欣卒，很久没调他去任别的职务。入梁，天监初招入西省，与学士贺踪典校秘书，峻兄孝庆，当时任青州刺史，峻请假省兄，因私带禁物，被有关部门所奏免官。安成王萧秀很欣赏孝标学识，及迁荆州刺史，以峻为户曹参军，搜集了许多书籍，让他编一本类书，名曰《类苑》，没有编完，以疾去职。峻游东阳紫岩山，筑室而居。梁武帝亦好文学之士，有高才者多被引进，升于不次之位，而峻率性而动，不能与众沉浮，梁武帝很嫌忌他，故不任用。峻于是著《辨命论》以寄怀，文载《梁书》本传。峻居东阳，吴会人士多从之学，年六十卒，门人私谥玄靖。峻之学问，当时无比。所注《世说新语》详赡典博，学术价值很高。这里叙述一下他的生平，是为让大家了解他曾在北魏生活了十八年，并在云冈与昙曜一起译经。当年顾颉刚先生参观云冈，就认出一处洞窟为刘孝标的译经楼，惜乎其说后来不传。⑯

云冈石窟作为当时最大的佛寺，估计整个石窟可容纳佛教僧侣数万人。金代皇统七年（1147）曹衍撰《大金西京武州山重修大石窟寺碑》文中说："西京大石窟寺者，后魏之所建也。凡有十名：一通乐、二灵岩、三鲸崇、四镇国、五护国、六天宫、七崇福、八童子、九华严、十兜率……"而且他进一步指出："明元始兴通乐，文成继起灵岩、护国，天宫则创自孝文，崇福则成于钳耳，其余诸寺次第可知。"他的推测也可能有错，但他认为北魏建造石窟的当时，就将石窟群分成了十座大寺，则是可信的。而且北魏石窟十寺的名称，传到金熙宗完颜亶皇统七年（1147）时，名称仍未改变。以后随着岁月流逝，到了明代成化年间，石窟十寺的名称，据明成化《山西通志》卷五，已经变成一同升、二灵光、三镇国、四护国、五崇福、六童子、七能仁、八华严、九天宫、十兜率，此后从明到清乾隆《大同府志》，十寺之名皆与明成化《山西通志》大同小异。我认为，北魏时云冈南麓崖面石窟群之前，并非现在的从东到西一带平台模样，而是窟前有大量木构建筑物，共分十个单元，分别以一个窟或两个窟为中心，形成

一个寺院，布局完整，功能齐全，这样的寺院共有十个，僧侣们在其中修炼。但六镇暴乱期间，平城宫阙反复遭到破坏和洗劫，云冈石窟当时就曾遭到焚烧劫掠，可能十寺的窟外部分已经凋零不堪，寺众风流云散。此后北魏北齐，陉北地已多次遭柔然铁蹄践踏，沦为战场。柔然灭亡，隋唐时突厥又反复抢占陉北地区作为南下跳板。直到五代石晋，割燕云十六州与契丹，此时的云冈石窟恐怕就只有十寺之名，而无十寺之实了。辽修云冈石窟，始于辽兴宗重熙初年（1032）。辽兴宗耶律宗真，辽圣宗耶律隆绪元妃萧耨斤所生。圣宗皇后萧菩萨哥，生二子，皆早夭，耨斤生耶律宗真，皇后养为子。圣宗大渐，耨斤骂皇后说："老物所受的宠爱也完了！"左右把皇后扶了起来。圣宗崩，耨斤自立为皇太后，让护卫冯家奴、喜孙等，诬告北府宰相萧浞卜、国舅萧区敌谋逆，诏令调查，连及后。兴宗闻之，说：皇后侍先帝四十年，又抚育过我，应当为太后，现在没当成太后也就罢了，反而要加罪，不可以吧！其母耨斤说：此人若在，恐为后患。兴宗说：皇后无子而老，虽在无能为。其母不从，迁皇后于上京。车驾春天出去打猎，其母虑皇帝感念皇后对他的养育恩，派人加害。使者至，后说：我实无辜，天下共知，你等我洗浴后，再来杀我，行吗？使者退，返回来后，皇后已崩。追尊为仁德皇后。兴宗母后追尊为钦哀皇后。重熙三年（1034），兴宗母召其诸弟商议。欲废兴宗而立少子重元，重元以所谋告帝。帝收太后玺绶，迁于庆州七括宫[17]。重熙六年（1037）帝悔之，亲驭奉迎，侍养愈孝谨，然后常不怿。帝崩，无戚容。道宗时崩，谥钦哀。

钦哀皇后在圣宗崩后，自立为太后，摄国政，改元景福，以生日为应圣节。皇太后亲政，帝不亲庶务，群臣表请，不从。重熙元年春正月，皇太后御正殿，受帝与群臣贺。钦哀皇后临朝凡四年，刑政废弛，国中困弊，但好佛教，"洞达三乘之义"。可能就是不惜金钱弘扬佛法，而使国家财政紧张。就在钦哀太后临朝称制时，下令修建云冈石窟。随着她政治上失势，云冈工程也只能停下来。但三年后太后回朝，据《金碑》所说，“重熙十八年，母后再修。”据《辽史纪事本末》，后还朝后，“常召僧论佛法”。辽兴宗后悔对其母的处置，进而与其母缓和关系的原因，据《契丹国志》，说是因为兴宗“听讲报恩经”⑱。复出后钦哀在重熙十八年又恢复了她先前开始的云冈工程。重熙二十四年（1055）兴宗崩，清宁元年（1055）兴宗长子耶律洪基即帝位，上台后尊祖母为太皇太后。清宁六年（1060）又委刘转运监修。可见道宗对其祖母的孝忠和对佛教的崇信。道宗是辽最信佛的天子，于此可见一斑。

辽代云冈石窟修建工程十分认真细致，“云冈石窟的历代维修，无疑以辽朝皇家重修为最具规模。今天我们在五华洞看到的大型、细致的泥塑修补工程遗迹，可以感觉到，当时是尽可能依照北魏原貌进行补塑，不能不令我们钦佩。其最明显的实例，是第八窟南壁中心塔柱下龛主佛包泥彩绘，不见真容，但两侧的侍从菩萨被补刻为辽像。菩萨浮雕身躯变薄，右像头顶高冠被截掉，大约当年因像毁坏严重而重雕。”（张焯《云冈石窟编年史》第九编《五代辽朝纪事》）现在我们仍可看到，从第1窟到第20窟，崖面上分布有曾经容纳木结构的梁孔、椽眼和人字形沟槽的痕迹。这些痕迹高低错落，时断时续，由此可以推测当时覆盖在石窟面各个建筑的分布情况：第1窟第2窟、第3窟、第5窟第6窟、第7窟第8窟、第9窟第10窟、第11窟第12窟、第13窟、第15窟第16窟、第17窟第18窟、第19窟、第20窟前各有一架木建筑，共是十架木建筑，我认为这就是北魏云冈十寺的原来布局，只不过北魏时并未筑孔穿槽，而辽朝重修时为了加固，凿了这些孔、洞、槽以求结实和坚固而已。要之，十座大寺，僧侣数万，在当时独一无二，在今日也只有四大名山五台、峨眉、九华、普陀的寺庙可以比拟。这对佛教的对内对外宣传作用是巨大的，更何况它本身就是集佛教文化之大成呢？

（四）艺术宝库永存世

云冈石窟是举世闻名的巨大艺术宝库，它除了具备高度的历史文化价值、丰富的佛教文化价值外，还具备永恒的艺术文化价值。艺术本身是美的创造物，是审美意识的物态化，因此艺术就是文化的一部分，包含在文化之中。云冈石窟被联合国教科文组织收录于“世界文化遗产名录”，就表明了艺术对文化的从属关系。下面我们就来探讨云冈石窟艺术美的种种表现和它形成的原因。

1.云冈之美

云冈的美既不是自然美，也不完全是社会美，而是真正的艺术美。自然美是自然中天然生成并被人发现、改造但并未经过艺术加工的事物的美。自然美当然不是原生态的自然界，即原始的、洪荒的、粗糙的、自在的自然事物，而是人化了的自然界，即人通过社会实践审美实践，认识和掌握自然规律，并将自己的思想、感情、意志、智慧，熔铸、凝结于自然物之中，实现自然的社会化、人化，才使自然物具有包括审美价值在内的属于人的价值，才产生自然美。我认为，云冈石窟所在的北武周山，在开凿云冈石窟之前，其实除少数天然窟洞或许为樵人牧竖用于躲避风云雷雨之外，大部分处于原始洪荒状态，并不具备自然美。即使道武帝将其中一、二岩崖开辟为耆阇崛山，也只是粗略加工，且对整个北武周山南麓影响甚微。因此那时的云冈没有自然美是很明白的道理。

云冈石窟蕴含一部分社会美，但并非全部，而是对云冈石窟的艺术美起辅助和烘托作用。社会美是人类实践创造的体现社会事物发展规律及丰富性，与人的实践意愿、审美理想相和谐的社会生活的美，它集中体现于人的行为美、语言美、劳动美，以及人创造的物质产品的美。社会美是人类创造的社会事物和社会现象的美，来源于人改造客观世界和主观世界的一切活动，人类求真向善的本质力量在改造自然、改造社会的实践活动中不断发挥，从而创造社会美。云冈石窟的美不正是这样吗？云冈石窟蕴含的社会美，一是数量众多的佛教信徒、虔诚的志愿者、广大的能工巧匠，怀着一种创造佛国净土的强烈愿望，投入到建造石窟群的劳动和工作中去，一干就是数十年，一辈接着一辈干，终于完成了创建巨大石窟群的工程，完成了他们把武周山南麓改造为佛国世界的强烈愿望和审美理想，体现了人类求真向善的本质力量的巨大功能。他们的劳动和实践，既遵循了开山造窟的客观规律，又适应了佛教发展的必然要求，显示了人类无穷的创造力，体现了美的规律。二是人的创造性的实践活动，其产品就是这个无比巨大的云冈石窟群，它以大大小小的人物造型为中心，表现为各种可感的艺术形式，但主要侧重于内容，以大乘佛教普遍认定的真为基础，以佛门信徒共同向往的善为前提，其功利性已经消融于各种感性形式，因而在本质上是以感性形式表现出来的真与善的统一，既为众多沙门提供了礼佛的场所，又为他们参禅修炼提供了合适的基地。但云冈社会美的用途，主要是加强人的宗教信仰，其中必有虚诞成分，因此它就是一种偏颇片面的社会美。

云冈石窟更集中、更完全、更典型的美是它的艺术美。云冈石窟的艺术美，是以昙曜为首的一批或有名或无名的佛教艺术家与能工巧匠的集体创作。他们在宗教实践中，在审美实践中，形成了自己的宗教审美意识，对佛教素材、佛教史迹、佛教理念，当然包括佛的本生、本行故事，进行了集中、概括、加工、提炼和评价，创造出了一幅幅具有鲜明个性的艺术形象，将他们置于与形象高度协调的佛教物质生活和精神生活环境中，使人物与人物、人物与环境珠联璧合，相得益彰，既具备艺术的内容美，又具备艺术形式美，形式和内容相互作用，有机统一，各幅画面皆具相对独立性，各有自己的创造规律和

独立的审美价值，然后在凿石为龛之后，由另一种娴熟石头雕刻的艺术大师把它们刻到石质岩面上去，形成一个艺术单元即洞窟。几百个洞窟，就形成云冈宏大的石窟群。这里的关键，是佛教艺术家的审美实践、审美意识同佛教物质生活、精神境界的关系问题。佛教艺术美在很多情况下表现的是具有神性、佛性，即能自觉、觉他甚至觉行圆满的佛、菩萨和他们的弟子，他们生活在佛教徒幻想的精神世界也就是佛国净土之中，本来不具备客观社会性，但归根结底，他们仍然来自现实社会，只不过对现实社会实行了幻想化，把现实社会搬到了佛国天宫。因而佛教艺术美仍然具有客观社会性，只不过这种客观社会性披上了宗教神话的外衣。佛和仙其实都是人，是从现实的人而来，正如这两个字的部首“人”所表明的那样。因而佛教艺术美仍然是以社会生活为最终源泉的。佛教石窟艺术家以自己所把握的佛教人物和环境为客体对象，以石质岩面、绘画纸张、颜料、画笔、斧凿、刻具为手段，最终把佛教人物表现为栩栩如生的形象或形象系列。因此，云冈石窟佛教艺术美的实质是人能动创造的产物，是人的生命力的显现，是佛教艺术家根据自己对社会生活、佛教领域的审美感受、体验、评价，再加上自己的审美情趣、动机、理想，遵循美的规律，进行创造性劳动的结果，它比现实的佛教物质生活、精神信仰、理想境界更集中、更强烈、更理想、更美，因而也更带着普遍性。它可以突破时空的限制和特定对象的局限，灌注艺术家自由的丰富的想象、幻想和变形、创造，因而云冈石窟的艺术美具有鲜明的自主性、主体性、创造性，表现了云冈佛教艺术家的思想、感情、愿望、才能和独特的创作个性、艺术风格。这种艺术美是主“客”体的统一，再现与表现的统一，真善美和智意情的统一，现象与本质、偶然与必然的统一，可能性与现实性的统一，佛国世界与人间世界的统一，合规律性和合目的性的统一，集中体现了人间佛教求真向善的本质力量和艺术家的创造精神和创造能力。

2.美的表现

云冈石窟艺术美的表现是多种多样的，我们这里只重点地谈几条。

一是云冈石窟群像的整体美。整体美是指审美对象的各要素、各部分相互协调、整合所构成的综合性、整体性的美。整体美的客观依据是事物的相互联系和整体性，主体条件则是审美心理的整合性、审美感知的系统性，包括单一事物各要素有机整合的美，诸事物相互协调和谐所构成的综合性的美，事物内容与形式相互调适的美。整体美是人在审美实践中对事物进行综合把握和完整想象的产物。云冈石窟群依山开凿，按原来文物部门所作的顺序编号，自东到西，编为53个大窟，附编了一些小龛小窟。53个大窟及附属小窟，又分为东、中、西三部分，即东部四窟（1—4）、中部九窟（5—13）、西部四十窟（14—53）。整体上共1100多个窟龛，造像51000余尊。虽然窟龛和造像如此之多，但云冈石窟群仍给人很强的艺术整体美。1934年7月，平绥铁路局组织一批文史专家和著名学者到平绥沿线旅行参观，其中有郑振铎、冰心、顾颉刚、雷洁琼等。他们到云冈石窟参观，其参观感受都形诸文字，出现在他们的作品中。郑振铎先生在他的《西行书简》云冈篇中说："云冈石窟的庄严伟大是我们所不能想象得出的。必须到了那个地方，流连徘徊几天，几月，才能够给一个大略的美丽的轮廓。你不能草草地浮光掠影地走着跑着地看。你得仔细地去欣赏。猪八戒吃人参果似的一口吞下去，永远不会得到云冈的真相。云冈决不会在你一次两次的过访之时，便会把整个的面貌给你呈现出来的。每一个石窟，每一尊石像，每一个头部，每一个姿态，甚至每一条衣襞，每一部的火轮或图饰，都值得你仔细地流连观赏，仔细远观近察，仔细分析研究。七十丈六十丈（按：应为七十尺六十尺）的大佛，固然给你以宏伟的感觉，即小至一尺二尺，二寸三寸的人物，也并不给你以藐小不足观的缺憾。全部分的结构，固然可称是最大的一个雕刻的博物院，即就一洞、一方、一隅的气氛而研究之，也足以

得着温腻柔和、慈祥秀丽之感。它们各有一个完整的布局。合之固极繁缛富丽，分之亦能自成一个局面。”⑲这正是郑振铎先生对云冈石窟群艺术美的整体性的深切感受。

二是云冈石窟的形象美。形象美指具体可感的形象的美，又称具象美。形象美的基本特征是形象性、具体可感性、表现性、丰富多样性，它唤起人们的审美感受，促使人们进行审美再创造。有单一形象的单像美，有众多形象有机组合的群像美，在云冈石窟中，此二者举目皆是。云冈石窟中的形象美集中体现于艺术形象之中，有整体象形的，也有局部变形的，但它们都是主客体相互作用的产物，都渗透着主体的审美意识，并表现着主体对客体的审美评价。形象美是唤起人的审美活动和美感的条件。只有当客体形象被人所感知和改造，激起人的想象和情感活动，体现人的本质力量的丰富性时，对人才具有审美价值。举例来说，云冈第 5 窟被人称为大像窟，其主尊佛像高达 17 米，是云冈石窟中最高的雕像，佛之两手交汇于前腹呈禅定印，结跏趺坐于中央，占据窟中大部分空间，盘坐的两膝距离达 15 米，仅右手中指即长 2.3 米。此佛像以其特高特大的身躯和威严而不失亲切的神情，引起佛教徒的臣服感和崇拜感。此窟雕刻于西壁的立像，佛像肉髻高耸，面相饱满，鼻梁直挺，双耳垂肩，两嘴角微微上翘，左手自然下垂，右手举胸作无畏说法印，其神情态度，足以表现佛陀纯洁高尚、救人济世的人格魅力。

三是云冈石窟的抽象美。抽象美是在形象之外，凭点、线、面、体、纹样等抽象形式组合，以表现特定观念、感觉、印象所体现出来的美。抽象美在内容上表现抽象的哲理、人生的感悟、奇异的感觉、特殊的印象以及梦境等，往往以形式上的极度夸张、简化、变形等，扩展艺术表现的领域和表现手段的多样化。抽象美给人的印象是广阔、深远、无限、朦胧，能激起人的想象、联想、探寻、体味、补充等。云冈第 37 窟东壁“乘象投胎”，摩耶夫人侧卧于榻上，画面上角，一菩萨坐于须弥座上，怀抱一小佛像乘于象上，欲冲向摩耶夫人右胁。这尊具有舟形背光的小禅定佛像，就寓意投送摩耶夫人腹中的胎儿，而摩耶正在睡梦中。这种极度夸张变形的表现，既是一则宗教神话，也是一种抽象。又佛菩萨的坐相、手印等，都是一些抽象美。

四是云冈石窟的技术美。技术美指的是运用技术手段掺和艺术手段，对客体对象进行加工制作的美。技术美主要表现在技术设计、技术操作、技术发明过程中创造新技术、新工艺过程中所表现出来的创新精神和智慧才能的美；将技术与艺术、实用与审美相结合所创造的技术产品的美；继承和发展传统工艺所创造的手工艺技术的美；在技术与艺术的统一中运用新技术新工艺所创造的饱含技术含量的美。云冈石窟的技术美主要表现在它所创造的各种窟龛形制的创造上。以洞窟明窗窟门为例，就有一门两明窗、一门五明窗两个大类别，一门两明窗即窟门居中，两侧或靠上或平行各安置明窗的窟门明窗形式。这种窟门明窗的配备形式又有两种不同的变化，一是窟门居中，两侧明窗靠上；二是窟门居中，两侧明窗与窟门平行。前者呈倒“品”字形结构，使洞窟内塔柱两侧光线亮足，北壁明亮；后者由于洞窟内空间宽阔而低矮，内部呈横向长方形状，从而更符合照明要求。一门五明窗这个类别，则是窟门居中，两侧置两窗，上方置三窗，最典型的是第 31 窟，此窟为前后室，必须解决好其后室的窟门配备。本来上明窗下窟门是云冈石窟洞窟最普遍的窟门配备形式，但既有前面所说两个大类别，但窟门亦有讲究，方形窟门往往配以拱形明窗，而拱形窟门又往往配方形明窗，这种组合充分反映了工程师和工匠的技术匠心。又如斗拱，即有人字拱、一斗三升拱、一斗三升人字拱、人形拱的不同样式。斗拱本是中国古建筑的结构形式，云冈石窟建造时的工匠们继承传统工艺，又加以改革创新。一斗三升拱的一斗三升即以一斗为底，中为拱，拱上置三个升的斗拱组合。在两个一斗三升拱之间出现的人字形补间铺作，和一斗三升交错排列，就形成一斗三升人字

拱。云冈的一斗三升人字拱当然不是木构件，而是模仿一斗三升人字拱的石雕，它们多出现于瓦垄顶之下，是中国斗拱结构的模型化实物。而一斗三升拱即以一斗为底，中为拱，拱上置三个升的斗拱组合，它既可单独出现，如第八窟西壁瓦顶屋形龛柱上，就单独雕了一个一斗三升拱。如果在两个一斗三升拱间出现人字形补间铺作，和一斗三升交错排列，就成为一斗三升人字拱。而在两个一斗三升拱之间出现的人字拱补间铺作，即为人字拱。当然云冈石窟人字拱均为装饰性仿制品。人形拱则是斗拱雕刻的变形作品，即把人字拱改作兽形的斗拱形式，是装饰性和宗教性、审美意义相结合的产物，也就是艺术化了的斗拱形式，它在把一斗三升拱雕刻塑造为兽形斗拱的同时，把两个兽形拱之间的人形拱也塑造为有头光挎飘带的四臂天人形象，这不仅体现斗拱力量的象征性支撑作用、斗拱图案的装饰性作用，还体现了佛教意义上的供养作用。这是一个非常了不起的审美实践，其创作灵感不仅来自于以往的雕刻技术和艺术形式，还来自对佛教艺术的极大热情和投入。这种斗拱形式是在第 1 窟中心塔柱第一层上部出现的，可参看。此外像洞窟内的三间式龛、四壁重龛、四壁三龛的龛式格局，大象驮塔的塔形表现，千佛列带、千佛柱、千佛龛、千佛盝形楣面、千佛壁等，都是技术和艺术美相结合的典范。

五是云冈石窟的雕琢美。雕琢美亦称装饰美、雕饰美。雕琢美是人着意装饰渲染、精雕细琢的结果，主要表现为形式、外表的绮丽、华美、典雅、纤细、浓艳，适应人的审美需要，体现人的创造性。它与特定内容的关系，有的相契合，有的相分离，并非完全一律，并不直接一定影响内容，如装潢、装饰、装帧以及各种观赏性、装饰性的艺术，常以形式的雕饰、华美取胜，具有相对独立的审美价值和社会效应。云冈的雕饰美，主要表现在它的装饰图案上。这种装饰图案华美典丽，在云冈石窟中无所不在，总计大约有两百多种式样。例如化生童子手牵 U 形璎珞纹，就是云冈特定纹饰璎珞纹的一种，数位飞天或童子之间的下垂璎珞呈U字形状。为增加视觉效果，璎珞最上方手牵处雕刻较细，随着下垂而明显加粗，并且在下垂璎珞的交点上雕刻一莲花。第10窟北壁化生童子手牵璎珞纹一改U字形结构，表现出复式交叉下垂模样，面貌更为完整。又如人字支撑忍冬纹，是出现在菩萨宝冠上以人字形结构支撑的三叶或多叶忍冬图案，其纹饰有对称性，它以忍冬茎蔓组成的人字形与上方忍冬叶之间作束腰，并在人字形中间添加一个忍冬叶片，还在人字形忍冬茎蔓条上雕刻联珠，显得异常华美大气。又如山花蕉叶纹装饰图案，就有“山花蕉叶出化生”、“山花蕉叶出化生覆钵塔”、“山花蕉叶出阿修罗王”、“山花蕉叶出宝珠”、“山花蕉叶出房屋”、“山花蕉叶出覆钵塔”、“山花蕉叶纹”等不同式样。山花蕉叶纹是一种出现在塔顶和柱头的特定装饰图案，在犍陀罗艺术繁盛期就已非常流行，是印度宗教艺术与欧洲艺术相结合的产物。这种装饰图案的宗教性，主要通过开放叶片中出现的人物形象来表现。佛教中的化生形象往往被置于其中。云冈山花蕉叶纹多出现在壁面浮雕塔顶部，同时体现变化多样的特点。山花蕉叶出化生，是通过叶片中出现化生童子来命名，其余还有叶片中出覆钵塔，阿修罗王，出宝珠，出房屋等。再如出现在洞窟门拱顶部的龙形纹饰，云冈龙形图案一般为二龙缠绕设计形式，而云冈第12窟门拱顶部的龙形最为讲究，长方形的龙形模样占据了整个拱门顶部，交首的二龙身躯匀称，线条流畅。二龙大眼长耳，龙角刻为横向“S”形，优美刚健，上下两喙开启，露出牙齿和长舌。龙身上下左右的空白处，又以不同形式的三叶忍冬作为对称填充装饰。整个画面具有强烈装饰意味，是佛教护法形象与中国传统造型装饰在石窟艺术的集中反映。

总起来看，云冈早期洞窟规模宏大，气魄雄伟，洞窟平面呈椭圆马蹄形，穹窿顶，类似印度草庐形。从造型艺术看，题材主要是五方佛和千佛。从雕刻艺术看，早期昙曜五窟刀法平直、艺术造型是大体

大面的巨型结构，整体感极强，佛的形象也富于神秘色彩。这既是政教合一的政治需要，也是那个时代各阶层人们希望通过佛教信仰获得精神安慰和精神平衡的表现。只有那种既庄严高大，使人们感到他的威慑无处不在而又让人琢磨不透的形象，才能使人们时时感到自己的渺小而服服帖帖接受他的支配。中期洞窟平面多呈方形，出现了前后室，顶部雕有平拱，有的洞窟中部雕方形塔柱，甚至后壁有隧道式巡回参拜甬道。窟中雕刻，中国传统建筑形式和装饰手法大量增加，洞窟面雕刻，一般按上下分层、左右分段来进行，造像的题材渐趋多样化和世俗化。佛本生故事、佛本行故事成为这些浮雕的主要题材，还出现了一部分供养人的形象。这时期的佛像，有的已是褒衣博带，这大约是太和十年孝文帝在朝中五品以上官员推行汉服的反映，菩萨更是上穿帔帛，下着大裙，类似汉族官吏。按照汉族“龙飞九五”的思想，这一时期全部完成了九尊大像的设计，昙曜五窟是五，再加13窟献文帝、第9窟孝文帝、第5窟太子恂、第3窟冯太后，主尊大佛全在十米以上。这一时期洞壁的壁面分别雕有各种佛教故事内容，有的还是大篇幅的连环画。画中佛陀出家前的生活简直是人间帝王生活的写照。云冈晚期洞窟更复杂，流行一种塔洞、千佛洞、四壁三龛形制，龛楣和装饰更注重藻饰，佛像基本汉化，面部稍长而清秀，浓眉秀目，鼻低而短，表情温柔敦厚，作含睇微笑状。身着宽袍大袖，肩部由平而削。

云冈石窟规模宏大，体制雄伟，它以巨大的艺术功力，成功地渲染和烘托了佛教崇拜的艺术主题，形成了北魏雕塑的基本美学特征。这是一个由宏伟的艺术构想作指导，耗费了成千上万个能工巧匠心血和生命的艺术宝库。石窟的最大艺术特色，是它以现实主义为基础，宗教浪漫主义为主导的艺术风格。佛的身躯巍峨高大，显示出举世独尊，无可比拟的气概，而其他雕像，各按品级，一个低似一个，全体服从大佛像。再配上些飞天、力士、金刚、罗汉等为大佛服务，其强烈的艺术对比和艺术夸张，也反映了人民群众现实地位的渺小。把森严的宗法等级制、阶级压迫制，对象化地搞成一副副主奴和谐图，并不能掩盖人民群众现实的苦难。云冈石窟只有很少的题材是现实主义的，而那些现实主义的东西，只要不符合或有损于对佛陀的崇敬，就会被删除和掩没。因此从总体上说，云冈佛教艺术充斥着宗教的幻想和宗教浪漫主义，它当然不能为我们提供多少对宗教的理性认识。这也是我们在赞扬它的同时，应当怀有警惕心理的地方。

注 释

①《河图》、《洛书》，中国古代有关华夏文化源头的传说。《周易·系辞》："河出图，洛出书，圣人则之。"《春秋纬》："河以通乾出天苞，洛以流坤吐地符。河龙图发，洛龟书感。河图有九篇，洛书有六篇。"《礼纬含文嘉》："伏羲德合上下，天应以鸟兽文章，地应以河图、洛书。"参见柳诒徵《中国文化史》，东方出版中心，1988 年 3 月第 1 版，第 272 页。

②侔踪，行踪相等；轩黄，黄帝轩辕氏。

③妖孽，怪异不祥之人或事物。

④卢水，水名，在当时凉州临松郡境，今甘肃武威南。

⑤《魏书·释老志》，中华书局，1974 年 6 月第 1 版，第 3034 页。

⑥瓜步，山名，在今江苏六合县东南。南北朝时临大江，屡为军事争夺要地。

⑦《魏书·释老志》，中华书局，1974 年 6 月第 1 版，第 3035 页。

⑧释道宣《广弘明集》卷 24。

⑨《魏书·释老志》，中华书局，1974 年 6 月第 1 版，第 3040 页。

⑩《魏书·释老志》，中华书局，1974 年第 1 版，第 3040 页。

⑪释道宣《续高僧传》卷 16《佛陀禅师传》，中华书局，2014 年版，转引自《佛都大同》，山西人民出版社，2015 年 9 月第 1 版，第 256 页。

⑫同上。

⑬《魏书·高祖纪》，中华书局1974年6月第1版，第141页，第151页，第152页，第154页。

⑭郑振铎《西行书简》、冰心《平绥沿线旅行记》，山西古籍出版社，2002年3月第1版，第238页。

⑮范祥雍《洛阳伽蓝记校注·城西·白马寺》："白马寺，汉明帝所立也，佛入中国之始。寺在西阳门外三里御道南。帝梦金神，长丈六，项背日月光明，金神号曰佛。遣使向西域求之，乃得经像焉。"上海古籍出版社，1958年2月第1版，第196页。又陈桥驿《水经注校证·穀水》："穀水又南迳白马寺东。昔汉明帝梦见大人，金色，项佩白光，以问群臣。或对曰：西方有神名曰佛，形如陛下所梦，得无是乎？于是发使天竺，写致经像，始以榆欓盛经，白马负图，表之中夏，故以白马为寺名。此榆欓后移在城内愍怀太子浮图中，近世复迁此寺。然金光流照，法轮东转，创自此矣。"中华书局2007年7月第1版，第399页。

⑯郑振铎《西行书简》、冰心《平绥沿线旅行记》，山西古籍出版社，2002年3月第1版，第237页。

⑰辽庆州，圣宗置，治今内蒙古巴林右旗西北察罕木伦河源白塔子，当时建有行宫，其伏虎林为辽帝秋捺钵所在。

⑱《二十五别史·契丹国志》卷八《兴宗文成帝》，齐鲁书社2000年5月第1版，第63页："先是，帝于重熙二年幽母法天太后于庆州，既改葬齐天后，群僚劝帝复迎之，且以觊宋朝岁聘之利，皆不从。因命僧建僧事，帝听讲《报恩经》感悟，即遣使迎法天太后，馆置中京门外，筮日以见，母子如初，加号法天应运仁德章圣皇太后。然出入舍，常相去数十里，阴为之备。"

⑲郑振铎《西行书简》、冰心《平绥沿线旅行记》，山西古籍出版社，2002年3月第1版，第20页。